死亡盲飛

737 MAX 客機的空難悲劇與波音帝國的衰落

FLYING BLIND

THE 737 MAX TRAGEDY AND THE FALL OF BOEING

PETER ROBISON 彼得・羅比森——著 何絜一——譯

目次

前言

二〇一八年十月廿九日天亮之前，雅加達蘇卡諾—哈達國際機場裡的景象，和所有川流不息的大型機場並無二致。旅客們有的全家同行，有的形單影隻，帶著惺忪的睡眼，在機場航廈門口下車。有人在肯德基或麥當勞買了早餐，匆忙塞進嘴裡。肉類餐點如果是在麥當勞買的，都經過清真認證，包括雞肉粥，裡面有雞柳、薑片跟洋蔥（當地叫Bubur Ayam McD），因為這個國家的人口絕大多數是穆斯林。也有人在一大早就已開門營業的免稅店裡排隊購買契爾氏的面霜或成條的香菸。太陽升起時，終於有足夠的光線可以看清外面熱帶花園裡的紫檀樹、棕櫚樹和各種蘭花。這是少數的線索，可以讓人分辨這裡不是堪薩斯市機場或斯圖加特機場。

很少人會深究停在跑道旁邊的飛機，這些飛機中有很多是短機鼻的波音737，一九七〇年代就已經是航空機隊的主力。大家認為，商用飛機是製造工藝的極致。全球幾萬人用雙手設計出各種商用飛機——首先在工程師的電腦螢幕前作業，接著技師爬到飛機底下，實地用手動扳手轉動很難拴的鉚釘，旋轉到設定的扭力位置。飛機離開西雅圖附近的波音工廠之前，航空公司會派員到工廠檢查每一吋機身，如果發現某個艙頂行李箱鬆了，或是總長四十英里的線路有一處磨損（或找到一把忘了拿走的扳手或口香糖包裝紙，這真的發生過），就不予驗收。

此時波音已經累計出廠一萬多架７３７系列飛機，那天清晨聚集在蘇卡諾—哈達國際機場Ｂ５登機門的旅客，準備登上其中最新也最先進的一款，這架飛機隸屬印尼獅航（Lion Air），機型叫波音737 MAX 8，和原始的波音７３７很不一樣。原始的波音７３７飛機有兩具雪茄形狀的小型發動機，塞在兩側機翼的下方。波音737 MAX 8則有兩具大型的渦輪風扇發動機，直徑接近六英尺，因為體積太大，必須安在機翼的前方，而不是下方。發動機整流罩大到一個普通身材的成年人可以站在裡面。這對發動機能產生兩萬八千磅的推力——是最初始７３７機型的兩倍——卻大幅降低燃料消耗量。這款新型噴射機的營運成本甚低，獅航從雅加達飛檳港一小時航程的班機，機票可以只賣六十美元。檳港是印尼邦加島的第一大城，人口三十萬。

其實獅航的一個子公司已經率先使用波音737 MAX，這款飛機在亞洲特別受歡迎，因為亞洲有幾百萬新興的中產階級經常旅行。四十三歲的保羅．阿佑爾巴巴（Paul Ayorbaba）就是其中一位。他走在停機坪上時，拍下一段抖動得很厲害的畫面，透過通訊軟體

WhatsApp傳送給家人[1]。畫面中也帶到這架飛機，機身漆成粉橘跟白色。機門關上前幾分鐘，廿二歲的戴若・菲達・費布里安托（Deryl Fida Febrianto）傳了一張自拍照給他的新婚妻子表達愛意，他兩週前才完婚，此行準備到一艘豪華郵輪上工作[2]。瓦修・阿迪拉（Wahyu Aldilla）和扎丹・法赫瑞吉（Xherdan Fahrezi）是對父子，來雅加達是為了觀賞一場足球賽[3]。還有一家人是為了奔喪——廿一歲的蜜雪兒・維吉娜・邦考（Michella Vergina Bongkal）、五十二歲的父親阿多尼亞（Adonia）跟十三歲的弟弟馬修（Mathew）——他們準備到檳港參加祖母的喪禮[4]。乘客中有二十人是印尼財政部的工作人員，剛結束在雅加達一週的假期，打算當天準時上班，搭上這班早班機[5]。

正機師巴維耶・蘇內加（Bhavye Suneja）是亞洲典型的新生代機師，才三十一歲，就已經有六千小時的飛行時數，其中絕大多數飛的都是波音737舊款飛機[6]。他的副機師哈爾菲諾（Harvino）比他大十歲，飛行時數大約五千小時。這兩個人都不知道，飛機左側，就在正機師窗戶下方，一個小葉片的鉚釘朝錯誤的方向扭轉了二十度——技師檢查時沒有發現。這個葉片是個攻角偵測器（angle-of-attack sensor），比風標複雜不到哪裡去。它負責測量機翼翼弦和相對風流方向的夾角——角度如果太高，飛機可能失速。現在多數飛機——一如萊特兄弟一百多年前把一個十二匹馬力的發動機和一條扣鏈齒輪，套在一個漂亮的木框上，造出的人類史上首架飛機——採用的三重模組複聯設計中，這個小葉片甚至不算特別重要的顯示裝置，更重要的是測量空速、高度跟俯仰數據的儀表。

早晨六點二十分，獅航六一〇班機離開跑道。前起落架剛剛要離開地面，蘇內加機長的操控桿就開始搖晃，這是飛機可能失速的訊號。兩個警示燈顯示高度不夠，空速的數據燈也在閃。飛航資料記錄器無法捕捉兩位機師臉上的表情，或是他們意識到這個原本駕馭起來輕而易舉的機器可能會要他們的命時，背脊感覺到的一陣刺痛。副機師哈爾菲諾立刻問機師，他準不準備返航，蘇內加覺得應該先獲准飛到一個等待點，以爭取應變的時間。哈爾菲諾以無線電回報「飛機操控問題」。蘇內加準備駛向新航向時，機頭由於不明原因壓低下沉。他在操控桿上用大拇指壓下一個開關，讓機頭抬升。機頭確實抬高了，但立刻又掉了下去。這樣的來回拉鋸持續了八分鐘，窗外看到的始終是雅加達灣無邊無際的藍色海水。

哈爾菲諾翻閱波音快速手冊，查找緊急狀況檢查表，想找到答案。空速數值不可靠；排氣管漏氣；溫度控制已經跳開；翼身過熱。沒有一項可以解釋，他們現在為什麼控制不了這架飛機。蘇內加按了二十一次抬升機頭的開關，飛機獲准飛到兩萬七千呎的高度，但是只爬升到不到六千呎的地方，海上的漁船看起來就像浴缸裡的玩具。乘客都覺得非常難受，反胃想吐。蘇內加最後跟一位空服員通話，要她到駕駛艙來，她應了聲好，隨即把對講機切換成可以在座艙通話記錄器上聽到談話內容的模式，然後打開駕駛艙的門。蘇內加要她把一位剛好在機上的獅航工程師找來幫忙。她去叫工程師時，對講機的音樂鈴聲響起。

蘇內加準備向獅航工程師說明狀況，也可能是想自己查閱手冊，他要副機師接手飛機。機頭又往下掉，哈爾菲諾口中念念有詞：「啊，這也太⋯⋯。」他用拇指按壓開關，但沒有機長按得那麼篤定。幾秒鐘之後機頭又下沉，他就再按一次開關。飛機朝向水面飛行，哈爾菲諾大叫：飛機要掉下去了。蘇內加心煩意亂，回了一聲「沒關係」，十秒鐘之後，他們以每分鐘一萬呎的速度筆直下墜。哈爾菲諾絕望地拉住操控桿，地面迫近警告系統發出尖銳的警示。早晨的陽光照進駕駛艙，海面顯得非常廣大而且恐怖。副機師不斷喊著「Allāhu akbar、Allāhu akbar」——穆斯林的祈禱語，意思是「真主至大」——接著刺耳的機器人聲吟誦著「地形障礙、地形障礙」，機師蘇內加沒再說話。

早晨六點三十二分，機師沒能控制住飛機，惡魔獲勝了。附近海域的漁船船員驚恐的看著這架噴射客機以幾乎垂直的角度撞向海面，速度每小時五百英里，上面一共載了一八九人[7]。電視新聞很快開始播放海上有殘骸漂浮的畫面，並訪問嚇傻了的罹難者家屬。南妲．阿佑爾巴巴說：「我確定我爸爸一定可以自己游出來。」[8]南妲是保羅．阿佑爾巴巴十三歲的女兒，父親幾個小時前才傳送搖晃得很厲害的影像給她。

這起空難開啟了波音公司跟美國政府機構的事故調查工作，這些單位歷史悠久，同時也很老舊。美國交通安全委員會（The National Transportation Safety Board, NTSB）跟商譽卓著的波音公司，都派了調查團隊到雅加達。而在西雅圖附近，美國聯邦飛航管理署（FAA）的一棟現代化大樓，四周都有反恐路堤，阻擋汽車炸彈客攻擊，裡面的工作人員開始仔細分析，究竟哪裡出了差錯。他們找來波音公司的工程師，解釋自動化軟體「操控特性增益系統」（Maneuvering Characteristics Augmentation System簡稱ＭＣＡＳ）是怎麼回事。ＦＡＡ只有少數幾個人聽過這個軟體，一位官員問：「ＭＣＡＳ是什麼？」[9]

大家這才明白，這個軟體的功能，比波音公司最初在新型飛機送審文件中說的還要更強大。當時工程師嚴重淡化這套軟體控制水平尾翼（機尾的小型翼面）的能力，而且曾經因為一個錯位的偵測器送出錯誤的數據而起過火。波音公司總是吹噓自己品管過程如何嚴謹，卻沒在這款機型投入商業營運之前，就發現這個瑕疵，並且徹底解決。

到了二〇一八年十一月，對空難意外的描述出現兩個版本。一個是對外的公開發言，由波音公司執行長丹尼斯·穆倫伯格（Dennis Muilenburg）、波音的工程師還有ＦＡＡ的官員，設法說服各航空公司的機師跟乘客——甚至也說服他們自己——這型飛機安全無虞。他們只差沒說，問題全出在管理不善的印尼獅航。他們堅稱，稱職的機師碰到獅航這種幾乎不可能發生的問題時，只需要一份最新的檢查表，就能應付裕如。

另外一個版本則是航空界私下的議論。世界上最大的幾間航空公司私底下抱怨，波音飛機裡的軟體可能致命，波音卻祕而不宣。美國航空公司（American Airlines）在德州的幾位機師因為滿心懷疑，於是錄下跟波音高層一場氣氛緊張的會議過程[10]。有人向聯邦的調查人員告密，於是調查人員對飛機的設計展開刑事調查。一位波音的經理要求機師提供，哪些航空公司還搞不懂那份最新的檢查表[11]。ＦＡＡ的技術專家私下質疑波音跟ＦＡＡ高層提供給外界的保證。

最後這兩個版本的說法終於對撞，是在二〇一九年三月十日，距離獅航空難不到五個月。衣索比亞航空公司的另一架波音737 MAX 8型客機，從首都阿迪斯阿貝巴起飛，機上的一五七個人分屬三十五個國籍[12]。十九個是聯合國的人員，準備到肯亞奈洛比參加環境會議；七個是聯合國國際糧食計畫（總部位於羅馬）的工作人員；四個隸屬天主教救援組織；一位奈及利亞出生的諷刺短文作家；一位喬治城大學的法律系學生；一對加州來的兄弟，一起到非洲探險；兩位非洲聯盟的口譯員。飛機起飛後六分鐘，他們全都命喪黃泉，即使波音公司和FAA都曾發布信心滿滿的聲明，那個軟體再度控制了飛機，儘管機師盡全力遵循新的檢查表，仍然徒勞無功。

兩架客機，全新的機型，三四六條人命，相隔不到五個月，這徹底動搖了世人「搭飛機很安全」的認知。電腦軟體凌駕了人，這個事實令人不寒而慄。同樣讓人膽寒的是，大家漸漸意識到，FAA早就放棄了對波音公司該有的監督。但最可怕的是，這一連串發展透露出波音這個最能代表美國的公司腐朽的文化。這兩起空難最後導致737 MAX機型禁飛將近兩年，損失兩百億美元，並迫使執行長穆倫伯格下台。波音公司過去很長一段時間由工程師治理，這些工程技術專家對華爾街的金錢遊戲不屑一顧，後來卻轉型成業內最股東至上的公司，鼓勵經理人降低成本；以各種金錢攻勢拉攏主管機關；像沃爾瑪超市（Walmart）那樣壓迫供應廠商降價。

美國國會調查小組收到一些驚人的電子郵件，有一封是一位波音機師吹噓自己利用

「絕地控心術」（Jedi mind tricks）說服航空公司跟主管機關，飛過波音７３７前一個機型的機師（例如獅航的蘇內加及哈爾菲諾）不需要接受昂貴的波音737 MAX飛行模擬器訓練[13]。一位對內部管理不當非常絕望的波音員工寫道：「設計這款飛機的是一班小丑，而監督這班小丑的是一群猴子。」其他證據還顯示，波音強迫機師省略測試；工程師請求修正飛機的控制功能時，波音也置若罔聞。如果當時把飛機控制功能修得更精確，空難悲劇可能可以避免。獅航曾經要求額外訓練機師，波音公司也拒絕了（一位波音機師曾對同事咕噥抱怨：「白癡。」）

波音公司失職至此，令人特別難過，因為波音這麼久以來，都是美國聲譽最好的企業品牌，而且賦予它的神話光環特別多：航空業早期的先驅；登月先鋒；二次大戰期間的轟炸機；現代航空交通體系的奠基者。二〇二〇年全球陷入新冠疫情之前，全世界每一點五秒就有一架波音７３７飛機在某個機場起降。除了民用飛機，波音還供應軍用飛機給美國國防部，例如超級大黃蜂戰鬥機（F/A-18 Super Hornet）、阿帕契攻擊直升機（Apache attack helicopter），以及KC-46空中加油機。美國總統的空軍一號座機是波音７４７，總統還經常需要親臨波音公司國際大單的簽約典禮，這種國際合約動輒幾十億美元。獅航執行長在峇里島簽下波音737 MAX價值二二〇億美元的採購合約時，美國前總統歐巴馬就站在獅航執行長的後面。歐巴馬還曾經說，他值得波音公司送他一塊金錶。

一九九八年我還是彭博社記者時，首次到西雅圖的波音公司總部，興奮地會晤波音的工程師跟企業領導人。那些工程師為波音製造出重要的飛機，波音領導人則因為《基業長青》（*Build to Last*）和《追求卓越》（*In Search of Excellence*）等暢銷管理書而聲名大噪。我當時覺得那個企業總部正在打內戰。一年前，也就是一九九七年，波音併購了麥克唐納—道格拉斯飛機公司（McDonnell Douglas），帶進了一幫兇狠的經理人，那些人為麥道公司爭取國防部合約時，受的訓練就是要為了訂單不擇手段；但是位於多霧的西雅圖普吉特灣（Puget Sound）的波音總部裡，連基層工作人員都很像教授。兩年後，也就是二〇〇〇年，一位調解過波音工程師罷工的聯邦官員私下描述，那次併購就像「刺客」碰到童子軍。當時像奇異公司（General Electric，即通用電氣公司）那樣傲視全球的企業愈來愈強勢，聯邦政府預算又過剩，深愛波音的工程師深深擔心公司的未來，但他們的憂慮不會有人當回事。沒有哪個職場是完美的。

刺客顯然戰勝了波音的童子軍，就跟很多其他地方一樣。之前把麥道公司搞垮的那一批人，在波音重建了錙銖必較的文化。他們的偶像傑克．威爾許（Jack Welch）治下的奇異公司，其實也有不少缺點，但他們模仿奇異的作法，把今天或許已成為公認標準企業方針的那一套帶進波音：反工會、輕規範、重外包。同時喜歡大撒幣，至少在爭取減稅優惠和利潤可觀的政府合約上，很捨得下本錢。

穆倫伯格一九八五年還在愛荷華州立大學航太工程學系念書時，到波音公司實習。波音公司最初由一群工程師創立，這些工程師一心想要設計全世界最好的飛機，他們自稱

「超凡的一群」。穆倫伯格進波音實習時，也有相同的志向。但是穆倫伯格從基層往上爬的過程，正是波音鼓勵財務魔法，並模仿奇異策略的階段。結果這兩家公司都成了企業警惕的教材。波音開發737 MAX時，領導人沒把錢用在研發新飛機上，而是投下三〇〇億美元的現鈔，回購自家的股票，為股東謀福利，最後也肥了自己。穆倫伯格當波音執行長四年半期間，賺了至少一億美元，離開時另外拿到六〇〇〇萬美元的離職金，也就是黃金降落傘[14]。

波音發生的事情，反映了雷根革命（Reagan Revolution）開啟企業超級經理人時代後，有幾股力量把美國強調團隊合作的企業文化徹底攪亂。奇異的威爾許就是超級經理人的代表，他像著了魔似的看重市場投資人。波音買下麥道公司那一年，美國兩百家最大企業的執行長組成的遊說團體，商業圓桌會議（Business Roundtable），不再假裝尊重員工、消費者或社區的聲音，宣稱企業最重要的任務就是向股東負責；其他的事情都會像依循某種自然法則一樣，依序排在後面[15]。當時是一九九七年，這項新的目標宣言不會有什麼人有意見，所以把它當作新聞報導出來的報紙沒有幾家。雷根政府的成員最喜歡的經濟學者傅利曼（Milton Friedman）一九七〇年在《紐約時報雜誌》（*New York Times Magazine*）中寫道：「企業的社會責任就是提高利潤。」這個觀點在當時還是跟主流意見唱反調，但已經讓社會上的共識出現裂縫。美國從一九三〇年代的新政（New Deal），到一九六〇年代的偉大社會（Great Society），期間形成的社區主義或集體主義理想，主導了美國的政治、經濟、文化。到了一九九七年，商業圓桌會議的宣言，代表美國已經完全脫離了集體主義的理想。

五十年之後，社區變得脆弱，勞工沒有安全感，家庭也飽受壓力，不難看出，這跟半世紀來擁抱狹隘的自身利益、揚棄集體責任的潮流有關。聯邦政府在新冠疫情危機中處理不當，只是美國體制衰敗最明顯的徵兆——那其實在生活的每一個面向都感覺得到，從飆漲的醫療保險費，到急遽惡化的社會不公，再到碳排急升，使全美城市連續幾週籠罩在野火產生的霧霾之中。這些至少有一部分是因為政府誤信，只要讓企業自主（並且一直對他們輕賦薄歛），他們就會管好自己，還會為我們帶來財富。

只要舉一個例子就好。二〇一九年美國農業部悄悄的將檢查肉品工廠的次數減少一半以上，檢查瑕疵——範圍包括動物的排泄物、生殖器、腳趾甲、膀胱——的工作多半交給了廠商，就像FAA仰賴波音公司的員工確保飛機的安全。一位資深的肉品工廠檢查員二〇一九年十二月說：「如果全美國繼續把肉品工廠的檢查工作交給廠商，那麼消費者打開肉品包裝時會接觸到什麼病原體，不會有人知道。」[16]同樣在二〇一九年十二月，武漢華南海鮮市場裡的另一種病原體開始發威。很多國家處理這次危機很成功，很快開始廣泛篩檢，並追查感染者的接觸史。但美國一路跌跌撞撞，疾病防控中心（Center for Disease Control and Prevention或CDC）連簡單的病毒試劑都能搞砸。如果試劑沒有出問題的話，美國在疫情最初的幾個月，就可以控制住病毒擴散的速度。美國其他管理機構及國際組織稀釋了ＦＡＡ監管的角色，ＣＤＣ也已經不再是全球公衛的黃金標準。這些監管失能背後的原因，都是預算。

二〇二〇年，戴夫・卡爾霍恩（Dave Calhoun）由波音董事長轉任波音的執行長，他曾經當過奇異公司的副董事長。波音在他掌理之下，準備重回工程師主導的老路。他二〇二〇年給股東的信中提到「安全」一〇一遍。但是在這個產業裡，改變總是很緩慢，成果自然也姍姍來遲。波音重視安全的文化從幾十年前開始腐蝕，起因是政府創造了一套充滿矛盾的系統，讓波音認證自家產品的安全。有一個人痛批ＦＡＡ是「被綁架的管理機關」，不是別人，正是共和黨籍參議員泰德・克魯茲（Ted Cruz），他小時候最崇拜的就是雷根。

二〇二〇年十一月，美國參議院兩黨議員通過了一項航空改革法案，取消部分官方委託波音執行的任務，還有特別為了讓產官權力關係恢復平衡的措施，例如企業經理人如果干預ＦＡＡ的職權，可以處以民事罰款。不過有些特別懂飛機的人，包括曾試圖阻止波音採納糟糕設計的爆料者說，這項航空改革法案沒有堅持要求波音，讓波音７３７五十年的老舊機身，趕上現代的標準。只要波音７３７最早的設計沒有改進，就會有更多人跟賈維耶・德・路易斯（Javier de Luis）問一樣的問題。他二〇一九年三月十日早上醒來，得知在聯合國當翻譯的姐姐葛瑞齊拉（Graziella de Luis y Ponce）也在衣索比亞失事的飛機上，他自言自語：「你運氣要有多差才會死在空難裡？」[17]

賈維耶・德・路易斯是航太工程師，在美國麻州劍橋創設了一家無人機公司，最後賣給波音公司。他也在麻省理工學院（Massachusetts Institute of Technology）教授航太設計這門課。他詳細研究波音737 MAX的資料後發現，他前面那個問題的答案是：其實運氣不需要太差，就有可能死在空難裡。更該問的問題是：政府的監管部門為什麼不能多努力一點，阻止這款有明顯瑕疵的飛機倉促重新放行？波音737到現在還是大型商用飛機中，唯一沒有電子檢查表的機型[18]。電子檢查表可以幫助機師，因為機師遇到緊急狀況時，必須翻閱一大落一大落的指引，跟著上面的說明一步一步排除狀況。波音還斷斷續續降低導航軟體的功能，改採兩台備用電腦，運算處理能力只相當於一九九〇年代的任天堂遊戲主機（即使一九七〇年代開發出來的太空梭，都有五台獨立的電腦），這使波音737上的乘客，比空中巴士A320或波音787的乘客承擔更大的風險，因為他們的命運，幾乎完全掌握在緊急時刻一頭霧水的機師手上[19]。

所幸航空意外還是非常少見，二〇一八年每三百萬架次的航程中，僅有一次致命的空難[20]。但是波音自己的統計資料顯示，同一年全球總共有四十一次意外（包括無人死亡的事故），其中十八次牽涉到波音737，次數比其他所有的機型都要多[21]。空中巴士A320跟同款其他執飛數量相當的機型有四次意外。二〇一八年，波音737飛機多次衝出跑道，還有幾次是還沒到跑道頭就落地或是機尾觸地——這些可能都是機師無法控制飛機的徵兆。其中一次事故是「爬升時飛機失控，結果衝進海裡。」這是波音對獅航空難冷淡的簡述。波音737 MAX禁飛之前，在有限的執飛任務中，致死事故率是每二十萬次航程中有一次。噴射機發展初期過後，沒有見過這種出事頻率。一位波音的前任高層幫國會的委員會蒐集波音的事故報告，他說737 MAX交機後頭幾個月，百分之四的飛機出現過安全問題[22]。即使這樣，波音跟美國航空管理官員都說，737 MAX絕對安全，於是同年三月九日，一五七人放心的登上了衣索比亞航空的例行航班。

一個從DNA就追求完美，又曾以自己高超的工程技術自豪的公司，怎麼會荒腔走板到這種程度？這個看起來顛撲不碎的巨人，最後是什麼力量讓他倒下？又是什麼人發揮了這樣的力量？波音在業界屹立一百多年，已經變成美國最大的出口廠商，每年營業額一千億美元以上，光是一條生產線的一張訂單，就可以改變美國的貿易平衡。波音公司的員工有十萬人以上，全球的供應商雇用的人加起來更有好幾十萬人，這些人都靠波音吃飯，因為波音就是個全球企業。它的影響力直達政府高層，波音的老將可以出任FAA、司法部、國防部，還有軍方所屬單位的重要職位。一般人想到波音公司，甚至會帶著敬意，就像生活中的電梯或電燈開關絕少故障，令人信賴。大家心裡想著的是：波音的飛機就是好用。

不滿現狀是波音精神的核心，所以公司創立時所懷抱的夢想之遠大，也就不令人意外了——包括認為幾百噸重的飛行器可以優雅地劃過天際，毫無事故，雖然這其實不太可能。波音的創辦人原本是作木材生意，三十二歲那年，他在美國國慶日當天，第一次搭上飛機，飛越新興的都市叢林上空，這趟初體驗讓他有了製造飛機的雄心。

一、超凡的一群

波音公司坐落在西雅圖南部，感覺上彷彿可以自成一座城市。它的設施在東海濱路（East Marginal Way）上綿延超過一英里，考慮到過去一個世紀發生在這條路上的大事之多，這個平凡的路名實在太小兒科了。如今這裡有一座郡立機場，叫波音機場；有一間博物館展示了最早的一架波音７４７飛機；有一所波音創辦的飛行高中（這裡的學生不用無所不在、象徵支持ＮＦＬ西雅圖海鷹隊〔Seattle Seahawks〕的12號背號，而是以「√144」取代之）；還有綿延整個街區的建築物，工程師跟技師就在裡面開發測試ＭＡＸ等機型。一座龐大的廠房二戰期間還偽裝成一座小城，因為當時波音在這裡大量生產左右戰局的轟炸機[1]。廠房屋頂上建了假的郊區道路，還有木造房屋，跟電線和雞毛做成的假樹，混淆可能發動空中攻擊的敵人。

其實是戰爭讓波音公司在戰後幾十年獨霸噴射機時代，而噴射機時代也為全世界開創了國際旅遊。一九四五年五月德國投降後幾天，波音的工程師喬治・夏埃爾（George Schairer）從德國布倫瑞克（Braunschweig）附近的森林寄出一封信[2]。當時夏埃爾加入一個非軍方的顧問團，和美軍情報單位合作，檢視帝國元帥赫爾曼戈林航空研究所（Reichsmarschall Hermann Göring Aeronautical Research Institute）的研究檔案，結果讓他大吃一驚。他發現德國人早就知道，噴射發動機可以跟後掠翼搭配，而且發現的時間比所有人都早得多。當時大多數飛機都還在使用螺旋槳和跟機身呈九十度伸出的垂直翼。研究檔案中的風洞資料顯示，機翼稍微向後的話，速度和整體性能可以大幅提高，特別是發動機以吊艙掛在機翼下方，而不像傳統那樣放在飛機內部時。這樣的設計，機翼迎風時更有彈性，可以減輕阻力。夏埃爾把數學公式寫滿七張紙，還畫了簡圖，寄給在西雅圖的同事。

時機剛剛好，因為波音正在跟另外三個飛機製造商競爭，要為美國空軍製造噴射發動機驅動的轟炸機。另外幾個廠商很快也取得同樣的德國研究資料，但是他們都選擇固定翼設計。結果波音取得B-47轟炸機的訂單，準備快速用核子彈轟炸蘇聯境內的目標。

一九五一年B-47轟炸機開始生產時，成了波音製造過的最貴的飛機，一架三百萬美元[3]。更重要的是，這份訂單讓波音領先同業，獲得未來製造好幾代長程飛機需要的科技——如果波音想要賭一把的話。

波音時任總裁威廉・艾倫（William Allen）外型不像個敢於冒險的人。他一九四五年接任總裁之前，當過波音十五年的首席律師跟董事。他出差時一定會帶兩副眼鏡跟Triscuit全麥酥脆薄餅[4]。他升任總裁的那天晚上，在日記中列出一長串他決定要做的事。關於他自己的，除了每天要做仰臥起坐之外，他寫道：「考慮同事的看法」[5]；「別說太多，讓別人說」；「真誠認真的了解勞工的觀點」；「為波音開創戰後的未來」。

加州長灘的道格拉斯飛機公司（Douglas Aircraft）是當時公認的天空之王。從二戰前開始，道格拉斯生產的雙發動機螺旋槳飛機DC-3就是商用機隊的主幹，在那個裝飾藝術美學盛行的年代，三分之二的航空旅客搭的都是這型漆著銀色塗裝的飛機，看起來非常體面。飛機內部就沒那麼體面了——顛簸、吵雜，碰到暴風雨還會滴水（因為窗戶會滲漏）[6]。橫跨美國的航程需時十五個小時，中間要降落三次加油。道格拉斯公司賣出八百多架DC-3客機——是波音一款競品的八倍——戰爭期間美國政府更訂購了一萬架軍用型的DC-3。道格拉斯公司的製圖板上還有很多款類似的機型——都是螺旋槳驅動，機身大一點，航速快一點，航程遠一點。

當時飛機製造是一片藍海，但風險也高，波音只是眾多製造商之一。這些朝氣蓬勃的公司都由意志堅定的強勢創辦人主導，例如洛杉磯的唐納・道格拉斯（Donald Douglas）、巴爾的摩的格蘭・馬丁（Glenn Martin）和聖路易的詹姆斯・麥克唐納（James McDonnell）。

比爾・波音（William E. Boeing）也是飛機製造廠老闆。他是個富有的木材業少東，還有自己的造船廠。他和朋友，海軍上校喬治．康瑞德．魏斯特福（George Conrad Westervelt），一九一四年七月四日在西雅圖華盛頓湖（Lake Washington）畔的國慶日慶祝活動中，首次搭上飛機。那是一架專作巡迴飛行表演的水上飛機，看起來很不牢靠。波音和魏斯特福先後爬進開放式的駕駛艙，戴上護目鏡，飛上一千呎的空中，俯瞰華盛頓湖和艾略特灣（Elliott Bay）之間的土地。波音曾在耶魯大學讀過幾年工程，但沒畢業。他初嘗飛行滋味後，對同為工程師的魏斯特福說：「那架飛機實在太簡陋了，我想我們可以造一架更好的。」[7]

比爾．波音到馬丁公司的飛行學校學開飛機，還花了一萬美元買下一架馬丁公司的水上飛機。他駕著水上飛機飛越西雅圖市，投下飛彈造型的傳單，呼籲軍方作好準備，因為歐戰方殷[8]。波音和魏斯特福在造船廠一位駁船師傅跟其他員工的協助下，用雲杉跟愛爾蘭亞麻組裝出B&W一號水上飛機。一九一六年六月十五日，波音自己把它開出來，滑行到聯合湖的中央，再讓一二五匹馬力的發動機加速[9]。飛機在湖面上跳躍，濺起陣陣水花，然後才飛上空中，航行了四分之一英里。那個夏天的尾聲，從海軍轉職的魏斯特福回到美國東岸，但波音沒有停歇，他改造了太平洋航空產品公司（Pacific Aero Products Company），並將西雅圖南邊杜瓦米什河畔的造船廠一部分轉型，組成新的作業模式。在著名的木造機棚「紅色穀倉」（Red Barn）裡，大約一百位設計師和木工師傅在製圖桌和鋸木臺上工作，想要改進B&W一號水上飛機。如今這座機棚保存在波音機場附近的博物館裡。

美國海軍為波音帶來第一架飛機，也為它開啟跟美國政府的關係，之後波音獲得政府的轟炸機訂單，最後還攬下部分航空郵政業務，在那個年代這可是重要的收入來源，因為航空客運還不成氣候。到一九二八年，波音空中運輸公司（Boeing Air Transport）承攬了美國將近三分之一的航空郵件運送[10]。一九二九年，波音合併了好幾個跟它利益相關的企業——包括發動機製造商普惠公司（Pratt & Whitney）跟航空業者聯合航空公司（United Air Lines）——組成單一的公司，名叫聯合飛機與運輸公司（United Aircraft and Transport Corporation）。

但這個垂直整合的龐大企業實在不合時宜。富蘭克林・羅斯福（Franklin Roosevelt）一九三三年剛上台，他的民主黨政府就把矛頭指向航空郵政，國會議員也調查起政府機關是否圖利那些承攬的航空公司。比爾・波音本人甚且在參議院接受了六個小時的拷問，質問者是阿拉巴馬州參議員雨果・布雷克（Hugo Black），後來還當了很多年的最高法院大法官[11]。當時美國尚在經濟大蕭條期間，失業率高達百分之二十五。布雷克要求波音大聲念出他出售股票賺到的金額，還有他每個子公司管理高層的薪水，並問到在波音公司任職的前陸軍和海軍軍官，甚至影射波音的老友魏斯特福就是讓波音獲得第一份海軍合約的人。協助布雷克的調查人員挖出一份普惠公司的內部通訊，上面吹噓一位員工到美國占領的尼加拉瓜出差時，同時身兼美國陸戰隊軍官跟普惠的業務代表（「我們希望他旅途愉快，公司所有人都訂購了盜匪的頭皮，」這是那則通訊的輕鬆結語）。比爾・波音說：「我對此事毫無所悉。」

第二年美國國會就通過了一個法案，禁止飛機製造業者持有航空公司，並規定現有的合約都要重新招標。比爾·波音當時五十三歲，對這個發展忿忿不平，決定提早退休，並賣掉剛剛分拆的幾個公司的所有股票。之後他在一座五百英畝大的農場飼養海佛牛和安格斯牛；駕駛他的遊艇鐵燧石號（*Taconite*）出海；把大筆資產悄悄的投資在西雅圖附近的住宅開發上。（他在西雅圖北邊的藍嶺〔Blue Ridge〕和瑞奇蒙海灘〔Richmond Beach〕等地的開發案，也跟大家一樣遵守種族規定，不讓非白人住在當地，除非是幫傭。）[12]

此時波音的負責人是前首席律師威廉·艾倫。業界認為軍方的訂單是穩賺不賠的生意，波音公司二戰期間也確實靠軍方的訂單起死回生，當時一天生產十幾架F-17空中堡壘轟炸機，戰後各方唯恐共產鐵幕降臨，軍事支出勢必繼續維持。

商用飛機的挑戰就大多了，直到今天都是相同的情況。最明顯的差異是，出售客機不會有政府保障最低利潤這回事，必須賣得夠多才會有一定的利潤。要生產商用飛機、把設計圖變成實體的花費——工具機、工具、工程師、技師、機師、試飛、行銷、管理、法規、客服——沒有一樣省得了。飛機製造商砸下資金幾年之後，製造出一件產品，卻不保證賣得出去。飛機製造商的客戶——航空業者——看到產品完成之前，通常不會願意承諾下單，所以新機開發計畫開始前，都要先綁住好幾個買主，並希望之後還有更多買主加入。市場調查再盡心盡力，頂多也就做到這個程度，開發商用飛機需要洞察力、判斷力，還有鋼鐵般的毅力。

英國飛機製造商德哈維蘭（De Havilland）公司自認具有開發新機型的條件，它是二戰知名的蚊式螺旋槳轟炸機（Mosquito）的製造商。波音考慮生產客機的時候，德哈維蘭已經打造了世界上第一款商用噴射客機。波音總裁艾倫跟公司其他高層，一九五〇年在倫敦郊區的法茵堡航空展（Farnborough Air Show）上，仔細看了德哈維蘭的客機——彗星（Comet），結論是彗星太小兒科了，只能搭載三十六個乘客[13]。波音打算生產的客機要搭載一百人，這樣會有更多營收，但是波音公司有些人認為，一般民眾不可能受得了一旦出事，要有那麼多人送命。

波音公司有個德哈維蘭沒有的優勢：他們背後有自由世界新霸主的財務支援，大英帝國卻正在沒落。波音的新飛機，除了商用，還可以提供美國空軍當作噴射驅動加油機。於是波音董事會一九五二年四月同意投資一千五百萬美元——這是之前七年波音總利潤的四倍——打造雙重用途的原型機[14]。行銷部門準備把飛機取名為波音７０７，因為聽起來是個幸運數字。當時這款原型機的名稱是波音367-80，簡稱Dash 80，比起波音７０７，這個名稱更難記。

波音董事會同意投資之後十天，英國國營的英國海外航空公司（Britisht Overseas Airways Corporation, BOAC）利用德哈維蘭的彗星客機完成了首次商業飛行，從倫敦飛南非約翰尼斯堡，中停義大利的羅馬、黎巴嫩的貝魯特、蘇丹的喀土木、烏干達的恩德比和尚比亞的利文斯頓，全程耗時接近二十四小時——比原本的四十小時航程縮短了將近一半[15]。這個新的旅程獲得英國王太后和萬人迷瑪格麗特公主的大力讚賞，第二年瑪格麗特公主就搭乘「皇家彗星號」去了非洲羅德西亞[16]。

但彗星客機的光環很快就消退了。一架外型優雅的彗星客機在羅馬衝出跑道，另外有兩架起飛後不久墜毀，五十四人罹難[17]。德哈維蘭公司必須重新設計機翼的前緣（這款飛機沒有吸取德國人的經驗，發動機還是嵌在機身裡）。一九五四年，兩架彗星客機墜入海中，失事時間相隔不到三個月，又有五十六人死亡[18]。飛機殘骸從海裡打撈上岸後，調查人員認定，飛機墜海前已經解體。這款飛機的設計人員沒有考慮到，劇烈的氣溫變化會使金屬反覆伸縮，經過不斷的飛行，飛機的蒙皮已經變得脆弱，特別是它正方形窗戶的四周，最後會為了減壓而爆裂開來。德哈維蘭公司做了一些改進，但是彗星飛機的商業前景已經終結。噴射客機的優點已經再明顯不過——它可以把世界的距離縮短一半——而且比過去的飛行工具舒適得多，大家願意承擔一些風險。但是如果搭乘噴射客機有如領到死刑執行令，這就另當別論了。於是波音的機會來了。

波音有製造B-47轟炸機的豐富經驗，波音的工程師設計第一款噴射驅動的商用飛機時，選擇了圓形的窗戶和較厚的蒙皮。他們把一片片鈦合金焊在機身上，預防細小的裂縫隨著時間擴大，所以鈦合金又叫「止裂神器」。

試飛波音Dash 80的，是曾經飛過特技飛行表演的艾爾文·「德克斯」·強斯頓（Alvin

"Tex" Johnston）。「德克斯」這個綽號的起源，是一九四〇年代，他幫貝爾飛機公司試飛原型機時，穿著牛仔靴現身紐約州的尼加拉大瀑布[19]。這讓他不久就去了大名鼎鼎的加州穆拉克陸軍航空基地（Muroc Army Air Base，現稱愛德華茲空軍基地 Edwards Air Force Base）。這裡也是另一位試飛員查克・葉格（Chuck Yeager）試飛貝爾 X-1（Bell X-1）飛機、突破音障的地方。每個飛行員都是自戀狂，「德克斯」・強斯頓在他的自傳中寫道，他準備進波音時，一位年輕漂亮的女性心理學者來幫他作評估，對方問在這世界上他最喜歡的是什麼事，他只說了兩個字：「性愛。」

強斯頓一九五五年在波音歷史上留名，當時社會上對噴射飛機的疑慮還很大。他在華盛頓湖舉行的金盃水上飛機競賽時，在三十萬觀眾面前，駕著 Dash 80 表演橫滾，還重複一次，讓錯過第一次表演的人看個清楚。水上飛機競賽剛好跟兩項工業展同時舉行，西雅圖人潮爆滿。他表演飛行特技前，完全沒有告訴別人，事後波音總裁艾倫問他到底想幹什麼，他回答：「我想賣飛機。」（強斯頓在他的自傳中說，當時艾倫輕輕的訓斥了他一頓，然後邀請他跟艾迪・瑞肯貝克〔Eddie Rickenbacker〕共進晚餐。瑞肯貝克是一戰的空戰英雄，當時經營東方航空公司〔Eastern Air Lines〕。瑞肯貝克壓下強斯頓的牛仔帽，讓帽沿蓋住他的耳朵，然後大叫：「你這個遲不亮牌的混蛋！」）

除了誇張的表演，真正幫波音把飛機賣出去的，是強斯頓後來不斷要求的各種測試和變更設計，這些都讓波音花了大錢。真正試飛前，機身要經過幾千次的洩壓測試。就在強斯頓作橫滾表演的同一年，波音給了航空業界的客戶一部影片《斷頭臺行動》（*Operation Guillotine*），生動的描繪波音跟英國德哈維蘭公司飛機設計的不同。影片中展示鋼製的巨大槳葉刺穿加壓測試中的機艙，機艙裡布滿座椅、假人跟置物架[20]。第一次測試的機身，跟聲名狼藉的彗星號飛機差不多，刺穿後蒙皮爆裂，裡面的東西全部拋出，連地板都無法倖免。第二次測試用的是波音的機型，機身上鋪了止裂神器，槳葉刺入機身時有少量空氣洩出，但是機艙裡的物品都沒有移動。影片的旁白說，機師讓飛機平安落地的過程中，乘客可以戴上氧氣面罩。

泛美航空、布蘭尼夫國際航空，甚至英國海外航空公司ＢＯＡＣ，這三家當時最重要的航空業者，都訂購了波音７０７客機，這是波音現在對這型飛機的稱呼，當時它原本要取名為 Dash 80。但是一九五九年十月的一個晚上，強斯頓在家裡默默嚼著肉排，太太黛蘿瑞絲（DeLores）問他怎麼了，他回答：「正在思索。」[21]幾天前一架由教官駕駛的波音７０７，在示範飛行時掉進河裡，死了四個人，機上有布蘭尼夫國際航空的機組員[22]。當時機組員正在練習如何減少荷蘭滾，或叫飄擺。所有後掠翼噴射機都有這個問題，會上下晃動，同時擺尾。生還者告訴強斯頓，當天會出事是教官犯了錯誤，傾斜角度超過了波音手冊上建議的上限。一位副機師看到狀況不對，直接把自己綁在機艙後段的座椅上。其實之前的訓練中，已經出過好幾次狀況，都差點釀成大禍。強斯頓認為波音７０７的設計還有改善空間。

他找來波音707帶頭的工程師開了一個會，裡面包括了艾德・威爾斯（Ed Wells），他也參與設計B-52轟炸機。強斯頓在會中說：「顯然訓練和訂定規範無法解決我們的問題。」[23]強斯頓建議重新設計機尾和方向舵，會議室裡反應並不熱烈，甚至很冰冷，因為強斯頓建議的不是小改動，而是要耗費鉅資的大改造。

威爾斯只說了句：「我們會搞定它。」這是強斯頓後來對會議現場的描述。在波音認可的歷史紀錄中，仔細研讀過納粹噴射機資料的喬治・夏埃爾說，那是威爾斯的標準反應，威爾斯有幾十年的時間，算得上是波音公司最有影響力的人物。「一款飛機出了問題，工程師該做什麼？發動公關攻勢？找律師？還是找工程師？」[24]夏埃爾說：「辦事員要找律師來很容易，律師來了會說，『我們的飛機沒有問題，是機師的錯。』飛機製造業者會在這個問題上打轉好幾年，但威爾斯不可能受得了。」

之前飛機失事的新聞把BOAC給嚇到，強斯頓去了倫敦，向BOAC作簡報，他對BOAC的高層說，波音變更設計後，不會再有類似的意外。

對方問強斯頓：「誰會付這筆錢？」強斯頓回答，波音自己付。

強斯頓把這個危機解決了，如釋重負。他這麼總結這個決定：「波音707的小問題會解決，這款飛機的未來沒問題了。」

噴射機時代開始了。當時航空公司跟飛機製造公司的老闆都覺得自己站在金山銀山前面，就像約翰．紐豪斯（John Newhouse）在他一九八二年的著作《漫不經心的賭局》（*The Sporty Game*）中說的。這本講噴射機歷史的書，因為大力表揚那些大膽下注的男性——也只有男性——而成為航空業界的聖經。書中把那些男人下注的心態形容成滿不在乎，輕蔑的看待這門生意的極大風險；如果成本可能高到無法承擔，就表示利潤非常可觀。當時航空客運量每年成長百分之十五，多出的客源多半是從鐵路和輪船運輸搶過來的[25]。在法規鬆綁還沒有完全確立的時代，航空公司若不是政府所有，就是受政府規範的公共事業，他們可以隨時調高票價，把設備成本轉嫁到乘客身上。

西雅圖開始湧入滿懷抱負的年輕人，把一天到晚下雨的小村子變成了迷人新科技的集中地（就像後來亞馬遜公司的群聚效應）。一九四四年波音公司的員工就有五萬人，一九六〇年代增加到驚人的十四萬兩千四百人，也是它的高峰[26]。帶著科幻卡通《傑森一家》（*The Jetsons*）色彩的樂觀主義，體現在一九六二年為西雅圖世界博覽會而建的太空針塔（Space Needle）。波音展場外的一幅標語寫道：「我們要聘工程師，還有其他人才。」[27]那個年代，定義商業成功和全國聲望的是實體產品，而不是軟體。當時波音更像個鬥志旺盛的新創公司，而不像守舊的官僚系統。早期的推進工程師格蘭維爾．佛雷瑟（Granville Frazier）用他一九三三年的普利茅斯（Plymouth）雙門小轎車，載運真人大小的噪音抑制器，還需要一個同事站在後保險桿上平衡它[28]。

波音的設計人員在製圖桌上工作，分成很多組，一組四個人，共用一個能在轉檯上轉的電話[29]。製圖室在一個很大的大廳裡，地板就只是水泥地（很久之後才有人終於鋪上地毯）。經理坐在一張綠色的矮桌後面。所有設計人員都要向「老爹」報告進度，他們是各個領域的專家——例如結構、飛行控制、推進——在設計的各個面向都很權威[30]。公司鼓勵設計人員為自己的觀點力爭，目的是要設計出更好、更安全的飛機。

傳奇工程師喬．薩特（Joe Sutter）是這些頑強員工的典範。他二戰時在一艘驅逐艦上服役，退伍後就進了波音。他父親是西雅圖的肉品加工批發商，他看著波音測試各型飛機長大，之後在華盛頓大學拿到航空工程學位。他是波音707的航空動力部門最高主管——之後為波音737出過力，也是波音747的首席設計師——他罵人時滿口粗話，同事稱之為「薩特暴衝」[31]。

另一個噴射時代的波音新人是彼得．摩頓（Peter Morton），當時他剛從紐約州特洛伊的倫斯勒理工學院（Rensselaer Polytichnic Institute）畢業。他讀過強斯頓賣弄橫滾特技的介紹，也注意商業雜誌上對波音各種神奇的描寫。摩頓成了波音「噴射機知識學院」的講師，這個機構有十一門課講噴射機運作和維修[32]。摩頓回憶，到一九六三年，他們已經教過一萬名學生。強斯頓甚至規定波音的試飛員都要去上課（只有他自己例外）。當時波音把技師派駐在航空公司的維修廠，還有全球的機場，監督這些地方的作業，確保客戶能正確的維修波音的新型飛機[33]。摩頓說：「那不是鞭長莫及的大西部。」[34]（波音737 MAX兩起空難後，二〇二〇年，高齡八十五歲的摩頓還在寄發注意事項給波音領導人，但也愈來愈覺得沮喪。）摩頓當過波音737的業務員，當過波音757的飛行控制設計師，當過航空公司的經理跟訓練主管，最後擔任波音商用飛機部門的人力資源總監，他自稱波音的百變天王，不管扮演什麼角色都游刃有餘，就像普立茲獎得主赫曼・渥克（Herman Wouk）小說中的人物維克多・「卜格」・亨利（Victor "Pug" Henry），這個變色龍般的角色在書中見過邱吉爾，也見過希特勒。

波音公司此時遇到了最新的挑戰，就是來自加州的競爭。道格拉斯飛機公司推出DC-8力戰波音707，接著推出DC-9，很快就超了波音的車。唐納・道格拉斯下令全力賣飛機，道格拉斯公司的買主多到波音公司必須推出波音727來因應，DC-9是雙發動機飛機，鎖定中型城市之間的短途航程，到一九六四年，DC-9已經賣掉兩百架[35]。

波音公司沒有可以抗衡DC-9的飛機，在波音總裁艾倫的心裡，這不見得是件壞事。道格拉斯的這型客機可以容納大約八十人，航程五百英里左右。經營這種航線的航空公司通常規模都不大，而且維持得很辛苦——這樣的客戶其實都不太賺錢。一九六五年的一項內部研究估計，波音如果推出競爭機型後賣得不好，可能損失一億五千萬美元（相當於二〇二〇年的十二億五千萬美元）[36]。但波音董事會部分成員認為，對道格拉斯公司應該寸土不讓，不妨虧本生產帶路貨——入門款飛機，讓小型航空公司先進入客運市場，之後再購買波音較大型的噴射客機。這是通用汽車（General Motors）的策略：先賣給年輕人他們買得起的雪佛萊汽車，然後再賣他們凱迪拉克。艾倫於是勉強決定設計一款新飛機。

波音７３７因此誕生——快速而且不按規矩。波音公司工程部門的資源多半投入了大型飛機波音７４７的研發，雄心勃勃的超音速飛機計畫當然更不在話下。一九六五年波音跟德國漢莎航空公司的第一次業務會談，沒帶來好兆頭。當時波音公司寄了一個木箱到科隆，箱子上有巨大的絞鏈跟耶魯鎖，裡面裝了解釋波音７４７飛機性能的各種圖表，準備讓漢莎航空的高層審視[37]。結果波音忘了一併寄上鑰匙，漢莎航空的執行長只好用槌子和螺絲起子把鎖撬開。

波音的雙發動機飛機比道格拉斯的DC-9晚了兩年，波音７３７每一個部分的設計都力求簡單。波音為了控制成本，很多地方必須妥協，這使以後想改用更先進的技術時，會有改裝上的困難。雖然７３７在波音整個產品線上是最不受重視的產品，但航空公司也愈來愈注意管控成本，這款省略很多昂貴配件的飛機，反而成了波音最暢銷的機型。曾任波音副總裁、也當過大陸航空公司（Continental Airlines）執行長的戈登・貝修恩（Gordon Bethune）說：「波音７３７就像臺破爛的貨卡，它不是最炫的東西，但好傢伙，風雲變色的時候，你還是會想躲進去。」[38]

波音７３７即使研發倉促，波音公司還是留了實驗和變更的空間。公司派了兩組工程師互相挑戰，要更精進波音７３７的設計[39]。喬・薩特領軍的B組工程師在設計概念上勝出。波音７３７原始的設計把發動機放在機身尾部，就跟道格拉斯公司的飛機一樣。薩特從辦公桌抽屜裡拿出一把剪刀，在線圖的後段把發動機剪下來，塞在機翼下方，這樣機艙裡可以再擠進六個座位，這可能會使小型航空公司的營收明顯改觀。

波音７３７跟其他波音建造中的噴射客機比較起來，賣相仍然不好。薩特的老闆稱它「還在半空中的美式足球」[40]。它跟今天主流的商用噴射機相比，長跟寬幾乎一樣的方形比例，機身也非常渾圓，都顯得十分奇特，感覺像機場禮品店裡可以擠壓出吱吱聲的玩具，而不像可以大發利市的光鮮客機。

當時駕駛艙也從三個座位改成兩個座位，所以波音設計了簡單的控制系統，如果一位機師不能執飛，另一個機師可以獨自操控飛機。地板上的兩個把手透過滑輪相連，跟起落架連在一起。兩位機師中任何一個都可以拉起把手，讓起落架放下，這比舊式汽車窗戶要靠旋轉曲柄搖下，要簡單得多[41]。手動的配平操縱舵（trim wheel）是另一個要簡化的東西。機師通常靠操縱桿上的按鈕保持飛機平穩，在這個狀態下，空氣可以平順的滑過機翼。兩位機師中間的配平操縱舵則是個備用工具，可以用手轉動，以調整水平尾翼。這個設計對應了一九五五年首航的上單翼四人座飛機西斯納１７２，到現在都是年輕駕駛員常用的訓練機。

使用較陽春機場的小型航空公司比較可能採用波音７３７，所以７３７機身離地面比較近，因為這種機場沒有停機坪用的行李輸送帶，機身矮一點，行李員比較容易把行李丟進行李艙。前門下方會伸出一具金屬摺疊梯，乘客就從這裡登機。波音為了降低737的製造成本，有六成的零件從727上取用，零件總數也比727要少。波音727的起落架艙門，液壓閥門系統比較複雜，波音737乾脆把起落架艙門給省略了。飛機凌空而過時，從地面上就可以看到收起的起落架，這在大型商用飛機上很少見。

就跟應對波音707時的態度一樣，波音遇到問題會設法修正。一九六七年，試飛員布萊恩·威格爾（Brien Wygle）試飛波音737時，覺得很困擾，因為推力反向器產生阻力不足（飛機降落時會發出嘶嘶聲，就是推力反向器的關係，它會把發動機的廢氣往反方向送，使飛機減速）。這套推力反向器是從波音727借用的，但裝在737機翼下方，實際的功能只有在降落時拉高輪胎，減少磨損，並不好用。結果威格爾說服了專案經理，花了二二〇〇萬美元（大約今天的兩億美元）重新設計。

威格爾回憶說，「我說，『我知道那是一大筆錢，但波音737會用好一陣子，我真的認為應該要改。』當時專案經理回答：『好吧，如果你真的希望改，我們就改。』」[42]

當年那種認真的態度，後來的波音公司很難想像，因為當時波音賦予飛行員很高的權威，公司裡也沒有官僚習氣，而且願意打破預算限制。

一九六七年一月波音737正式亮相，穿著迷你裙的PSA空姐在機翼上站成一排。PSA是總部設在聖地牙哥的太平洋西南航空公司（Pacific Southwest Airlines），它樸實的經營模式，啟發了德州的律師厄布．凱勒赫（Herb Kelleher），在達拉斯的愛田機場（Love Field）成立西南航空公司（Southwest Airlines），在加州和德州經營短程航線。當時權力強大的聯邦民航委員會（Civil Aeronautics Board）可以決定跨州的航線和費率，卻管不到西南航空公司。

幾個月之後，加州的道格拉斯飛機公司陷入財務危機，現金短缺。原本道格拉斯想把新貴波音公司打趴，它在執行長的要求下，從各航空公司爭取到一大堆訂單，不料訂單吞不下去，還噎住了[43]。投資銀行拉扎德公司（Lazard Freres）那一年在年報中說，道格拉斯公司周轉不靈，是因為「過度強調銷售業績，而且飛機部門在運作上，跟公司管理人員協調不足。」訂單塞車之外，產製飛機的資金也不夠，只好把自己賣給了對手，位於聖路易的麥克唐納飛機公司。

詹姆斯．麥克唐納是個跋扈的老闆，人稱「麥克先生」，在他治下的麥克唐納—道格拉斯公司（McDonnell Douglas Corporation）不可能犯的一個錯誤，就是隨意花錢。他當時已經六十八歲，從一九六七年併購道格拉斯公司，到一九八〇年以八十一歲高齡去世，他都緊緊抓住公司的開支。麥克唐納公司和美國空軍關係特別好，從F-4幽靈戰鬥機到F-15鷹式戰鬥機，都是它生產的。「麥克先生」喜歡接軍方的案子，因為利潤比較可以預期，也就常常縮減商用噴射機的投資。他自稱「務實的蘇格蘭人」，會發給公司高層煮蛋計時器，提醒他們控制打長途電話的時間[44]。

波音不受影響，繼續投資開發新機型，最後冒著研發波音707時兩倍的風險，投入波音公司所有淨值，開發超大型的波音747。在最後證明747安全無虞之前，波音公司幾乎破產。之後747成了經典之作，它比所有的飛行器都要大上三倍，還得為它特別取名「巨無霸客機」。這是第一款商用的雙走道客機，甚至有二樓客艙，就在機鼻後面隆起的地方。不過真正吸引泛美航空公司等買家的，是波音747的航程：接近八〇〇〇英里。這使一般民眾都能從事跨大西洋的旅行。艾倫升任波音總裁後，已經在任二十幾年，仍全心投入飛機的開發，即使董事之一，杜邦公司（DuPont）董事長克勞福．格林納沃特（Crawford Greenewalt）試圖說服艾倫放慢腳步，也沒有用。決定要不要通過747開發案的董事會召開前，有個雞尾酒會，當時格林納沃特對艾倫說：「比爾，你知道嗎？杜邦花了好幾年的時間，才決定要不要投資尼龍。」[45]之後格林納沃特在董事會上，開始探詢投資案的預估利潤，一位資深經理回答，他們做過一些研究，但是忘了結果是什麼。格林納沃特嘀咕道：「老天爺，這些傢伙連這項投資的利潤有多少都不知道！」

工程師薩特領軍的747設計團隊開創出失效樹分析（fault-tree analysis）——利用決策樹（decision tree）顯示不同的系統什麼時候會失效，以及如何失效。打造飛機需要幾十萬個零件，還要追趕無數個期限，壓力非常大，而且勢必會跟預算控制的部門有衝突。郝爾・海恩斯（Hal Haynes）當時是波音的財務長，處事向來穩重。一九六七年有一天會議結束後，他說：「薩特，你知道你的工程師一天花掉五百萬美元嗎？」[46]海恩斯沒等薩特回答就離開了現場。薩特事後回憶他當時想的是：「如果我們一天花六百萬美元，應該可以做得更好，將來說不定還能長期為波音公司節省成本。」

沒有多久之後，有消息說，薩特必須從麾下二七〇〇位工程師中，裁掉一千人。他在本該提出裁員計畫的會議上，仔細的清點還有哪些工作未完成，然後要求再聘請八百位工程師。全場的人冷冰冰的看著他。準備接替艾倫出任波音總裁的桑頓・威爾遜（Thornton Arnold Wilson）說：「見鬼了，薩特，多一個工程師都不可能。」艾倫說他要趕著去搭飛機，其他人跟著艾倫走出會場，沒多說一句話。只有薩特上面的經理沒離開，他狠狠的咒罵了薩特幾句，因為薩特完全不理上面的要求。薩特心想他會被換掉，但是幾個禮拜都沒有動靜。之後又有消息說，威爾遜告訴旁人，薩特表現得很好。

一年四個月之後，第一架波音７４７就造好了，並開始試飛，就在人類登陸月球期間[47]。華盛頓州埃弗里特市（Everett）佩恩機場（Paine Field）的波音機師和工程師，一九六九年七月二十日從廣播系統中，聽到老鷹號登月小艇已經降落月球，那是個星期天，大家正在準備當天晚上的試飛。機師透過對講機說，太空人阿姆斯壯正在月球上漫步，但試飛團隊還沒搞定。就在工程師忙碌的同一段時間裡，幾千名技工正在埃弗里特市興建一座巨無霸新工廠——全球體積最大的建築——用來組裝飛機。廠房高大到它上方的椽有時候都會有雲形成。組裝團隊自稱「超凡的一群」。這個組裝廠能夠設在多霧的美國西北部，有一部分要感謝薩特，因為他力抗換址的提議。有人建議把組裝廠設在加州的胡桃溪市（Walnut Creek），因為加州人口眾多，設在加州可能會有大咖政治人物的加持。薩特後來寫道：「我直接了當告訴他們，那會是不折不扣的大災難。」[48]因為那樣的話，協調會卡關，成本會提高，後勤支援的困難會增加，最後進度也無法如期完成。

此時果然不是胡亂花錢的時候，因為政府提供超音速運輸工具的經費也花完了。一九六九年波音陷入嚴重的危機，公司發現再過兩個月，現金就要用光了[49]。威爾遜此時已經接任總裁，資遣了八萬六千人，還心臟病發作，當時他四十九歲。波音員工佛瑞德．米契爾（Fred Mitchell）當時還很年輕，他記得當時廠房地板上堆放的辦公桌有三十英尺那麼高，旋轉辦公椅則雜亂的堆在角落。米契爾說：「大家經過時會說：『有人要買房子嗎？有人要買汽車嗎？』我認識兩三個人就是這樣買到華盛頓湖畔的房子，接手同事的房貸。」[50]一九七一年，兩個房屋仲介在高速公路旁買了一幅廣告，上面寫著：**最後離開西雅圖的人——記得關燈**。

波音737開始銷售也改善不了波音的困境。波音的前景看起來糟糕透了。其實波音希望把整個生產線賣給日本三菱重工（Mitusbishi），但是三菱回絕了[51]。一位波音的經理後來總結說：「我們當時破產了。」工程師為了能多賣幾架飛機，在機腹下方裝了一個礫石偏轉橇，好降落無鋪面的跑道，例如挪威外海法羅群島（丹麥領地）上的簡易機場。這種機場根本不在波音737預期買主的名單上。一九七二年，波音737只賣掉十四架，第二年波音甚至考慮取消整個737計畫[52]。

其實波音737出頭的日子還沒到。正當波音公司把心思都放在其他更重要的機型上時，737發起了航空史上最驚人的絕地大反攻。

二、都是我的錯

第一起滿載的廣體客機空難成了國際大醜聞。媒體大肆報導飛機有驚人的設計瑕疵；美國國會聽證有電視現場轉播，還有人出了一整本書大爆料。一九七四年三月三日，一架準備飛往倫敦的客機從巴黎—奧利機場（Paris Orly Airport）起飛不久，貨艙爆炸炸飛了貨艙門、使地板變形，並切斷了液壓管線。飛機墜入巴黎市外的埃默農維爾森林（Ermenonville forest），機上的三四六人全部喪生。當時這是史上最嚴重的空難，飛機殘骸散布在方圓半英里，週末登山客喜歡健行的木棧道上也到處都是[1]。

失事飛機是土耳其航空的DC-10，是麥道公司為了緊追波音747而開發的的廣體客機，只比747小一點。原屬道格拉斯公司的工程師為了資金求爺爺告奶奶，麥克先生照例抓緊荷包沒得商量。為了節省寶貴的貨艙空間，工程師設計了向外開的艙門，這打破了航空界的傳統。空難後一個月，麥道公司高層在股東會上責怪土耳其航空的「文盲」行李員（其實這個人會說三國語言），說他沒有把貨艙門栓好[2]。

原來原屬道格拉斯的工程師早就知道，他們的設計在操作錯誤的時候會出大事，而且就在兩年前，一趟飛越加拿大安大略省溫莎市的航班，就差點墜機，當時也丟了一個貨艙門。機師那次讓飛機驚險降落。結果麥道公司沒有立刻改善問題，而是說服美國聯邦飛航管理署（ＦＡＡ）讓麥道逐一為這型飛機加一片輔助金屬板——這項「君子協定」是國會聽證會上透露出來的。道格拉斯公司內部的資料顯示，土耳其航空的飛機已經裝上了輔助金屬板，但其實沒裝。三位檢查員為這個從來沒完成的工作簽了字。一位檢查員說「當時是盛夏，」試圖解釋為什麼記錄會名不副實[3]。「巴黎空難」成了醜聞的同義詞——「噢，就是艙門掉下來的那個空難。」記者茉拉・強斯頓（Moira Johnston）在她一九七六年的著作中這麼形容。她還寫道：「加州長灘參差不齊的麥道工廠擠滿了穿著短袖的工程師，媒體的報導也使這裡看起來像個罪惡的堡壘。」[4]

一九七九年五月又發生一起空難。美國航空公司的一架DC-10客機在芝加哥墜毀，因為起飛時左側發動機和掛架直接從機翼脫落，空難導致二七三人罹難。消費者團體提出集體訴訟，控告ＦＡＡ的預防措施嚴重不足，一位聯邦法院法官審理後，下令DC-10整個機隊全部停飛——這是一九四六年之後美國航空業界頭一遭[5]。ＦＡＡ服從裁決。（麥道公司則認為這項處置非常誇張，而且沒有根據。）實際上，空難主要起於航空公司維修不當，但這幾次空難還是損害了DC-10的聲譽，使得銷售量衰退。麥道公司還得找太空人皮特・

康拉德（Pete Conrad）拍廣告。康拉德在一則廣告裡說：「你對DC-10了解得愈多，就愈明白它有多厲害。」DC-10的交機數量剩下高峰期的四分之一，十年之後就停產了。

波音公司在威爾遜的領導之下，繼續對競爭對手施壓，同時增加兩款新飛機，為了開發波音７５７和７６７總共投下三十億美元。菲爾・康迪特（Phil Condit）是波音７５７的首席工程師，後來成為波音公司的重要人物；彼得・摩頓則協助設計波音７５７的控制系統。

這是第一款使用電子檢查表的飛機，大幅減輕機師的工作負荷[6]。它配備電腦顯示幕EICAS，是發動機指示警報系統（Engine-Indicating and Crew-Alerting System）的簡稱。像７３７這類比較舊型的飛機，利用半透明的按鈕顯示飛機各種機械系統的狀態，是比較原始的二分邏輯，顯示系統正常或不正常。如果標示油壓過低的鈕在閃，機師就會翻閱手冊，或設法回想記憶中的處置程序。EICAS則會即時顯示油量、油溫和其他重要的數值。如果偵測到哪個地方有差錯，螢幕上會跑出訊息，告訴機師如何處理。EICAS這套系統用顏色區分狀況的優先順序，紅色代表緊急，黃褐色代表注意。

摩頓和康迪克在西雅圖附近的快樂男孩餐廳午餐時，想著他們能不能設計出７５７，讓機師可以直接執飛較大的７６７，而不需要接受全套額外的訓練[7]。這如果可行，就能為航空公司省下龐大的成本。

這可得好好研究研究，而不是一個口令一個動作。接下來幾個月，波音的工程師設法讓757和767客機的駕駛艙看起來幾乎一樣，雖然兩者的內部系統非常不同。（這也是為什麼757的機身較小，機頭卻幾乎和廣體的767機頭一樣大。）設計團隊甚至找來心理學家研究機師對操控盤些微差異的反應。757的操縱盤可以比767的操縱盤兩個方向都多旋轉三分之一。

摩頓說：「我們希望有人說：『欸，這個看起來不太對，』但沒有人反映。」

薩特要求摩頓在一九八二年倫敦附近的法茵堡航空展上，為空中巴士（Airbus Industrie）總裁導覽波音的新飛機。當時空中巴士還只是歐洲幾個飛機製造商的鬆散聯盟，也剛剛進入商用噴射機市場。757是亮銀色的塗裝，機鼻後方有白紅藍三條色帶延伸到機尾，斜體的波音徽標旁有幅美國國旗。空巴總裁貝納德・拉提耶（Bernard Lathiere）對757駕駛艙裡的電腦螢幕大為驚奇，之後送了一幅757的競爭機型，空巴A310的海報給摩頓，附上一張字跡潦草的便箋，上面用法文寫著：「致彼得先生，你們的EICAS是個不錯的玩具，但是空巴的財務狀況一點問題也沒有。」[8]空巴確實有各種理由可以嘲笑波音。

波音執行長桑頓・威爾遜（Thornton Arnold Wilson），人稱T. A.或T.，講話也很簡短，而且不耐煩。有一回，他對首次見面的年輕主管發飆：「我知道你幾兩重。」[9]慶祝機

棚「紅色穀倉」翻新的派對上，他說他寧願把「紅色穀倉」丟進杜瓦米什河（Duwamish River）[10]。

雖然威爾遜粗魯又沒有人情味，但做事情標準很高，而且有團隊精神，這也是戰後世代的共同特徵。他一九四三年從愛荷華州立大學畢業後，就加入波音公司，不久便成為西雅圖專業工程雇員協會（Seattle Professional Engineering Employees Association）的創始領導人，這是個代表波音員工的工會，簡稱SPEEA。它自認不是傳統的工會，而比較像職業公會，最重要的目標是不讓互相競爭的航太公司在雇用對手的員工之前，先通知對手同業。威爾遜升任波音執行長之後很長的一段時間，還繼續跟SPEEA的老朋友定期打橋牌。

波音的執行長待遇很好。一九七八年全美國有十二位企業領袖年薪超過一百萬美元，波音執行長就是其中一位[11]。（經過通膨調整，他的年薪相當於二〇一九年的五百萬美元，跟同一年的企業執行長平均薪資二一三〇萬美元相比，四分之一都不到。）但是威爾遜不太使用企業領導人的福利，他自己開著雪佛萊大黃蜂上班；繼續住在西雅圖郊區，夫妻倆三十年前買的房子；繼續養蜂並玩縱橫字謎遊戲[12]。波音只有一架讓公司使用的小飛機，鼓勵幾個高階管理人員搭著它去服務客戶。一九八五年九月《紐約時報》的一篇側寫說，威爾遜「把波音打造成頂尖企業」。

這個讚美很不尋常，因為一個月前，一架波音747才在日本墜毀，五二〇人罹難，是歷來死亡人數最多的單一空難，超越十年前DC-10創下的紀錄。日航的這架波音747

預定從東京飛大阪，起飛後半小時，飛機的垂直尾翼裂開，墜落御巢鷹山。各方開始猜測，是不是機身金屬疲勞，而這正是三十年前毀掉德哈維蘭（De Havilland）公司彗星客機聲譽的可怕指控。

這時威爾遜正把波音公司交接給法蘭克．施隆茨（Frank Shrontz）。施隆茨為人親切，原本在愛達荷州波伊西市當律師，一九八五年出任波音總裁，第二年要繼任執行長。波音公司讓日本空難調查人員大吃一驚，因為空難之後幾週，波音發表聲明，承擔空難的所有責任[13]。聲明中說，幾年前那架747客機重落地，機尾受損，波音一組維修人員在飛機的後隔板加了一塊拼接板，這個錯誤的維修方法，使後隔板在座艙不斷增壓下持續收縮，最後機尾為了減壓而爆裂。已經準備長期調查並開啟艱難協商的日本官員，看到這份聲明都目瞪口呆，不敢相信波音公司能這麼透明。

波音此舉迅速縮短了原本曠日廢時的法律訴訟——而且掃除了所有對波音誠信的懷疑。

同一年，另一位愛荷華州立大學航太工程系畢業生，開著肌肉車（一九八二年的雪佛萊蒙地卡羅）橫跨美國，到波音實習。他叫丹尼斯．穆倫伯格（Dennis Muilenburg），在愛荷華州奧蘭治市（Orange City）郊區的農場長大，奧蘭治市在愛荷華州的西北角，深受荷蘭文化影響。穆倫伯格後來告訴大家，他當時的目標是「成為世界上最好的飛機設計

師」。

那個年代波音的客戶服務聲譽響噹噹；全球噴射客機市占超過七成；有十年都是道瓊工業指數表現最好的股票。戈登．貝修恩一九八八到一九九四年擔任波音客戶訓練主管及部門領導人，他說：「波音很可能是全世界你能找到最誠實、最有信譽、最好的雇主。」[14]貝修恩進入大陸航空公司之後沒有多久，大陸航空就向波音訂購了一批７６７客機，當時波音保證給大陸航空的售價是客戶中最低的。大陸航空的董事會認為這不可能保證，結果有一天，大陸航空收到波音一張廿七萬五千美元的支票，因為衣索比亞航空公司買了一架波音７６７，價格比大陸航空買的要低。

波音品質重於成本的名聲得來不易，但是波音領導階層的思維中，還是慢慢轉向了財政保守主義，而一個企業享受甜美果實時難免的傲慢心理，也悄悄形成。

空中巴士受到德國和法國政府大力資助，已經慢慢侵蝕波音、麥道和洛克希德主宰的商用飛機市場。空巴這個歐洲的企業聯盟，以救世主的姿態進入市場。當時的空巴總裁貝納德．拉提耶一九七五年說，「我們為了孩子奮鬥，如果歐洲沒有自己的高科技產業，我們就是美國人的奴隸，我們的下一代也會是奴隸。我們要能出售……我們必須奮鬥不懈。」[15]空巴一九七八年第一次搶到美國的訂單，總部在美國佛羅里達州的東方航空公司買了廿三架雙發動機的空巴Ａ３００客機。《紐約時報》說，這是「外國企業入侵美國航空市場，規模最大的一次。」[16]

東方航空總裁法蘭克・波曼（Frank Borman）是太空人出身，擔任過阿波羅八號月球任務的指揮官。他告訴記者，那批飛機的價格「比進口四天半的日本汽車的總值還要少。」（一位麥道公司的高層打電話向波曼抱怨時，波曼問對方開哪一種汽車。）[17]

不相信波曼所言的人還包括當時的美國財政部助理部長C.佛瑞德・伯格斯坦（C. Fred Bergsten）。伯格斯坦說動了老闆財政部長麥克・布魯門索（Mike Blumenthal）向空巴的飛機課徵關稅，理由是空巴獲得歐洲國家政府的金援，也就是貸款不用付利息，而且飛機如果賣得不好，也不需要還款。波曼回憶說，他當時立刻跑到白宮痛陳萬萬使不得，他告訴副總統華特・孟岱爾（Walter Monddale），如果對空巴飛機課關稅，使東方航空買不成飛機，東方航空就得裁員[18]。外交政策決策者也反對在冷戰期間，跟歐洲盟邦打貿易戰。最後總統吉米・卡特（Jimmy Carter）讓空巴飛機直接進口。

同樣在一九七八年，卡特政府推動通過了《航空管制解除法》（Airline Deregulation Act），撤銷從一九三八年起訂定最低航空費率的民航委員會。之前航空票價漲不停，民航委員會成了大家眼中的罪魁禍首，因為這個腐敗的機構遵從航空公司的意願，讓機票價格不斷上漲[19]。《航空管制解除法》意味著美國的航空業者不會再像郵局一樣，而會變成自由市場的一員。

這要過很多年，效果才會顯現。雷克航空（Laker Airways）、布蘭尼夫航空（Braniff International Airways）還有泛美航空（Pan American World Airways）等逐一消失。現在

的美國三大航空業者——美國航空、聯合航空（United Airlines）還有達美航空（Delta Airlines）——最後實質控制了市場。這三大業者當時用了大家沒有想到的策略，就是把較小的城市變成空中交通的大樞紐，例如芝加哥和亞特蘭大，然後再從這些樞紐飛到最終的目的地。這個策略提高了小型噴射客機的需求，因為航次變得更頻繁。

一九七〇年代後期，這些趨勢都還不明顯，波音也早早投入了757和767等較大客機的開發。波音737這型飛機又成了事後的先知，因為德州規模很小的航空業者西南航空視737為至寶。波音原本就生產了兩款737，也就是737-100和737-200，此時又為西南航空開發了更新的機型737-300，發動機更大，燃料使用更有效率。為了把發動機裝在低懸翼之下，波音把兩具發動機往前挪，並把底部修圓，使這兩具發動機看起來像扁掉的輪胎[20]。當時波音內部估計，這型飛機可以賣出三百架，第一張西南航空的訂單是個很低調的開始，買了十架[21]。

聯合航空已經縮減它的737機隊，但是樞紐輻射式航線策略站穩腳步後，聯合航空出人意外的補齊賣掉的飛機數量，而且大量訂購一二八人座的737-300新機，其他航空公司也跟進，於是利潤可觀的新市場形成了，雖然和波音十五年前的決策背道而馳。[22]

空中巴士急忙推出最新機型。一九八四年空巴開始銷售一五〇人座的A320客

機，但波音沒有把這個歐洲的競爭者看在眼裡。空巴之前的機型，例如賣給東方航空的Ａ３００，打了很大的折扣，有些則以租代售，根本等於是白送。

但是Ａ３２０直接以波音７３７為競爭對象[23]。這型飛機配備精密的電傳飛行操控系統（fly-by-wire），技術來自法國達梭飛機公司的飆風戰鬥機（Rafale fighter jet）。機師利用身邊的搖桿操控飛機，搖桿和控制介面之間透過電訊號連接，而不是競爭機型使用的較重的電纜線和皮帶輪。這使飛機的重量減輕，也省下駕駛艙的空間。空巴機師的面前就有一個紙夾筆記板，而不像波音的機師，筆記板得放在兩腿之間。（在空巴的駕駛艙裡吃午餐也不再侷促。）省下的機身重量讓可以讓Ａ３２０比波音７３７的機艙寬七．五英寸，這個差別乘客可以感覺得到，因為座位因此寬了一吋，空服員把機艙推車停在走道上時，其他人也比較容易擠過去。

最重要的是，Ａ３２０的飛行操控軟體可以預防機師讓飛機爬升或下降角度太陡、傾斜轉彎太劇烈，以免讓飛機承受壓力。有些機師認為這項科技剝奪了他們對飛機狀態的「感覺」，但是飛機操控自動化確實讓意外機率顯著降低。據空巴統計，到二〇一九年為止，使用第四代電傳飛行操控系統的客機（包括後來也採用此系統的波音７７７和波音７８７），飛機全毀事故的十年移動平均機率是每二五〇〇萬架次有一次[24]。波音７３７採用的是第三代電傳飛行操控系統，這套系統的事故機率比第四代高五倍，是五百萬分之一。

當時波音駐歐洲的業務代表魯迪．席林加（Rudy Hillinga）發電傳電報回西雅圖，警告說德航對Ａ３２０很有興趣。波音７３７客機十八年前推出時，德航（Deutsche Lufthansa AG）是大主顧。一九八〇年代中期，波音仍然把DC-9跟麥道合併後的MD-80視為７３７的主要對手。波音對航空管制解除帶來的市場大變化反應太慢，航空公司現在需要的是比較小的飛機，這種飛機可以頻繁執行短程飛行任務，而且成本低。德航高層談到正在開發的二二〇人座波音７５７時說，「如果７５７只有一五〇個座位，會賣得很好。」[25]

傳奇工程師薩特這時是波音生產部門的執行副總裁，已經快退休了。他覺得Ａ３２０是個古怪的科學實驗。一位波音前任高層說：「薩特憎惡空巴，他就是不相信空巴能造出好飛機來。」[26]波音的其他高層也不想放棄原本的產品策略，拿另一款新機取代計畫中接下來要生產的機型。菲爾．康迪特這時已經升任業務及行銷主管，談論過將來用槳扇發動機飛機超越Ａ３２０，但是這個構想從來沒有實現過。

薩特當時是飛機製造業界的翹楚。他一九八五和一九八六年兩度拜訪白宮，第一次是接受總統雷根頒發的美國國家科技獎章，雷根授獎時靠向薩特的耳邊輕輕的說了句話[27]。（後來有人問薩特，總統說了什麼，薩特告訴大家，雷根向他解釋，怎麼在地板上找接受拍照位置的記號。）第二年薩特獲提名擔任白宮太空梭挑戰者號（*Challenger*）失事調查委員會的成員，獲提名的還有尼爾．阿姆斯壯（Neil Armstrong）和莎莉．萊德（Sally Ride）等傑出太空人。薩特發現，美國航太總署（ＮＡＳＡ）的組織架構一團亂，不同的勢力範圍彼此競爭，報告線交疊，而且沒有高階領導人專門負責安全問題。薩特說，波音絕對不會有這種事。

如同有些人擔心的，空巴也就在這個時候，變成了波音實實在在的威脅。德航一九八五年以十億美元買了十五架Ａ３２０，一年之後，西北航空公司（Northwest Airlines）下了一張超級大單，一口氣買了一百架Ａ３２０，也為空巴打開了成功的大門。波音終於推出了較大的７３７客機，就是大家知道的737-400和737-500，但已經來不及減弱空巴的影響。波士頓第一銀行（First Boston）的分析師沃夫岡．德米希（Wolfgang Demisch）說：「航空業者每十年會決定一次要生產什麼樣的新飛機，大概是這樣的頻率，接下來十五年你就得接受決策的後果。」[28]

修改過的７３７客機一開始還是能勝過空巴的飛機。一九八八年春天，彼得．摩頓穿著肥短的西裝，身處一群高大風光的飛行員中，在西雅圖飛行博物館舉行的試飛員和員工的聚會上，自豪的稱呼７３７是「波音家族裡受埋沒的小天才」[29]。波音機隊裡的最小咖已經在各航空公司裡擔當要角，全世界有一三七個航空業者使用７３７客機[30]。到一九九九年底，已經售出的７３７客機，有三分之二，也就是將近三千架是經典機型——737-300、737-400還有737-500。雖然概念形成倉促，這款耐用的機型卻證實是波音產品線中最不可少的一款。

不過一九九〇年代兩起空難還是暴露出波音保守戰略的缺點。兩架飛機都是早期的737，先是一九九一年一架737-200在科羅拉多泉墜毀，然後是一九九四年一架737-300在匹茲堡附近失事。國家運輸安全委員會（National Transportation Safety Board, NTSB）經過史上最長的空難調查，終於認定責任歸屬。兩起空難都是因為飛機方向舵的設計不良。波音設計737時為了趕時間，做了很多妥協和折衷，其中一項就是採用單板舵（single-paneled rudder）。這個舵少了一個裝置，叫限制器，這樣飛機會更容易失控，亦即在很極端的情況下發生自動變位，例如有極小的砂礫卡在氣門[31]。

幾十年來737在不斷的哄騙勸誘下，超越了自己的極限，這兩起空難是第一個證據。一九九九年國家運輸安全委員會的航空安全主任伯納德・羅布（Bernard Loeb）在運安會發布的報告中寫道：「我們認為飛機本身想告訴我們一些事情。」[32]

三、「威爾許，注意了！」

如果威爾遜締造了波音在冷戰時期的黃金年代，那麼嬉皮世代的菲爾．康迪特就是為危險的企業併購、新時代管理術語，以及豐富紅利配股定調的人。康迪克在戰後嬰兒潮的高峰出生，但他是家裡的獨生子，住在加州柏克萊[1]。他的父親是跨國能源公司雪佛龍（Chevron）的研究人員，母親是攝影家，在世界各地拍照，照片後來會掛在康迪特家中和辦公室的牆上。康迪特年輕時很能折騰，會把時鐘拆開，深受最新機械發明的吸引，柏克萊加大、普林斯頓，還有東京理科大學的教授都認為他在技術工藝上很有天分。他也是首位取得東京理科大學工程學博士學位的西方人。康迪特一九六五年加入波音之後，又在麻省理工學院的史隆管理學院（Sloan School）拿到企管碩士學位。

康迪特一開始就鶴立雞群，才廿九歲就在薩特等大師手下工作，協助計算７４７飛機的尾流擾動，並訂定飛機起飛間隔，這個規範到今天都還在使用。康迪特升任７５７計畫主持人，展現優異的權衡轉換能力，讓主管印象深刻，例如迫使設計師犧牲三個座位，騰出空間給翼上緊急出口。他會找出漂亮的解決辦法，同時滿足客戶和管理單位。身為部門經理，他會啟發同仁，但不像之前沉默世代的主管那麼專橫。他會告訴同仁：「我們個人不如我們整體聰明。」康迪克身材魁武，有一副招風耳。他常開玩笑說，那對大耳朵讓他更懂得傾聽。他會穿厚重的運動衫。有一位分析師形容康迪特就像泰迪熊和大灰熊的混種，「人際溝通技巧很好，但是對市場容易暴怒。」[2]

康迪特一九九二年擔任總裁，一九九六年出任執行長，他和前任一樣在東海濱路的一棟冷冰冰建築物裡辦公，就在波音機場的對面。用木料裝潢的高階主管辦公室有如作工精美的遊艇，或是影集《廣告狂人》（*Mad Men*）中的場景。（一九九八年一位公關人員告訴我，「那裡面全是帶棍兒的（指男人）。」）那時康迪特剛剛離第三次婚，馬上要梅開四度，迎娶波音一位前任工程師。康迪特一位前妻是波音的執行祕書，分割財產時，連757開發計畫的紀念眼鏡都列入處分。一九九〇年代初期，康迪特跟波音客戶關係部門一位經理的一段情隱藏了很多年，最後兩人達成和解。康迪特的第三任妻子是她的表姊妹珍妮絲（Janis）。華盛頓州禁止近親結婚，於是兩人跑到北加州完婚，康迪特在典禮上唱〈我的餘生都能跳這支舞嗎？〉（*Can I Have This Dance for the Rest of My Life?*）工程師格蘭維爾．佛雷瑟是婚禮的男儐相（他當時的老婆後來成了康迪特的下一任妻子。）

這些辦公室戀情都沒有阻礙康迪特的升遷。波音直到一九九二年才有第一位女性董事，她是美國外交官羅珊．芮吉威（Rozanne Ridgway）[3]。女性注定是工程師和技師社群中的少數，一九七〇年代工程師中，女性不到百分之三，到二〇一五年四月，也只增加到百分之十五[4]。二〇〇四年，一樁代表兩萬九千名女性受雇者的集體訴訟，控告薪資及受雇機會不平等，最後和解。但如果有康迪特私生活的耳語，波音的人都不願意多談。他的肥胖身軀和過大的金框眼鏡，很容易讓人以為他為人正直。有一次他談到邁爾斯—布里格斯（Myers-Briggs）心理測驗，他是十六種性格中的ＩＮＦＰ，指的是內向/直覺/情感/理解，也就是「調停者人格」，而不是企業領導人通常會有的權威人格。

康迪特任期開始不久，就讓高階管理人員輪流參加一週的訓練課程，重頭戲都是週二晚上，所有與會者擠進多輛巴士，前往康迪特在西雅圖郊區的家[5]。他和珍妮絲在六十英畝的林地上建造了一幢西北風格的木屋，康迪特自己設計的小火車，會在大家聆聽英國裔詩人大衛．懷特（David Whyte）談論勇氣和正直時，沿著房間送飲料。懷特寫過一本暢銷書《覺醒的心》（*The Heart Aroused: Poetry and the Preservation of the Soul in Corporate America*），他的談話經常強調「真權力」跟「假權力」的差別。康迪特會在晚上聚會結束前請大家分享各自跟波音有關的故事，好的不好的都可以。然後要大家把不好的回憶寫在紙條上，丟進壁爐裡。

康迪特在飛機市場劇烈變化時，成為波音的掌舵人。冷戰結束使國防預算陷入混亂，也在原本封閉的經濟體開啟新的商機。航空管制解除帶來更多旅客，也降低機票價格，更迫使飛機製造業者走向大量生產。這不只出現在美國，歐盟一九九七年也開始票價和航程自由化，連中國都准許成立多家航空公司彼此競爭。

新成立的航空公司個個來者不善，波音也愈來愈難逃避空巴的實質威脅。波音一直嘲笑空巴只是個經過美化的就業計畫，但是一九九〇年代中期，一份波音內部的分析，得出難以想像的結論，就是空巴在成本上已經比波音占優勢[6]。那項研究指出，空巴製造廠生產的飛機，比波音的飛機便宜十二到十五個百分點。諷刺的是，這一部分要歸功於歐洲嚴格的勞動法規。歐洲的勞動法規定，資遣勞工要付出更高的資遣費，德國還強迫企業的管理階層讓工會成員參與決策。於是空巴更早適應自動化機械，也更願意訓練自己的工人，而不是資遣員工。康迪特跟他的前任法蘭克・施隆茨（Frank Shrontz）這兩位波音執行長轉向日本找答案，他們派出高層到日本學習豐田（Toyota）和日立（Hitachi）等公司精實生產（lean manufacturing）的方法。這些經理回到波音後，推行他們在日本學到的技巧，例如在每個工作臺設立放置每種工具的凹槽，這樣一眼就可以看出工具臺上少了哪個工具。

史坦・索爾謝（Stan Sorscher）一九八〇年就是波音的物理專家，對他這樣的員工來說，此時有些事情值得細細品味。戰後世代長期主導波音而形成的行政管理風格突然失勢了（一位經常有不同意見的經理告訴他：「我痛恨這種新文化，我不要協助別人工作，我要獨當一面一展所長。」）[7]索爾謝參與的一項計畫是像X光機一樣，找出零件上的細微裂縫，有些經理很討厭他，因為他會把看起來完美無瑕的零件變成廢品。他們會嘲笑他：「你只會製造垃圾。」但多數人還是會聽他的，會請他解釋他的想法，並提供幾種選擇。索爾謝說：「那是解決問題很棒的文化，你得真正了解你說的問題，才能引導整個討論。」

這種集體工作模式的高峰是波音777的設計和生產，777到現在都算是最成功的噴射客機。波音一九九〇年提出777的構想時，空巴和麥道都準備推出類似大小的機型，想瓜分波音747跨洲航程的市場。A340計畫裝四具發動機，DC-10的更新版MD-11則打算裝三具發動機。波音發現，使用渦輪風扇的雙發動機飛機有發展的機會，當時渦輪風扇用得還不普遍。此時決定推出雙發動機客機是個冒險的跳躍，因為雙發動機飛機飛越水面比較危險：萬一兩具發動機都停擺，就沒有備用的了。簡單的算術結果就是「發動機要是不轉了，乘客就得游泳。」發展雙發動機飛機也很昂貴——波音必須投入五十多億美元才能生產出777，而當時正值經濟衰退，全球航空旅客數已經大減。但如果777計畫成功，用777執飛航線，可以降低航空公司的營運成本，航空公司就會在二級市場開闢更多的航班，例如鳳凰城往返倫敦或芝加哥往返法蘭克福。

當時的專案經理康迪特，一九九〇年十月和777第一個客戶聯合航空談合約時，就為777定了調。律師群和業務人員在聯合航空位於芝加哥郊區的總部，談判到凌晨兩點十五分，一位聯航高層坐下，在標準尺寸橫格黃紙上寫下協議內容[8]。在用語上，這絕對不會是法律文件，上面寫著：「為了準時啟用非常優異的新飛機，我們雙方有責任合作設計、生產並採用這款飛機，它將超乎機師、空服員、維修人員、乘客和貨主的期望，是業界最能吸引客戶的產品，人性化，而且管用。」[9]康迪特和聯航高層簽下了這紙購機合約，聯航以一一〇億美元，買下卅四架波音７７７。

合約中的「攜手合作」成了７７７計畫的結構性原則。波音的變色龍彼得・摩頓從講師做起，當時已經是整個客戶訓練計畫的負責人，他說：「波音７７７計畫的文化是刻意營造的。」有句俗話說，每一款飛機的開發計畫中都會有兩萬個意外；目的是告訴大家，不要怕壞消息。波音為了避免混亂和代價高昂的設計變更，創設了「八人幫」，成員是有意願購買７７７的客戶，所有的設計決策，他們都會參與。

艾倫・穆勒利（Alan Mulally）是個波音老兵，只比康迪克特四歲，後來因為使福特汽車轉虧為盈而揚名。康迪特升任波音總裁後，穆勒利接手領導７７７計畫。他喜歡處理複雜的問題，也善於此道，他決定乘客餐盤上不再提供鹽包，因為機上廚房裡堆放鹽包，容易腐蝕機腹地板的鋁。有些人覺得，康迪特刻意讓穆勒利和康迪特的上級還有董事保持距離，以免讓穆勒利搶了風采。一位前任波音高層回憶說，有一次穆勒利要和執行長施隆茨一起出差，康迪特告訴穆勒利，公司專機上已經沒有座位，但其實機上還可以再坐一個人[10]。穆勒利隨時都展現十足的熱情；康迪特升任總裁時，穆勒利跳過桌子，抓住康迪特的手，脫口叫道：「好棒的選擇！」[11]

穆勒利永遠面帶笑容，加上順梳的直髮（到五十幾歲都還是紅的）讓他看起來有點像連環漫畫裡的一個角色。穆勒利在堪薩斯州勞倫斯市長大，那是美國中西部的一個小鎮，鎮民經常上教堂，波音公司很多爬到高位的人都是這樣的成長背景。穆勒利晚飯後最常講的故事，有一則就是他十幾歲駕駛小飛機時，差一點出大事。他說他讓飛機一邊盤旋一邊下降時，心裡害怕的是，這會讓他的父母丟臉。穆勒利的舉止通常都很正面積極，但也有讓他擔心害怕的時候。他跟你談話想要強調重點時，會抓住你的手臂或拍著你的膝蓋。他的口頭禪有「這裡沒有祕密」、「這些資料可以拯救你」。他發脾氣時就沒有那麼優雅了，一位工程記得他曾經說過：「只有一個情況我會扭斷你的頭，在你脖子上拉屎，就是你對我隱瞞資訊。」[12]

有一件事情可以看出他的積極程度，會議結束時他經常會拿出麥克筆，在透明的塑膠投影片上，寫下大家都同意的事，然後要大家簽名。一位前任助理說，「他覺得有人可以問責很重要，若是把問題埋起來，讓它化膿潰爛，黑武士就出現了。」[13]

一萬人的團隊要彼此訊息暢通，是個不小的挑戰；波音讓員工每一季面對面聚一次。這使777成為波音首款利用CATIA電腦軟體設計的機型。CATIA可以讓零件呈現3D影像。波音為每位軟體測試工程師購買IBM價值十萬美元的精密工作站，讓777客機的電信顧問阿克謝．夏馬（Akshay Sharma）印象深刻。夏馬說：「沒有哪一項開銷是多餘的，這個團隊有彼此志同道合的感覺。」[14]

他們也將這種開放態度用在FAA身上。飛機安全部門經理保羅・羅素（Paul Russell）記得有一次，穆勒利在組裝首批777的機棚裡接待FAA的數據長，穆勒利向對方介紹每一位參與組裝的人員——而且一一叫出每個人的名字[15]。

「我的第一個專案就是777；那真是了不起。」[16]肯・蕭爾（Ken Schroer）當時是FAA飛行器檢定業務處西雅圖分處的專案主管，二〇一三年退休前，又主管了八款波音新機型的檢定工作。隨著時間過去，蕭爾感覺到，他的波音對口對他隱瞞了一些事情，還跟他保持距離。但是在777專案上不會這樣。蕭爾說：「當時波音的管理階層很多是工程師出身，沒有銅臭味，不會一心只想著合約。」

波音一九九四年四月推出第一架777時，幾千名波音員工聚集在埃弗里特市大型機棚的門前，迪克・克拉克製作公司（Dick Clark Productions）譜寫的一首管弦樂曲響起時，波音的座右銘《攜手合作》（Working Together），出現在二八五呎的螢幕上。777是波音第一款駕駛艙窗戶沒刻試飛員名字的新飛機，以書寫體寫成的「攜手合作」取代了個人主義色彩爆表的試飛員大名。

那年春天，主管訓練業務的摩頓完成了他眼中的波音至寶：西雅圖近郊的一座訓練中心，專為即將駕駛777和其他波音飛機的機師、維修人員還有空服員打造，耗資七千萬美元。摩頓委託當地一位作曲家寫了一首鋼琴及管絃樂作品，要在開幕典禮上演奏。大廳裡的餐桌坐滿了幾十位航空公司的代表，他們即將聽到第一樂章《承諾》（Promise）。

大廳也馬上要架設全功能飛行模擬器（full-flight simulator, FFS）。（這首曲子後來由作曲家華特．華納（Walt Wagner）擴大為四十五分鐘的鋼琴協奏曲，並命名為《奇蹟》（*The Miracle*）——因為飛機製造公司會委託他譜寫古典樂曲，令他震驚不已。）７７７到現在都算得上最安全的飛機，飛了十八年才發生第一起死亡事故。

摩頓說：「７７７是波音的精華所在。」它也非常昂貴，有些單位估計，７７７的總成本高達一二〇億美元。波音一開始也很難接受這麼高的成本，就像面對之前的開發計畫一樣，但隨著訂單進來——最後賣掉兩千多架——證明決策是對的。航空產業是天文數字建構出來的，每年完成的航班數量就有好幾千萬架次。時間、通膨，還有絕佳設計新機的吸引力，更讓這個產業的天文數字變本加厲。７７７一開始的報價是一億一千五百萬美元，整體交貨時，總價已經飆破二五〇〇億美元——當初的投資已經完全回本，還綽綽有餘。

開發新機型的費用愈來愈高，波音７３７也來到重要的十字路口。一九九二年七月，波音的主要客戶聯合航空改買空巴Ａ３２０，讓波音大驚失色。聯航是美國數一數二的航空公司，波音損失的訂單，對波音最弱的７３７機型而言是個重大的打擊，這時７３７問世已經廿五年。

波音有些人認為，這次失去聯航的訂單，會促使波音把777專屬的先進電子駕駛艙用在737上面，打造真正設備一樣的機隊。這麼一來，機師只要接受一點額外的訓練就可以執飛不同的機型，就像執飛空巴客機的機師一樣，空巴的機型不斷擴充，機師也需要執飛不同的機型。

波音商用飛機部門主管狄恩．桑頓（Dean Thornton）一九九二年稍後召集手下的八位經理開會，決定未來的走向。桑頓要與會經理表決，要建議開發全新的機型——為了和A320競爭——還是推出另一款衍生機型，也就是下一世代737（Next Generation 737）。戈登．貝修恩當時主管訓練，他回憶他當時傾向開發新機型，但他知道好友隆恩．伍達德（Ron Woodard）贊成工程比較簡單的衍生款。伍達德當時負責737的製造廠。貝修恩說，「我當時認為我們可能已經輸給空巴，我們應該搶得先機。」但是伍達德在桌子底下狠狠踢了他一腳，「於是我說：『應該做下一代737，狄恩。』」

表決結果五比三，波音決定不做新飛機，而是開始設計第三版737。

伍達德一九六六年進波音，是波音一群自命不凡的人中的代表人物。波音生產新飛機時，他會見西雅圖專業工程雇員協會的工程師，告訴他們，波音的產品「理論上已經達到完美的境界」，這番話使了解波音飛機不完美的人發出詭異的笑聲。伍達德的意思是，噴射機時代令人頭痛的日子已經結束了，飛機如今成了商品，就像其他東西一樣。物理學家史坦．索爾謝問他，波音有過哪些精進產品和產程的構想，「執行那些構想不會有幫助嗎？」

身高六呎四吋的伍達德向下望著矮小的索爾謝說：「我對我決策結果的影響力比你們對你們決策結果的影響力要大。」換句話說，讓公司真正的大咖做決定。

不久來了第一波頂風，開始衝擊波音產品導向、分工協作的文化。從很多報告看來，最新版的７３７仍然是歷來最好的飛機，較大的發動機——現在看起來像兩個汽水罐嵌在機翼的前緣——可以節省最多的燃料，但波音也在兩側翼尖加了垂直翹翼（winglet），增加氣動效率。

西南航空此時已經是美國規模很大的航空業者，它也再次訂下很多特殊規格。西南航空有所成長，但是它不想變成航空業界的凱迪拉克，這和波音行銷計畫人員原本的設想不同。西南航空希望從波音買到的新飛機，仍然是舊款的雪佛蘭汽車，好節省機師訓練需要的龐大成本，同時可以節省零件。貝修恩向西南航空保證，機師要從經典版改飛衍生版７３７，需要的訓練不會多過八小時。最後下個世代７３７機型共有737-600、737-700、737-800和737-900四款[17]。

開發團隊透過實測證明了那些推論，就像康迪特和摩頓為了開發７５７聘請心理專家。波音答應ＦＡＡ，會找三十位老經驗的機師執行新機型的檢驗飛行，並評量他們的表現。西南航空不願意放棄類似老式類比標度盤——波音團隊稱之為「蒸汽壓力計」——的儀表，但是波音的工程師不想輕易讓步。其他航空業者確實想要更先進的顯示器，帶有移動地圖的那種，並且研判西南航空最後會改變心意。於是波音設計了兩個版本，寫軟體讓飛行資訊顯示可以輕易切換。多虧波音有先見之明，機師只要按一個按鈕就能切換飛行資訊顯示。

這時麥道公司的危機更嚴重了。創辦人詹姆斯・麥克唐納一九八〇年去世後，這個總部設在聖路易的飛機製造公司，先由老麥克的姪子桑迪・麥克唐納（Sandy McDonnell）領軍，然後由兒子約翰・麥克唐納（John McDonnell）接掌兵符。但這兩個人都沒有特別的管理長才，經常拿現成的方法來用。傳說麥克唐納家族有個詭異的遺傳，從老麥克就一輩子著迷超自然現象——他生產的噴射戰鬥機命名為巫毒（Voodoo）和幽靈（Phantom）——還資助心電感應之類的研究計畫，因為他個人超有興趣，例如研究人的意念能不能讓鐵棒彎曲[18]。

桑迪・麥克唐納從麥克唐納飛機公司的警衛做起，等待繼位等了很久，也發展出多項個人興趣：他是個雕刻家，是個基督教再生教徒，會吹風笛，還熱中社會運動。他為自己的管理哲學取了個名字，叫「自我更新的五大關鍵」（The Five Keys to Self-Renewal），以國防部的包商來說，這是個很奇怪的選擇[19]。其實這是借用約翰・嘉納（John Gardner）寫的一本書，書名就叫《自我更新》。嘉納當過詹森政府的衛生、教育暨福利部長，創辦非營利組織「共同使命」（Common Cause），鼓吹競選經費改革還有結束越戰。五大關鍵指的是策略管理、人力資源管理、參與管理、道德決策以及品質／生產力。公司主管在辦公室張貼五大關鍵的海報，並舉行活動，選拔自我更新的表率。

一九八八年，桑迪請部門經理回答一份問卷，想知道他們對他發起減少聯邦赤字的樂捐系統，有什麼看法。回答問卷的人會獲得「現代美國愛國者」證書、領針以及印有總統雷根簽名的獎牌。

麥道公司前人力資源部經理布萊蕭（C. W. Bradshaw）告訴《洛杉磯時報》記者：「我繳回問卷時，要求拿到一尊能在黑暗中發光的雷根塑像。這個公司的心態真是驚人，只要有誰帶動了新的風潮，大家就一窩蜂跟隨，然後把這個流行變成企業文化的招牌，登上商業雜誌。」[20]

麥克先生的後人對商業市場也都沒有什麼真知灼見。連續出事的DC-10勢必要更新，但他們選擇改款，推出了MD-11。一九八七年，改款計畫開始時，約翰・麥克唐納吹噓道：「我們的投資金額只有打造全新飛機的四分之一。」[21]結果波音777搶走了MD-11所有的市場，777的銷售量是MD-11的八倍。接下來冷戰結束，又把麥道原本最有把握的軍用市場搞砸了。空軍軍購官員達琳・德魯雲（Darleen Druyun，之後牽涉波音的一起重大醜聞）等人悄悄的加速付款給麥道，那是購買一批C-17運輸機的款項，總額三億四九○○萬美元。評論家說，麥道拿到美國政府的祕密紓困金。

約翰是老麥克的兒子，也是堂兄桑迪的繼任者，他試圖跟員工建立良好的關係，結果卻感覺把員工當小孩。他每一季會錄製影帶傳給十一萬三千名員工，或叫「隊友」，這是老麥克喜歡用的稱呼。約翰・麥克唐納出身普林斯頓大學，戴著眼鏡，留著鬍子。他會在影帶裡引述艾文・塔夫勒（Alvin Toffler）的著作《未來衝擊》（*Future Shock*）中的內容，建議員工如何因應改變。他會注意自己的論述不要顯得小鼻子小眼睛，例如在乎小事的輸贏、見不得別人好，還有深怕丟掉自己的地盤。他在一捲影帶中提到，他在聖路易的麥道廠區，看到一個園丁用的耙子，齒幾乎都沒了，「顯然這個人沒有什麼生產力，」他語帶輕蔑。

雖然他用了各種管理方式，卻只保證了一件事，就是繼續跟道格拉斯公司爭地盤。即使麥克唐納和道格拉斯合併已經二十年，兩邊的不和還是很嚴重。一九八九年二月，公司把加州五二〇〇位原道格拉斯公司的主管，召集到噴漆機棚，告訴他們原有的職銜都撤銷，他們可以重新應徵，但是職缺只剩下四二〇〇個，而且重新應聘之前，必須上完「發現課」（Discovery），了解麥道推動的新措施：全面品質管理系統（Total Quality Management System），或叫TQMS。有員工惡作劇，把這個頭字語的內容改成"Time to Quit and Move to Seattle."（「該是辭職搬到西雅圖的時候了。」）[22]有些人真的身體力行，備用零件部門經理達斯・藍姆（Darce Lamb）當天就在噴漆機棚打電話給在波音的朋友，之後就去了波音[23]。

瑞克．寇威爾（Rick Caldwell）當時是個年輕的工程師，他說有六個月的時間，上面沒有一線管理者，上級長官都在搶位子。新課程要求學員角色扮演，由一個評審小組評斷學員適不適應公司的新文化，評審是加州州立大學長灘分校的一群畢業生[24]。原道格拉斯飛機公司創辦人的兒子詹姆斯．道格拉斯（James Douglas）也被評為無法適應新文化，而遭到裁員。寇威爾說：「我們被幹掉了。」[25]

塵埃落定之後，麥克唐納公司大本營聖路易的一位經理，接管了原道格拉斯公司，這大概也是必然的結果。九位最高階的副總也多半不是原道格拉斯公司的人[26]。留任的原道格拉斯員工打趣說，那是九個神仙。寇威爾最後升任MD-11的主任設計工程師，他見過約翰．麥克唐納一次，當時是耶誕節的前幾天，那天下午約翰路過長灘幾乎廢棄的原道格拉斯辦公室，不解的問：「人都到哪兒去了？」[27]寇威爾說：「我只是望著他，彷彿在回答：你說呢？他似乎真的不覺得每個人都在認真工作，我自問：『這傢伙到底有沒有一點人味兒？』」

約翰．麥克唐納其實默默計畫著自己的退路。一九九三年，國防部長裴利（William Perry）召集了一場餐會，後來大家叫它「最後的晚餐」。裴利等人力勸幾個彼此競爭的軍用設備供應商合併。一九九四年，約翰．麥克唐納就和波音執行長法蘭克．施隆茨試著商議併購的事[28]。這項合併提議有它的商業邏輯：麥道F-15戰鬥機和阿帕契攻擊直升機等軍用設備產能，和波音的噴射客機強項可以相得益彰。

同一年，約翰．麥克唐納聘請了哈利．史東賽弗（Harry Stonecipher）擔任麥道執行長，史東賽弗是傑克．威爾許（Jack Welch）的門生。這也是麥道這個家族企業第一次找外人負責營運。麥道提醒史東賽弗，麥道可能會賣給波音。當時五十八歲的史東賽弗對一個朋友說，如果併購成真，他大概會退休[29]。結果併購真的發生時，他不想默默走人，還準備大幹一場，結果他的思維模式使驕傲的波音公司徹底改變。到最後，波音的總部離開了西雅圖；套用史東賽弗的話，波音也不再是機械業者了。

史東賽弗出身田納西州史考特郡，祖父是煤礦公司主管，父親是工會的電氣技師。史東賽弗家族的推手是祖母，名叫莉莉．苟德．史東賽弗（Lillie Goad Stonecipher，譯註：goad有驅策的意思），是個數學老師[30]。她給人的印象是，始終想給兒子更多東西，也督促孫兒哈利要出人頭地。哈利的母親在卡車休息站當服務生，哈利也在那裡打過工，十一歲開始站在牛奶箱上清洗可口可樂的瓶子。哈利十六歲上大學，十八歲就結了婚，然後在印第安納波里斯艾利遜發動機公司（Allison Engine Company）的實驗室當了幾年技師，發展噴射發動機。當時艾利遜發動機公司隸屬通用汽車集團。他完成田納西理工大學的學業後，一九六〇年進入奇異公司在辛辛那提的飛機發動機部門，擔任評量工程師，然後升任生產及行銷部門的主管，一九八四年成為部門總裁。

史東賽弗始終沒有拋掉他當一線主管時，那種不可一世的習氣，他那個神態，你可能會叫它「川普的調調」，如果真的有這個東西的話，那是一種根深柢固的渴望：凡事都要當第一、公開羞辱別人、樂於引爆衝突。他曾對一位新進的波音業務高階主管說：「我會告訴你為什麼你完全是錯的，我懂的事情，你連想都想不到，我處理事情的層次，你甚至都不知道它存在。」在他「佈滿皺紋、飽經風霜的臉上」，《華爾街日報》（*Wall Street Journal*）看到了演員卡爾・莫爾登（Karl Malden）和歌手強尼・凱許（Johnny Cash）的合體。

史東賽弗在奇異時，總是行動派，從來不會光說不練，那個角色由他的英國裔上司布萊恩・羅伊（Brian Rowe）包辦。羅伊長年主導生產飛機發動機的奇異航空（GE Aviation），並催促抱持懷疑態度的董事長兼執行長傑克・威爾許，投資開發波音777要用的巨型發動機GE90，後來因為裁員問題和威爾許衝突，而被炒了魷魚。（後來證實投資GE90是個正確的決定，威爾許也承認羅伊比他有遠見。）史東賽弗則說，威爾許對他最有影響的一次互動是一九八〇年代的一次會議上，他說他的團隊拿到大型發動機六成五的訂單，讓他非常驕傲。威爾許問道，「如果你拿到的訂單占比是四成五的話，純益率是多少你知道嗎？」[31]這暗示，如果能增加公司的利潤，他可以接受市占率低一點（甚至失去在業界的領導地位）。

史東賽弗不顧麥道公司前途看壞，接下麥道執行長一職一個月之後，決定增加股東分紅百分之七十一，並且利用縮水中的企業戰備基金購回百分之十五的公司股票。這些作法對投資人發出清楚的訊號，公司的新聞稿說：「麥道以實際行動增加股東價值。」

史東賽弗這種買回公司股票的作法，曾經被認定為市場操縱，就是公司利用自己的營收在公開市場購回自己的股票，然後把股票註銷。因為還在流通的股票減少了，這些股票就變得更有價值。假設一個公司發行一百股，你持有一股，就是百分之一，如果公司買回半數流通的股票，你的持股就變成了百分之二，也就是透過人為方式增加你手上持股的價值，也增加你的分紅，但是你完全沒有增加支出。

美國證券交易委員會（Securities and Exchange Commission）幾十年來都限制企業多久可以賣回自己的股票一次，但是雷根政府一九八二年，也就是威爾許當上奇異執行長的第二年，撤銷了這些限制。公開上市公司的高層和董事主要的獲利就是股票，從他們的角度看，新政策會形成良性循環：買回公司股票表示投資者可以拿到更多錢，他們自己也可以拿到更多鈔票。

但是這些多出來的錢不是毫無成本的。公司買回自己的股票時，就必須縮減開支，例如投入下一個產品線或年金提撥的資金就得減少。史東賽弗接下來兩年繼續加碼買回庫藏股，研發經費則大砍六成。

紐約的奧本海默基金（Oppenheimer Capital）沒有看出這種操作其實是公司即將陷入困境的警告，反而覺得是個投資機會，讓麥道成為一支四億美元基金最大的投資標的。投資組合經理人李察・葛拉斯布魯克（Richard Glasebrook）一九九五年在《紐約時報》的股市專欄中解釋道：「雖然飛機產量下滑，但我們認為他們減少開支的速度會比營收下降的速度快。」[32]那一年那支基金的投資標的中，麥道股票是表現最好的，投資報酬率百分之五十。

股價是飆升了，但麥道公司奄奄一息。一九九六年，史東賽弗派出頭號副手麥可・席爾斯（Michael Sears）掌管商用飛機業務，好好檢視這個部門的前景[33]。麥道商用飛機的市占率已經下降七個百分點，席爾斯告訴史東賽弗，即使只是追平波音和空巴的市占，麥道未來十年就得投入一五〇億美元。同一年，美國國防部在一項兩千億美元的標案中，剔除了麥道，剩下波音和洛克希德—馬丁（Lockheed Martin）公司競爭。標案內容是發展聯合攻擊戰鬥機，這也是當時所能預見，美國在未來至少一個世代內唯一的新型戰機。（波音負責競標的包括一位急躁的年輕經理，名叫丹尼斯・穆倫伯格。他在電視台的訪問中告訴記者，他夢想著擊落洛克希德公司參與競標的飛機。）

麥道的業務已經深陷危機，史東賽弗和小麥克唐納認為到了認真考慮賣給波音的時候了。他們寫下四件不能妥協的事情：價格、董事會分配給麥道董事的席次、史東賽弗必須擔任領導人，還有公司名稱必須有麥克唐納這個名字，也就是未來的公司要叫波音—麥克唐納公司[34]。

一九九六年十二月，史東賽弗在西雅圖四季飯店的波音專屬套房，單獨會見施隆茨的繼任者康迪特，準備敲定一個方案。史東賽弗回憶道，起先兩人「像兩隻貓」一樣彼此繞著圈子[35]。這兩個人有幾十年的交情，會一起去愛達荷州太陽谷打高爾夫球，奇異和波音每年輪流出資舉行友愛聚會，兩人也會在其他的度假地點碰面。康迪特溫和而老練，史東賽弗則火爆而率直。幾年前，兩人和桑頓·威爾遜共進晚餐，當時康迪特是波音的明日之星，史東賽弗則是波音供應商GE的後起之秀，他們花了很多時間討論機翼設計後，史東賽弗說波音很傲慢，威爾遜立刻回他：「傲慢得有理啊！」[36]

不過康迪特和史東賽弗有一個共同點，就是他們兩人都欽佩威爾許，也忌妒他。當時威爾許是公認的美國企業之王。由湯瑪斯·愛迪生（Thomas Edison）共同創立的奇異公司，原本是個生產燈泡、飛機發動機和洗衣機的老派公司，結果在威爾許的領導下重振旗鼓，這在很多人看來，是不可思議的事。奇異資本（GE Capital）是奇異旗下的巨型金融部門，規模比多數銀行都要大。次級房貸後來困住了這個金融分支，但是那些年奇異資本創造的營收，是其他從事工業生產的公司想都不敢想的。一九九五年到二〇〇四年，奇異每一季的表現不是符合華爾街的期待，就是超過市場預期[37]。威爾許在「盈餘管理」上很有一套，總是有新玩法，其實就是透過在奇異資本的操作，而這些操作，外界根本無從得知[38]。他們可能在季尾出售一座停車場一半的產權，讓盈餘更好看，之後再把那一半停車場買回去[39]。奇異的員工完成一具汽輪發電機後，曾經用平板拖車把它拖上街，當作已經出售，以便符合會計法中，認列帳面利益之前必須「從原本資產脫離」的規定[40]。（很久之後，證券交易委員會查出威爾許的幾位後任者「對會計法規曲解到失控的程度」，還開罰過五千萬美元。）[41]

當時奇異的企業版圖急速擴大——連ＣＮＢＣ都是奇異的子公司。威爾許沙啞的新英格蘭腔充斥在集團的各個角落，ＣＮＢＣ也看得到他喋喋不休說著各式琅琅上口的格言。他認為「考績決定去留」（rank and yank）是對的，每年開除績效排名最後百分之十的經理，不論整體的表現如何。他的另一個座右銘是「修好它，賣掉它，不然就關掉它，」他對經理的要求就是這麼簡潔快速，只看績效，不帶感情。奇異股票市值暴增時，威爾許那個不體面的外號——「中子傑克」（Neutron Jack），起於他一九八〇年代早期裁掉了十萬人——就幾乎沒人記得了。

康迪特和史東賽弗在四季飯店會商併購的可能方案。史東賽弗回想當時，他們經過了一開始的尷尬，不久就熱絡起來，幾乎像「暈頭轉向的青少年」[42]。最後康迪特總結道：「天啊，我想我們可以握手了。」[43]一個星期後，波音董事會認可這項併購案，同意交付一三三億美元的波音股票。

史東賽弗和老闆約翰・麥克唐納只有一樣東西沒有如願拿到：波音公司還是叫波音公司，至少表面上是如此。

併購案讓華爾街爆出掌聲。歐盟執委會非常擔心這個美國的新怪獸會把空巴碾碎，一度考慮阻止併購案。直到波音放棄和美國三家航空公司簽訂的獨家銷售協議，空巴立場才軟化。

併購案宣布當天，雷曼兄弟的分析師約瑟夫．坎貝爾（Joseph Campbell）在CNN上說，「我樂見這項併購。傑克．威爾許，你要注意了。」

資深的波音高層私底下嘀咕，他們都被耍了。他們到長灘仔細看了剛剛買下的原道格拉斯公司的機器，回報說那些機器二次大戰後就沒有汰換過。波音的廠房有一整套大型的高架起重機，利用軌道移動；在道格拉斯的廠房，工人利用看起來像租來的移動式起重機，把發動機吊到飛機上。伍達德對其他人說，他們昔日的對手「什麼都沒有提供，只帶來一大堆讓人頭痛的問題。」[44]他特別不滿的是，已經到手的獨家銷售協議，為了完成併購而作廢，他認為，獨家銷售協議是「我們歷來做過最棒的一件事」。伍達德說：「我一直主張，把麥道給他們（空巴）吧，但沒有人願意一試。」（空巴確實是史東賽弗的下一個希望。史東賽弗幾年後說：「如果和波音的合併沒成，我們會在長灘製造空巴客機。」）[45]也有人質疑，波音併購麥道出的價錢太高，應該等麥道自己撐不下去，再用跳樓大拍賣的價格，買下麥道的軍用品部門。

波音老兵認為最無恥的是，他們的手下敗將約翰．麥克唐納和史東賽弗可以用盡手段，變成波音最大的個人股東。這兩個人跟另外兩位前麥道董事，都進了波音的董事會，十二席董事中總共占了四席，而且這個陣營穩當的握有決策權。另外兩個前麥道董事，是雷根時期的白宮幕僚長肯・杜伯斯坦（Ken Duberstein），還有約翰・畢格斯（John Biggs），畢格斯在聖路易土生土長，當過美國教師退休基金（TIAA-CREF）的董事長兼執行長。這些波音的新董事把政府和金融界的人脈帶進波音董事會，和波音原來的董事會形成強烈對比。波音董事會的成員，傳統上都是西北太平洋地區務實的企業領導人，例如林產品業者威爾豪瑟公司（Weyerhaeuser）的老闆。

當時波音的資深高層賴瑞・克拉克森（Larry Clarkson）回想起，併購之後有一次在總部停車場，碰到前執行長桑頓・威爾遜，威爾遜退休後，在波音仍然有個辦公室。威爾遜那次很怨嘆的說：「麥道用波音的錢買下了波音。」[46]這句話立刻傳遍了波音公司，但是很少人知道，這句話出自波音一位傳奇領導人之口。威爾遜至少對兩位前任副手說過，培養康迪特接班，是他犯下的最大錯誤[47]。

克拉克森對康迪特說過，他擔心史東賽弗的權力太大。康迪特當時還安撫克拉克森。約翰・麥克唐納當初告訴史東賽弗，麥道可能併入波音時，史東賽弗還覺得，到時候自己就準備退休了。康迪特對史東賽弗也有相同的預測，認為史東賽弗在波音應該頂多一年半，就會退休。康迪特還向克拉克森掛保證。

四、刺客任務

默默退出不是哈利．史東賽弗的風格，特別是他打滾了四十年，終於爬到航空製造業界的頂峰時。跟他同期的業界高層都是鬥爭高手，都是在他們那個層級經過權力惡鬥存活下來的人。

說到怎麼在組織裡顯得勝人一籌，這種暗黑藝術，波音公司很多人都太嫩。波音的產品在市場上可能是贏家，但是設計那些飛機的都是科學家和技術人員，不是踩著別人往上爬的人。有波音員工組了個紅酒俱樂部，成員中有非常講究的紅酒愛好者，這個俱樂部還造就了十幾個專業釀酒廠，有些是華盛頓州紅酒排行榜上的常客。波音確實有些冗員應該裁掉；有一次有人問桑頓．威爾遜波音有多少員工，威爾遜立刻回說：「大概一半。」[1]美國西北部的湖泊山林絕對是波音員工在茶水間必聊的話題。普吉特灣大學（University of Puget Sound）的口述歷史訪問過一位三十年的波音老兵，他回憶說，「波音和麥道合併的時候，波音的管理結構臃腫、鬆軟，內部氣氛非常融洽[2]。麥道的人進來，對待波音的人，就像一把刀劃過奶油。」

併購案在一九九七年八月完成。第二年，兩百位戰鬥機部門的工程師聚集在波音機場附近的停車場，聽麥可・席爾斯講話[3]。席爾斯是史東賽弗的徒弟，史東賽弗指定他負責兩邊合併後的軍用飛機部門。席爾斯認為，原道格拉斯公司的客機部門沒有保留的價值。文質彬彬的波音副總裁法蘭克・史塔克斯（Frank Statkus）介紹席爾斯是來賓，建議大家聽聽他怎麼說。席爾斯不悅的說：「法蘭克，別忘了，我是你上司。」席爾斯說到一半，被一架凌空而過的波音747打斷，這時他也對「空中女王」不屑一顧：「不是我們的一員。」——意思是，不是麥道的軍事團隊製造的。人群最外圍的工程師開始走回自己的辦公區，表達對席爾斯發言的不滿。

波音資訊部門的高層也受命採用原麥道公司的「五—十五原則」：備忘錄的篇幅以閱讀時間最多五分鐘為限；撰寫備忘錄的時間則不應超過十五分鐘[4]。史東賽弗一直有個怪癖，就是他的電子郵件全部用大寫字母，其實大家都認為這很無禮，或是寫信的人精神有問題[5]。摩頓有一回委婉的告訴他：「你的電郵全用大寫，大家會覺得你在大吼。」史東賽弗的回應是：「無所謂。」

他弄了一張三吋乘五吋的記事卡，上面條列康迪特決定併購時同意的事項，並告訴別人他把這張記事卡放在辦公桌最上面的抽屜裡[6]。併購完成的那一年，史東賽弗拿到的錢，比他的老闆還多：三五〇萬美元現金（包括二二〇萬美元補償他因為獲得波音的股票而要繳的稅），還有價值一二二〇萬美元的股票[7]。康迪特那一年拿到一三〇萬美元現金和價值廿四萬四千美元的股票。

史東賽弗和小麥克唐納是波音董事、最大的個人股東，也擁有超大的影響力。專攻航空、國防、太空的顧問公司蒂爾集團（Teal Group）分析師李察·阿布拉菲亞（Richard Aboulafia）說：「迪士尼執行長麥可·艾斯納（Michael Eisner）的待遇加福利，已經包山包海了，但也只能羨慕那兩人在波音的權力。」[8]合併後雙方花了好幾個月，開了很多次會，商討如何讓重複的設備、實驗室、辦公室有合理的安排[9]。最後麥道團隊送給波音主談的經理傑瑞德·金恩（C. Gerald King）一面牌匾，上面是《經濟學人》雜誌幾年前的封面，兩隻駱駝在交配，因為那期雜誌報導了企業合併後的挑戰，圖片上還加了一句話：「誰在上面？」金恩尷尬的把那幅圖片放進了櫃子裡。

史東賽弗向康迪特提出了一些更特別的要求，有一項是要波音完成他原本為麥道規畫的高層主管訓練中心，而且規模還要擴大。那個訓練中心是模仿奇異公司著名的克羅頓維中心（Crotonville Center）。奇異這個領導力訓練中心的演講廳，講台在最低處，一層層觀眾席圍繞著低窪的講台，威爾許就在那個講台對高層主管夸夸其談。麥道公司之前已經付了八百萬美元，在聖路易城外密蘇里河畔一處樹林繁茂的地方，買下一座法式鄉間城堡，準備作訓練中心。（波音自己規畫的訓練中心比較低調。摩頓才剛剛為那個訓練中心揭幕，它位於西雅圖南邊，原本是朗埃克斯〔Longacres〕賽馬場的建築，改裝成了幾間大型會議室。）史東賽弗把克羅頓維中心的副主管挖過來，主持波音的新訓練中心。這個組合式的訓練中心有一二〇間客房；一座演講廳（取名為「駕駛艙」）；還有多間教室，高層主管會在裡面作商業談判的角色扮演，並研究企業個案。每次訓練課程最長兩週，史東賽弗都會開幕致詞。

史東賽弗經常強調波音應該是個「團隊」而不是「家庭」。波音的人總是把「家庭」這個字眼掛在嘴邊，部分也是因為確實如此：孩子跟隨祖父還有父親進了波音工作。佛瑞德．米契爾（Fred Mitchell）說，主管總認為這是個優勢：「我們平常爭得你死我活，但到了重要關頭我們會團結在一起。」[10]米契爾主管的波音７４７開發計畫一度失敗時，辦公桌堆到三十英尺高，後來化險為夷。史東賽弗找來一位顧問，這人寫過一本書，談美國職籃芝加哥公牛隊（Chicago Bulls）教練菲爾．傑克遜（Phil Jackson）如何管理個性南轅北轍的球星，並把他的要求表達清楚。但對很多人來說，全書的重點其實是，就算你是丹尼斯．羅德曼（Dennis Rodman）——全隊最不守規矩、最自戀的大前鋒——只要你能得分，怎麼胡搞都行。

史東賽弗很快又有火力加持，在波音掌握更大的權力。波音因為併購案分心，使得前

一年就顯現的工廠生產問題繼續惡化。波音飛機銷售部門在前任高層主管伍達德領導下，曾經想趁著市場從衰退中復甦，靠大幅降價打垮空中巴士。他為波音廠房引進新的電腦系統，取代人力手繪設計圖的時候，硬是把生產率提高一倍。

道格拉斯飛機公司一九六〇年代也犯過相同的錯誤，銷售部門不顧生產部門的能量如何，自己在外衝鋒。結果波音的飛機製造廠大塞車，成本額外增加了廿六億美元，到了一九九七年，虧損達到一億七千八百萬美元——波音五十年來的頭一遭。這是波音員工印象中最嚴重的一件事，原本希望併購之後可以發筆財的股東，聽到這個消息，既震驚又失望。投資人還提起集體訴訟，指控波音詐欺，因為它隱瞞生產問題的嚴重程度，以免損及公司的股票價值，並增加全股票交易併購麥道的價碼（全案最後以九二五〇萬美元和解）。

一九九八年一月，史東賽弗第一次參加在棕櫚泉的飯店舉行的波音年度管理階層度假會議[11]。他要求與會的兩百人中，負責商用飛機生產的管理人員起立，然後對大家說：「他們應該道歉，」因為這些經理沒有實現自己的承諾，導致整個公司達不到財務目標。史東賽弗對他們說，波音唯一的威脅在公司內部——執行不力。

同一時間，奇異公司的財務表現和波音有天壤之別。威爾許也在一九九八年一月，召集奇異的資深經理，到佛州的波卡拉頓（Boca Raton）開慶祝會。一九九七年奇異的股價漲了百分之四十八，連續第三年股價漲幅在四成以上，營收、利潤和每股盈餘也創下新高。暢銷書《傑克·威爾許與奇異模式》（*Jack Welch and the GE way*）集結了這位奇異領導人的智慧，把他說的話都打成粗體字，就像新約聖經裡耶穌說的話一樣。那天傑克・威爾許在波卡拉頓對與會者說：「價格管理從來沒有像現在這麼重要，從來沒有。生產力是對抗龐大價格壓力的關鍵。資產價值只會減少，而不是增加。所以資產效率、存貨周轉率、應收帳款周轉率都必須改善。」[12]

那年春天，大陸航空公司執行長貝修恩回來拜訪波音的老同事，現在貝修恩是波音的大客戶，他還寫了一本書《從最差到最好》（*From Worst to First*），談他讓大陸航空改頭換面的故事。波音在西雅圖的飛行博物館為貝修恩舉行了歡迎酒會，貝修恩和康迪特還有伍達德在展示的飛機下方共飲雞尾酒。貝修恩當年向奇異採購飛機發動機時就認識史東賽弗，在他看來，史東賽弗這個人只有一個模式，就是攻擊模式。貝修恩指著伍達德說：「他會先幹掉這個傢伙，」然後對著康迪特說：「然後就會除掉你。」[13]康迪特只是搖頭著笑。

史東賽弗和伍達德早就互相看不對眼。有個說法是，史東賽弗還在麥道時，伍達德從史東賽弗手上偷走北歐一家大型航空集團的訂單，史東賽弗從來沒有忘記這個仇，也絕不會原諒伍達德。知道內情的人說，當時麥道的MD-95迫切需要那筆訂單，史東賽弗敲定生意後放心的度週末去了，認為訂單不可能有變。結果伍達德硬是進來搶單，以更低的價格把波音的競爭機型賣給對方。

持平的說，史東賽弗對伍達德的厭惡，波音內部不少人都有同感。他們說伍達德不聽副手的警告，結果把波音增加產量的事搞砸了，使波音前一年的虧損到達了九位數。

一九九八年八月波音的股價還在猛跌，康迪特得接受紐約華爾街分析師殘酷的拷問。史東賽弗在公開場合總是對康迪特畢恭畢敬，這兩人經常誇耀，他們組成的團隊如何優秀——既有遠見又能腳踏實地。但是私底下，史東賽弗恣意批評康迪特碰到衝突時無法作決定、也厭惡衝突。史東賽弗曾經向同事吹噓，每次他說「該是時候了，」康迪特就會做他希望看到的事情[14]。

那年八月，他的話就應驗了。史東賽弗走過走廊，來到康迪特面前，對康迪特說：該開除伍達德了。一位經常和菲爾．康迪特還有哈利．史東賽弗互動的波音高層說：「菲爾膽小如鼠，我想史東賽弗把菲爾嚇得夠嗆，因為他非常強勢，又髒話不離口。雖然菲爾是哈利的上司，但菲爾還是被他吃得死死的。」[15]

康迪特果然言聽計從，一個週六，康迪特假裝要準備週一董事會上的發言，把伍達德找來[16]。康迪特的開場白照例是「我這麼做也很痛苦」，然後告訴伍達德，他要找777開發計畫的主事者艾倫．穆勒利（Alan Mulally）接替伍達德的位子；週一董事會開完之後，這項人事任命就會發布。這實在很驚人，波音從來沒有以這麼公開的方式開除這麼高階層的人。到了週一，伍達德手下的主管聚集在大會議室，他們已經知道有人要走路了，但是大家等了好幾個小時都沒聽到隻字片語。有一個在場的人說，最後他們打電話到總部，原來上面忘了這事，「噢，對了，」然後派了一位人力資源部的經理來宣布，開除兩位伍達德的副手，丹．海特（Dan Heidt）和哈利．阿諾（Harry Arnold）。

這不是史東賽弗的作風。這時波音的財務部門比過去都要重要，史東賽弗打發了六十二歲的財務長波伊德．吉文（Boyd Givan）。吉文一輩子都在波音，華爾街的股市分析師一向不喜歡他，因為他從來不肯透露公司的開銷和投資等訊息。他曾經這麼回應分析師的提問：「告訴他們別擔心。」[17]波音董事會同意了由史東賽弗代理財務長。史東賽弗的第一個動作大家都很熟悉：以四十五億美元買回波音百分之十五的股份。

在一片混亂中，威爾許也忍不住怒氣，送了一封罵人的短信給這位前屬下：「財務長？？？二加二等於幾？」[18]

史東賽弗行事雖然強勢，但他也承認，他沒有辦法讓部屬完全了解他的觀點。他問一位密友：「你知道那裡所有人都痛恨你，而你身處其中，那是什麼感覺你明白嗎？」[19]接著他做了一件更震撼波音的事情，他短期暫代財務長之後，找來了另一個外人出任波音的財務長——通用汽車總稽核黛博拉．霍普金斯（Deborah Hopkins）。她也在優利（Unisys）和福特（Ford）服務過，擔任乏味的稽查人員，位階也不算特別高。到了波音，她有很大的權限向媒體透露公司的訊息，因為波音已經是個對股東友善的公司。大陸航空執行長貝修恩當時就很不以為然：「你看過會計師造飛機嗎？」[20]

一九九九年一月波音在棕櫚沙漠（Palm Desert）舉行管理階層度假會議，大家聽到一個恐怖的消息[21]。康迪特替告訴同仁，波音股價已經低到可能被人併掉，還可能是槓桿收購（leveraged buyout），如果是這樣，波音就會分拆。接著，康迪特讓波音新聘的改革推手霍普金斯發言。霍普金斯手上握著一疊圖表，強調淨資產報酬率（return on net assets, RONA）這類財經數據有多重要，這也是史東賽弗在奇異公司時，從威爾許那裡學來的評量方法。

歐本海默基金經理李察·葛拉斯布魯克（Richard Glasebrook）操作麥道股票的績效非常優異，那年五月，霍普金斯邀請葛拉斯布魯克向波音財務部門的人員演講。此時歐本海默基金是波音公司最大的股東，持有百分之三以上的股份。波音併購麥道之前，葛拉斯布魯克很想把波音股票賣了——他很懷疑波音有辦法和政府支持的空中巴士競爭——但是和史東賽弗談過之後，勉強留下了波音的股票。（後來葛拉斯布魯克解釋道：「我對史東賽弗很放心，他是重視財務的人，總是想改善財務、利潤和現金流量。」）[22]

葛拉斯布魯克的直覺目前為止看起來是對的，他對在場的人員說，歐本海默基金持有的麥道股票，股價翻了六倍，獲利十億美元以上。但是波音的股票正好相反，「我們只能認賠殺出。連我太太都注意到了，她會看我的支票存根，我的支出減少了，因為我們的獲利減少——而且是大減。」[23]他也提醒聽講者，波音必須拿自己跟明顯採取「價值型管理」（value-based management）的公司作比較。波音的財務部門把這番談話的內容謄打下來，廣發給波音員工，這也是一種拙劣的「發信治理」。葛拉斯布魯克的演講稿中，還提到一件事，是波音員工不會漏掉的：波音最多只有一年半的時間修正自己的問題，否則就會有其他人來修正。葛拉斯布魯克說：「你們可以想像看看槓桿併購那些人是什麼樣子，或是傑克．威爾許是什麼樣子。」

霍普金斯根據淨資產報酬率設計了一份「價值計分表」，發給員工，這個計分表上能看出什麼單位是「價值破壞者」。計分的公式是拿創造的利潤除以用掉的資金，目的是鼓勵員工有效率的利用資產——這正是厚顏的威爾許在佛州波卡拉頓一再強調必須做到的事。實務上，最容易讓淨資產報酬率上升的方法，就是把工廠賣掉。波音採取的是沃爾瑪（Walmart）模式：波音還是會買生產飛機需要的零件，但是會向規模較小、體質較弱的供應商採購，以便壓低成本，工會福利則經過再協商予以縮減或刪除。

有些資深的高層抗拒這些改變，認為波音如果賣掉那些工廠，飛機的品質和員工的向心力都沒有辦法維持。一位高階經理每一季要向上面報告他的資產利用目標，但他盡力延後處理廠房的時程。有一次他發現阿肯色州一個供應麥道DC-8飛機零件的工廠，業務少到員工實在沒事做，只好教員工為車道旁的石頭上漆，於是他建議賣掉這座工廠。他回想起當時史東賽弗立刻打電話來對他咆哮：「你這蠢蛋，你不知道他們認識誰嗎？他們認識柯林頓！我們正想賣軍機給美國空軍，你卻要關掉他家鄉的工廠。去關其他的廠！」[24]

波音公司長期由沉穩的男性主導，霍普金斯這麼一位相對年輕很多的女性自然成為《華爾街日報》、《財星》（*Fortune*）雜誌還有其他刊物專訪的對象，她也在這些刊物裡傳達相同的訊息——波音很重視華爾街的期待，也努力符合華爾街對企業獲利的要求。

霍普金斯告訴屬下，她和她先生搬過無數次家，他們有很多箱子一直沒有打開，因為隨時可能要再搬。現在他們準備打開那些箱子，希望能在波音待得久一點。有一次她接受訪問，想找個比喻來解釋，為什麼一心要讓飛機飛得更高、更快、更遠的波音工程師，需要多想一想如何讓公司賺錢。當時霍普金斯可能心裡想著那些箱子，於是對彭博社（Bloomberg）的記者說，重要的是不要「過度關注那個箱子（以波音二十年來的理念看，這個說法聽起來不吉利），箱子——就是飛機——固然很重要，但是客戶心理早已認定飛機的品質一流。」[25]

這種比喻，工程師會覺得是邪說異端，因為在他們心裡，那個箱子至高無上。空中巴士來勢洶洶，客戶又經常抱怨飛機品質降低，工程師漸漸對公司的走向失去信心。媒體普遍報導了聯合航空一九九八年的一份記錄，上面稱波音公司「失能」，並說：「我們（聯航）信不過你們（波音）。」

波音追求財務報表亮眼的同時，也愈來愈忽視客戶服務的基本功。一年前康迪特核准把波音訓練機師的部門——也就是摩頓深感自豪的單位——變成追求利潤的獨立公司。現在這個公司叫波音飛行安全公司（Boeing FlightSafety），是和華倫．巴菲特（Warren Buffett）的飛行安全國際公司（FlightSafety International）合資的企業。華爾街讚美威爾許，是因為他讓奇異公司不只是個製造商，而是個會賺錢的「服務」公司，例如在機場為航空公司提供發動機的售後服務。威爾許在飛行業務上最重要的戰略部署，是買下英國航空公司在威爾斯的一座發動機修理廠，負責維修奇異製造的飛機發動機，還有勞斯萊斯等競爭對手生產的發動機。

波音再次模仿威爾許在奇異採取的策略。康迪特原本想完全買下飛行安全國際公司[26]。這個公司總部在紐約市皇后區的法拉盛（Flushing），為十幾款不同的機型訓練機師，從小型商務噴射機到軍機都有，這個公司的教官薪資比波音的教官要低，希望在訓練機組員的業務上更有競爭力，最好把還沒購買波音飛機的航空公司的訓練需求，也涵蓋在內。聯合航空和西北航空等大型航空業者，也為同業提供訓練服務。結果巴菲特的波克夏—海瑟威控股公司（Berkshire Hathaway）出價比波音高，以十五億美元買下飛行安全國際公司，時間是一九九六年。波音於是和飛行安全國際公司合資，算是拿到安慰獎[27]。一九九七年三月，康迪特的副手在一次會議中告訴波音的機師，他們必須重新向波音飛行安全公司求職，機師們都非常驚訝。

新公司找來哈佛企管碩士威克·史密斯（Wake Smith）出任總裁，史密斯後來是一家私募基金公司的合夥人。合資的波音飛行安全公司成立兩年之後，營業額成長了兩成，但這也使波音不再那麼專心服務原有的客戶。起初波音飛行安全公司的工程師，進不了波音的電腦網路，無法取得圖表回覆客戶的問題[28]。訊息誤傳使不少航空公司多所抱怨，澳航（Qantas）一九九八年七月就告訴波音，客戶需要訓練資料時，飛行安全公司的回應「完全不能令人滿意。」[29]資料到得太慢，迫使澳航必須延後一架飛機服勤的時間。這是大家印象中，波音的客戶首次需要為了這麼小的事情——人員訓練——被迫延遲首飛。

波音的飛行教官決定不向飛行安全公司重新求職，而是請了一位勞工權益律師。他們組成了一個工會，叫「懶惰波音機師協會」（Lazy B Pilots Association），俏皮的呼應波音的綽號。懶惰波音這個綽號是很久以前不爽的波音員工取的。新組的工會和波音協商，讓這些教官留在波音，但為新的合資公司服務。

於是組織內的報告線開始糾纏不清；彼此的優先順序互相衝突；一個單位的人力分成很多區塊，某個區塊的人比其他區塊更清楚，十萬八千里外的客戶究竟把波音的飛機操作得多好——或多糟。十年前挑戰者號太空梭失事後，薩特發現ＮＡＳＡ混亂的企業結構，就恰恰是這副德行——當時薩特還信心滿滿的說，波音絕不會變成那樣。

工程師的憤慨情緒很快也爆發出來，形成了公開的衝突。很多工程師覺得不受尊重，特別是一九九九年，波音想和工程師工會簽訂一項不含獎金的四年新約之後。規模更大的波音技師工會成員其實是有獎金的。波音為了省下二五〇〇萬美元，也試圖把波音的津貼跟條件較差的麥道等公司津貼看齊[30]。

一九九九年八月，史東賽弗在一封電郵中狂飆：「把索爾謝給我開除了，」這顯然對公司內部的氣氛沒有幫助[31]。史坦・索爾謝在波音待了二十年，向來追求盡善盡美，工作表現卻一度被評為破爛，因為他把葛拉斯布魯克的講稿，還有康迪特給員工的一封通訊，都給了記者。史東賽弗認為，這違反了公司禁止員工對外散播經營者訊息的政策。史東賽弗把電郵直接發給索爾謝的主管，首席工程師華特．吉列特（Walt Gillette），但是吉列特協商的結果，把開除改成了打手心：簽發「行為矯正通知」，警告索爾謝，如果再違反規定，公司會有進一步處置。索爾謝向美國勞工關係委員會（National Labor Relations Board）申訴，主張他對外透漏的，不是經營者的訊息，而且他身為工會的談判代表，有權利發布這樣的訊息。（最後索爾謝申訴成功，公司撤銷了對他的行為矯正通知。）那一年十月，西雅圖專業工程雇員協會經過投票表決，加入美國勞工聯盟及工會組織（AFL-CIO）的一個分支機構，這對西雅圖專業工程雇員協會這種鬆散的專業協會，是很重要的一步，因為它原本很不像真正的工會，連康迪特和穆勒利這麼高階的管理者，都曾經是會員。

穆勒利感覺到勞工和管理階層的緊張正在升高，於是找了彼得．摩頓擔任商用飛機部門的人事主管，並要他設法修補雙方的關係：「每個人都認識你，也都喜歡你。」摩頓自己就是機師，體型很瘦，身高只有五呎六吋，有一副男中音的嗓子，聽他講話就像在聽有聲書，因為他的句子都是完整的——特別是解釋飛行控制系統的重要細節時。他家裡的辦公室有一張清單，上面寫著「必須記住的事」：勇氣、意志、毅力、技巧。還有「飛行時，優秀的飛行員會靠優秀的判斷，避免陷入需要優秀技巧的處境！」

摩頓接到人事任命之後，去找了他的新主管提姆・戴格南（Tim Dagnon），戴格南原本是伯靈頓北方鐵路公司（Burlington Northern）的資深副總裁，過來掌理整個波音公司的人力資源團隊。戴格南要摩頓解釋SPEEA是什麼團體，摩頓說，那是個「準工會」，不是戴格南熟知的，伯靈頓北方鐵路公司工會那樣的團體，「可以說，他們自認是波音美德和價值的捍衛者。」戴格南答道：「呃，聽起來就是工會。」

如今一九九九年靠近年底了，波音內部正醞釀罷工，摩頓又去見了戴格南，告訴他，罷工可以避免，因為工會要的只是「一點尊重」，以及和其他員工一樣的獎金[32]。戴格南說：「不行，史東賽弗就是要瓦解工會。」

SPEEA是個開放工廠（open shop），就是員工不強制加入工會。實際繳交會費的也只有入會者的一半。二〇〇〇年二月九日是預定罷工的日子，索爾謝一早等在華盛頓湖南端的７３７工廠外面，同行的只有三隻繞飛的海鷗[33]。他心裡也開始懷疑：上面認為高薪的專業人士——裡面很多跟他一樣都有博士學位——會罷工，這想法是不是太蠢了？

原定上午九點開始罷工，但是一切靜悄悄。索爾謝走到停車場，跟幾個人一起抽一根菸，並問他們有沒有看到別人過來。他們說，只有他們幾個。過了漫長的十分鐘，九點十分，突然湧出好幾百位工程師，他們因為繞行工廠內部而遲到，繞行時一路歡呼鼓掌，生產線上的技師則大吼，為大家打氣。最後好幾千人擠進了附近的一座足球場，那些超級天才終於像工會成員了，他們大聲喊著口號，例如「沒有書呆子，就沒有飛機！」（“No nerds, no birds!”）

那是美國歷史上規模最大的一次白領罷工，總共有六個州的兩萬三千名員工參與。工程師要求的福利差額其實很少，有一位工程師算了一下，波音準備刪減的醫療補助，大概會讓他一年少拿三〇〇美元——但是工程師們認為，他們罷工是對管理階層的公投[34]。一位二十年的老兵當時說：「如果我們不能改變他們管理公司的方式，那麼波音的前途堪慮。」[35]當時波音總部外面，罷工糾察線附近的一個流動廁所上，潦草的寫著一個牌子：**哈利．史東賽弗辦公室**，清楚表露了他們抗議的對象是誰。

波音管理階層和工程師之間的矛盾很嚴重，工程師甚至開始寫信給航空公司，說他們質疑波音飛機的品質。還有工程師寫信給大學教授，請他們不要讓學生到「這麼恐怖的地方來工作。」[36]有些前途看好的年輕員工就因為這樣離職了。工程師莫里斯．普萊瑟（Maurice Prather）當時二十八歲，他決定跳到微軟公司（Microsoft Corporation），薪水比波音多一成，並給他股票選擇權。之後他創立了自己的軟體公司。

美國聯邦調解斡旋署有三位調解員應邀前來協助解決僵局[37]。參與罷工的工程師辛西亞．柯爾（Cynthia Cole）後來出任SPEEA的理事長，她說，一項協議草案破局後，一位調解員表示，他懷疑波音和麥道合併的公司能否長久。調解員理應保持中立，但是勞資雙方在飯店的談判不順利，這位調解員一度因為氣餒而吐露心聲，說他覺得這個合併的公司注定失敗。他說，麥道過來的高層是「準備獵殺的刺客」，而波音的高層則是「童子軍」。

穆勒利二月底本該在加州納帕（Napa）希爾維拉多度假酒店（Silverado Resort）的年度度假會議上，招待投資管理公司——包括波音最大股東歐本海默基金——的分析師[38]。但是罷工愈演愈烈，波音股票已經跌了一成。美林證券（Merrill Lynch）的分析師拜倫．凱藍（Byron Callan）希望員工的不滿可以充分宣洩，或至少有人大鳴大放，他建議SPEEA也派人到度假會議來。

波音工會自己訂了度假飯店的套房，充當會客室，讓分析師可以過來聽聽他們的訴求。索爾謝跟工會的高層查爾斯．波佛汀（Charles Bofferding）一同前來，波佛汀的外型很像蓋瑞．拉森（Gary Larson）的單格漫畫《遠方》（*Far Side*）裡的一個角色，身高六呎五吋，梨形身材，戴著眼鏡。他在波音的第一個工作是找來活的雞，砸向擋風玻璃，作鳥擊測試。波佛汀兩度獲得波音頒發的優秀技術獎。有一次晚宴，波佛汀穿著燕尾服，妻子黛安娜在他身邊，史東賽弗走過來對黛安娜說：「你遠沒有我想像的那麼醜。」黛安娜答道：「我丈夫惹你了嗎？如果他再犯，打電話給我。」

波佛汀和索爾謝在納帕飯店套房印花圖案的沙發上，展示罷工現場糾察隊人數眾多的照片，並提供電腦大字列印的SPEEA主要訴求：「人是重要的」、「空巴的工程師正在設計產品」。有一張圖表顯示，使波音成功的重要措施，在上次合約簽訂後，短短五年就走了樣。最驚人的是，波音商用飛機的訂單市占率從百分之七十縮水到剩下百分之四十幾。

度假會議首日的上午，穆勒利在飯店大廳看到工會的人，他笑著走過去跟他們握手，工會領袖起初還挺熱情，但是波佛汀沒辦法忍受別人一丁點趾高氣昂的態度。他對穆勒利說，工程師不再溫良恭儉讓，他們會堅持到底。接著波佛汀提到一件事，用的是字頭縮寫，多數人需要翻閱波音的字頭縮寫手冊才能了解，但穆勒利一聽就怒了。波佛汀說：「我們會鎖定P.C.，」指的是生產許可（produciton certificate），那是FAA發出的授權，准許波音製造飛機，而生產過程中必要的測試和檢查，多半都由SPEEA代表的波音員工執行[39]。波音如果沒了那些重要的員工，生產勢必停擺，業務自然泡湯。穆勒利轉身，好像要離開，又轉，接著再轉，然後氣急敗壞的說：「你們要幹嘛？」那是對波音生產力致命的一擊，當時的對話就此結束。（諷刺的是，那個後果波音之後二十年都沒有碰到，最後要撤掉波音生產MAX飛機許可的是FAA，而不是波音的工程師。）

分析師聽了一整天波音團隊的簡報，吃了飯也喝了雞尾酒，晚上九點左右他們開始聆聽SPEEA的講法。幾位分析師不願意公開會晤工會的代表，於是索爾謝和波佛汀為他們安排個別的私下會面。

瑪莉·道格拉斯（Marie Douglas）是拉扎德資產管理公司（Lazard Asset Management）的分析師。索爾謝記得他告訴道格拉斯，這次罷工讓人情緒激動，是他在波音公司沒有經歷過的，現在波音內部充滿了憤怒、恐懼和傲慢。當時廿八歲的道格拉斯答道：「真的嗎？我們在華爾街天天都是這種陣仗。」道格拉斯身高六呎，金髮，是瑞典的女伯爵，後來嫁給聯合科技公司（United Technologies）的執行長喬治・大衛（George David）。聯合科技也是飛機製造公司，是道格拉斯的另一個客戶。（這兩個人的離婚案在二〇〇九年經濟蕭條時期轟動一時，兩人沒生孩子，但是道格拉斯要求大衛每週支付五萬三千美元的生活費，開銷包括一週四五〇〇美元治裝，一五七〇美元養馬，還有六〇〇美元買花。）

工會人員也和摩根士丹利（Morgan Stanley）分析師海蒂・伍德（Heidi Wood）還有雷曼兄弟（Lehman Brothers）分析師喬・坎貝爾（Joe Campbell）晤談。

歐本海默基金的李察・葛拉斯布魯克也加入。波佛汀試圖解釋，波音為什麼不能像一般商品的製造業者死命壓低成本，並談到飛機的複雜特性，性能要求超高，還有生產飛機需要很熟練的工作人員。波佛汀問：「你們會選哪一個——有高生產力的高效能工作環境，還是較低的單位成本？」較低的單位成本其實是波佛汀的假論點，那顯然是個愚蠢的選項，但是葛拉斯布魯克把它當成了真的問題，還把手臂交叉在胸前，眼睛往上看，認真的思考了起來，最後回答：「我選較低的單位成本。」（葛拉斯布魯克不記得這段對話，但他說：「如果要我現在回答這個問題，我可能會說，我選高效能的公司，但是成本要比競爭對手低。」）

葛拉斯布魯克跟工會代表繼續交談時，對某些數字坐立不安了起來。葛拉斯布魯克靠史東賽弗主導的麥道公司股票賺錢，已經是很久以前的事了，波音股票是目前歐本海默基金投資組合落後華爾街同業的一大原因。索爾謝記得葛拉斯布魯克一度說：「你們要害死我，」接著問道：「這次罷工怎麼樣才能結束？」波佛汀告訴他，波音提出的條件和工會要求的額外工資、津貼、退休金提撥，兩者的差額要補起來，總共需要大約七五〇〇萬美元。兩位在場的工會領袖說，葛拉斯布魯克聽到後感覺很驚訝，他說：「這在我的捨入誤差之內。」然後啪的一聲闔上他的筆記本，顯得如釋重負。（葛拉斯布魯克說他不記得這段了。）這裡的會談很快就結束了，索爾謝的印象是，葛拉斯布魯克離開時，打算去見穆勒利。

三天之後，SPEEA接到調解員的電話說，波音公司準備和工會晤談。不久波音就同意了勞方的要求，罷工於是落幕。

這一連串事件讓波音付出了七億五千萬美元——索爾謝和波佛汀說服一位熟識的董事要求討論罷工事件的成本之後，才得知這個數字[40]。史東賽弗之前向大家保證，波音不會損失一分錢。有人事後向波佛汀轉述，一位財務經理在波音的公務飛機上透漏這筆金額的數目，史東賽弗當場發飆，並說要開除那個財務經理。這時機長透過對講機說飛機準備降落，所有人都必須回座；飛機落地後，機長說：「我猜我保住了那個傢伙的飯碗。」

摩頓幾個月之後退休，在波音的年資長達四十二年。「我回到家，我太太說，『你臉

色發青，』」摩頓說。目睹專業人士受到的待遇像「現場可替換的零件」，史東賽弗等人目空一切，看到有人離職還鼓掌叫好，實在讓他很難受。摩頓說：「都是他們惹出來的，他們卻不知道如何化解，我的夥伴們只能在大冷天靠燃燒桶裡的柴火取暖。」

還有讓索爾謝吃驚的事。幾個星期後，他坐下來好好翻閱幾百頁印刷精美的合約時，發現很多小福利刪減了——大家不會立刻注意的項目，例如牙周檢查、整脊的給付變少。波音為了讓工程師回去工作，承諾過不會更動福利內容。索爾謝問波音的主管，福利刪減是怎麼回事，對方說：「我們必須拿走勞方一些東西。」

不到一年，康迪特作出讓員工更驚訝的決定：把波音總部搬到另一個城市，遠離波音的員工和社群，以便冷靜的盤算波音的未來。

霍普金斯又得用到那些搬家的箱子了，不過不是為了波音總部搬遷。她二〇〇〇年四月跳到朗訊科技（Lucent Technologies）（朗訊是AT&T公司價值創造期間分離出來的）。霍普金斯在波音一年半，拿到的波音股票和薪水就有六百萬美元以上。她在朗訊待的時間更短，只到二〇〇一年五月，因為會計錯誤而離職。那些錯誤還導致一次季營收報表必須重編，需要更動的金額高達七億美元。朗訊股價下跌，最後賣給了阿爾卡特（Alcatel）。

接替霍普金斯在波音遺缺的人，更鞏固了史東賽弗在波音的影響力。史東賽弗提名麥道時期的徒弟麥可・席爾斯擔任波音財務長。席爾斯立刻讓波音的童子軍們知道，誰才是老大。

五、「每個人都覺得自己與眾不同」

康迪特在人前總是說，罷工令人痛苦，卻也是可貴的教訓，「我們所有人都因此更了解『尊重』是什麼。我希望有一天我們回頭看時，會把它當成轉捩點。」[1]其實私底下，他有不同的看法[2]。他告訴一位同事，SPEEA現在感覺很專業——不再是志趣相投的工程師湊在一起的鬆散組織，現在它就像另一個公司，只是它的主張跟我們針鋒相對。

康迪特受到資本主義憧憬的吸引。那些觀念，企業高層、學術界、還有他就教的企管顧問經常掛在嘴邊。索爾謝聽到華爾街一位分析師說，有一次在比爾·蓋茲家的聚會，康迪特認識了克雷頓·克里斯汀生（Clayton Christensen），他是哈佛商學院的教授，身高六呎八吋，合寫過深具影響力的專論《滑向生財處》（Skate to Where the Money Will Be），他拿冰上曲棍球名將韋恩·格雷茨基（Wayne Gretzky）能感覺到冰球的動向作比喻，認為成功的企業懂得分別看待一般商品和獨門產品[3]。箇中翹楚如ＩＢＭ，就能「很有彈性的讓不同的作業偶合及解偶」，以便每個周期都能生意興隆。康迪特離開比爾．蓋茲家時，興奮的告訴那位華爾街分析師：「波音必須這麼做。」

二〇〇〇年代初期的網路泡沫化、二〇〇一年的九一一恐怖攻擊，還有二〇〇八年的金融危機之後，再英明的企業領導人也不會知道冰球接下來會怎麼移動——搞不好結果變成了籃球。波音自己的發展史就證明，人做事最好不要太鐵齒，非主力產品有時會變成公司的救星，例如波音737的生產計畫一度要取消——在它變成波音最熱銷的產品之前。唯一不變的是，投資現代化飛機，最終都會有好結果。比爾．波音就曾把「波音不能錯過任何提升飛行及飛行設備的事」這句話奉為圭臬。

但是克里斯汀森的想法，剛好和那個時機還有康迪特的需要不謀而合。那是個執行長權力超大的時代，不只是威爾許，還有些勇猛之士，例如泰科國際（Tyco International）執行長丹尼斯．科斯洛斯基（Dennis Kozlowski），他有個外號叫「每天談成一樁買賣的丹尼斯」（Deal-a-Day Dennis），他把新英格蘭一家製造警報器的小公司，變成市值一二〇〇億美元的大集團。他在哈佛商學院演講結束時，聽眾還會起立鼓掌。連華府都向資金低頭，柯林頓政府裁減聯邦機構的人員，引進以市場為基準的績效評量系統，追求所謂「再造政府」（reinventing government）。二〇〇〇年美國總統大選之前，康迪特在西雅圖一棟大樓舉行的會議上，滔滔不絕的演說時，一陣刺耳的警笛聲打斷了他的談話。有人告訴他，剛剛是副總統高爾（Al Gore）的車隊經過，他大叫道：「告訴他我們沒空。」

罷工結束，波音的生產線終於恢復元氣，波音的財務狀況也有了起色。二〇〇〇年年中，一位《財星》雜誌的記者訪問康迪特，他的辦公室點綴了五十四朵白玫瑰，慶祝波音股價前陣子收在五十四美元，是那一年低點的將近兩倍[4]。康迪特也開始把「五年五倍」掛在嘴上，鼓勵管理階層，他們可以在五年內，讓波音的股價漲五倍[5]。

股價的主要推手是新的市場，而不是在商用飛機上的投資。史東賽弗繼續追求效率，飛機製造的技術也已經成熟到可以在偶合跟解偶之間彈性運用。二〇〇〇年一月，康迪特以卅七點五億美元買下休斯電子公司（Hughes Electronics）的衛星部門，並在其他他認為更有潛力的新創事業投下更多資源。這些新事業包括空中流量管理部門——它的工程副總裁是波音的明日之星丹尼斯．穆倫伯格——還有透過衛星在戲院播放電影的計畫，這看起來不太可能成功。

後者名叫波音數位電影院（Cinema Connexion by Boeing），ＡＭＣ連鎖電影院（AMC Entertainment）是這項計畫的早期客戶。ＡＭＣ希望透過衛星和地面站，以五十ＧＢ的數位檔案傳輸，取代當時還在使用的電影膠捲和捲軸底片放映機。二〇〇〇年十一月，史東賽弗在波音總部主持一項怪異的記者會，透過視訊連線，和班．艾弗列克（Ben Affleck）同台。艾弗列克是電影《當真愛來敲門》（*Bounce*）的男主角，這部片子是透過波音的新系統，由衛星傳輸到電影院的第一部好萊塢影片。艾弗列克在片中飾演廣告公司高層，在機場把機票送給一位陌生人，結果對方因為飛機失事而罹難。艾弗列克因為深感內疚，協助出事的航空公司恢復商譽，過程中鼓起勇氣向飾演罹難者遺孀的葛妮絲・派特蘿（Gwyneth Paltrow）坦承自己在這起事件中的角色。當時關於這項新事業還有波音公司的新聞報導，都不太提這部片子的主題可能會觸波音的霉頭。一位發言人說：「那就是個愛情故事。」[6]

數位電影院這個新事業三年不到就叫停，部分原因是先天不良：靠著賣超貴的爆米花和可樂維生的電影院，負擔不起原本要提供給國防部的訊號傳輸技術。但這個計畫還是為波音營造了迷人的形象。艾弗列克可能是應波音的要求，在記者會上為波音商務機促銷了一下，他說自己差一點點就買了波音的超豪華商務機。

康迪特和太太葛妲（Geda，他的第四任妻子）搭乘價值五千萬美元的波音新款商務機出差，機上有個主臥室，設有一張雙人大床；有兩間衛浴，裡面有金色配件；有一個辦公室；有個擺了沙發的會客室；有一排扶手皮椅，面對著四十二吋的平面電視[7]。康迪特和威爾許一九九六年想到一個點子，把百變的波音737變成世界上最大也最豪華的商務機，他們認為會有市場，然後合組了一個公司，製造並行銷這款商務機。他們賣了一百多架這款飛機，主要賣給中東的親王等有錢人。波音和奇異公司買下最先出廠的兩架。

有些波音高層私下批評，公司不該這麼招搖，這違反了波音低調的傳統。二〇〇〇年七月，康迪特搭乘他的波音商務機，出席倫敦附近一項航空展，波音一篇促銷商務機的新聞稿，把一般人搭機旅行（這其實是波音進帳的主要來源）受到的服務，形容成只能塞牙縫：「波音商務機讓我們的管理團隊在旅行途中照常吃、睡、工作，甚至娛樂。不論我們在地球上什麼地方，都不需要在飯店辦入住和退房手續；不需要去餐廳吃飯，也不需要穿梭在擁擠的機場航廈。」[8]

知識訓練有限責任公司（Knowledge Training LLC）也在波音內部引人議論。它是波音的合作夥伴，為波音商務機開發價值二十五萬美元的省水淋浴系統（AquaJet shower）[9]。這個新創公司在證管會登記的高層，只列了格蘭維爾·佛雷瑟一人，他是康迪特的好友，也是康迪特現任妻子葛妲的前夫[10]。佛雷瑟一九九七年三月退休，他在退休歡送會上大吼：「我唯一遺憾的是，我只有一個妻子可以貢獻給波音公司。」[11]（康迪特跟第三任妻子一九九七年一月分居，一九九八年十二月才正式離婚。）佛雷瑟離開波音時，拿到可觀的波音股票，有人懷疑至少有一部分是封口費，因為佛雷瑟很了解康迪特的私生活。一位和康迪特很親近的前任經理說：「那是黃金遮羞費，康迪特知道佛雷瑟曉得他很多狗屁倒灶的事。」[12]

佛雷瑟否認道：「我得到的所有獎勵完全是因為我的能力，不是誰送給我的。」[13]省水淋浴系統這個新創事業，因為波音內部反對，後來也悄悄解散了。

康迪特自己說，二〇〇〇年夏末，他回到家告訴葛妲：「從基本戰略考量，我想公司

的總部必須搬家。」[14]（這些年來他說話變得愈來愈冗長，『基本上』和『答案是』這些詞彙成了他的口頭禪。）他已經聘了麥肯錫公司（McKinsey and Company）的管理顧問泰德・霍爾（Ted Hall），請教他如何管理這麼大的公司，因為這時波音已經是橫跨太空、國防和商用飛機的龐然大物。康迪特很喜歡擘畫遠大前景的感覺。奇異公司的總部一九七四年搬到康乃狄克州的小鎮費爾菲爾德（Fairfield），和它眾多業務重鎮都離得老遠，在業界獨樹一格。康迪特和霍爾討論過後，認為波音需要類似奇異的結構。康迪特後來回想時說道：「挑選企業總部地點應該要有長期考慮：未來的市場在哪裡；我們是否把總部放在正確的地方；我們的薪資結構如何——都是和如何設計飛機無關的問題。怎麼樣才能不陷在每天例行的工作裡而忽視戰略問題？」[15]

二〇〇一年三月二十一日，康迪特宣布的消息震動了西雅圖，這個比爾・波音建造第一架木製水上飛機的地方。康迪特說波音總部要搬遷，地點會從三個城市裡挑一個：芝加哥、達拉斯和丹佛。聲明中說：「波音的新總部會比較精簡，會以股東價值為重心。」波音事前守口如瓶，連西雅圖市長保羅・蕭爾（Paul Schell）都被蒙在鼓裡[16]。蕭爾難過的問康迪特的一位高階副手：「約翰，你為什麼連一通電話都不打？」康迪特在華盛頓國際貿易中心的雷根大樓召開記者會，但這地方不在華盛頓州，而是在華府。

波音前幾代領導人都了解製造飛機的每個環節，因為他們真正參與過「如何設計一架飛機」這樣的工作，也都以此為榮。大家認為康迪特把另一位高層吉姆・強森（Jim

Johnson）擠出了執行長的接班行列[17]。強森每天晚上下班時總會從工廠不同的門離開，好跟生產線上不同的工作人員說說話，他認為有必要這麼做。他每週會邀請技師共進一次午餐，而且沒有他們的主管陪同。（一九九三年，康迪特獲選為總裁的第二年，強森就離開了波音。）

康迪特在前面幾段婚姻期間，住過湖畔的房子，住過船屋，住過樹林裡的豪宅，也住過四季飯店的波音套房。向前看對他來說一點也不困難。波音和麥道合併後的混亂衝突期，西雅圖總部經常聽到高層主管問：「菲爾人呢？」[18]因為這個討厭衝突的老闆總是不見人影。康迪特一年裡在空中的時間加起來有七十天，經常飛華府或是到聖路易附近奢華的新訓練中心[19]。他告訴記者，如果總部搬到比較靠中部的地方，出差會簡單一點（出人意表的，再次談話失焦，一點不像波音老闆該說的話），他也能「比較看得清楚波音的國際商機。」說到底，搬遷總部的決定起於康迪特的不安全感——他害怕衝突，也擔心投資人看不到飆升的業績，會不認同他再造波音的努力。他說：「只要我們緊緊抓住商用飛機的業務，外界看我們就還是原來的樣子。」[20]

波音要新總部的幾個候選城市彼此競爭（將近二十年後，同樣出身西雅圖的超大企業亞馬遜也玩同樣的遊戲，非常熱鬧，也引發爭議），這是一個企業有絕對優勢的證明，候選城市也都承諾提供好幾千萬美元的減稅優惠。七個星期之後，康迪特爬進他的專機，機師事先申請了三條不同路線的飛航許可，最後他才告訴機師：「我們要去芝加哥。」[21]

波音的全球總部是一棟三十六層的大樓，座落在芝加哥河畔，過去叫摩頓泰爾克（Morton Thiokol）大樓——導致挑戰者號太空梭爆炸的墊圈就是這家公司生產的[22]。康迪特的舊辦公室在西雅圖南區一個蓬勃的產業區塊，可以俯瞰波音機場，將來員工就會在這個機場試飛737 MAX。芝加哥的新總部說好的「比較簡約」，卻有十九世紀的地毯、一個刻了老鷹的法國骨董氣壓計、一支玻璃權杖、一面英國攝政時期的鍍金鏡子[23]。在皮革和木料為主調的行政套房裡，這些只是部分的藝術品。董事長的辦公室，走道兩側有白色柱子，地板嵌了橡木和桃花心木，簡直就像殖民時期上流社會的房子。

——

史坦．索爾謝是波音的物理學家，也是SPEEA的主要人物。罷工落幕後不久，他就辭掉了波音的工作，成為工程師工會的全職人員。他繼續跟分析師來往，想了解波音新的股東價值是什麼。有一位分析師問他，為什麼協調會上需要那麼多工程師出席（例如研發777的過程中，總是有這種超大型的會議）。分析師說：「在我的世界裡，協調之後就是要花錢了。」有一次索爾謝和另一位華爾街分析師爭論，該不該過度削減成本，分析師很快打斷他：「你的意思就是你與眾不同。**每個人**都覺得自己與眾不同。但沒有人是不同的。這在每一個人身上都適用，在慢跑鞋、女裝、硬碟、手機、積體電路都適用，在你身上也不會有問題。」

索爾謝想了一分鐘之後，答道：「我們不妨來做個實驗。如果你是對的，你和所有跟你一樣的人都會很快樂。如果我們開發一款新飛機，結果不能飛，我們所有人都會不快樂。」

波音過去的成功都是靠大量的人力和資金解決問題，直到完全搞定為止——也就是達成作家詹姆斯・柯林斯（James Collins）在一九九四年的《基業長青》中說的「龐大、刺激、大膽的目標」[24]。柯林斯和合著者傑瑞・波拉斯（Jerry Porras）選出十八家「有遠見的公司」，收進書裡，麥道等比較保守的公司則落選。二〇〇〇年柯林斯接受《財星》雜誌訪問時，已經開始重新思考這個問題。他說：「如果最後真是反向併購，麥道的氣質滲透到波音，那麼波音注定要走向平庸。波音能一直這麼傑出，有一個關鍵，就是他們始終很清楚，他們是由工程帶動的公司，不是靠財務帶動的公司。如果他們不再以工程驅動為榮，一段時間之後，他們就成了另一家公司。」[25]

索爾謝慢慢了解到，波音的新特質是從股東身上獲取收益，而不是透過合作創造新的產品。波音出售零件工廠時，會壓榨較小也較脆弱的供應商，以賣得較好的價錢。讓候選的城市和州互相競爭，可以讓波音獲得更多租稅優惠，員工則被迫犧牲退休金和福利。累積對政府的影響力，可以取得國防合約，並左右立法。重點是讓各方不穩定也不確定，芝加哥總部就可以在幕後恣意操縱。

波音下一件大事的決策過程，使內部為了波音的精神而大戰一場，那就是要不要開發波音787夢幻客機（Dreamliner）。原本穆勒利提出了一項很新潮的計畫叫「音速飛機」（sonic cruiser），飛機可以用接近音速的速度巡航，飛行時間可以省下兩成之多。這項計畫在總部搬家後立刻提出，讓人想起波音過去多麼勇於創新，儘管當時空巴駁回了同一個構想，認為那只是架「紙飛機」。（其實第一批草圖確實有些奇怪的缺失，感覺沒畫完，例如前排乘客沒有窗戶。）[26]

波音新總部啟用後一週，就發生了九一一恐怖攻擊，導致航空旅行斷崖式下滑，穆勒利的商用飛機部門必須刪減三分之一的人力。空巴的業務團隊在口才極佳的紐約人約翰・雷希（John Leahy）領軍下，繼續攻城掠地。快速成長的廉價航空，例如捷藍航空（JetBlue）和易捷航空（EasyJet），空巴都整碗端去，因為他們不像西南航空那樣，用波音737當短程航線的主力。二〇〇三年空巴首次超越波音，成為全球最大的商用飛機製造商，這一年空巴交付三〇五架飛機，波音則交付二八一架。「我們變成老二了，」穆勒利對一群高階部屬說：「大聲說出來，好真正了解它的含意。」[27]

波音關愛的眼神從穆勒利的音速巡航計畫移開，投向了沒那麼新潮、比較傳統的飛機。夢幻飛機的速度沒有之前那些飛機快，但是先進的碳纖維機身比較輕，也比較強韌，可以達成省油的重大目標。當時波音正把重心移往軍用市場，會不會繼續生產商用飛機其實很難說。二〇〇三年波音的四九〇億美元營業額，有半數以上來自各國政府採購的戰鬥機、飛彈和其他武器。美林證券的航空分析師拜倫・凱藍告訴《華爾街日報》：「不知道波音會不會步麥道的後塵，麥道因為不肯冒險，浪費了穩固的市場地位。」[28]

波音裝配線的工人都參加國際機械師工會（International Association of Machinists），這個工會二〇〇三年委託美林證券，研究解除併購和把整個商用飛機部門析產分立的優劣，結果發現，當時的波音股價雖然是卅五美元，但商用飛機部門占波音集團股價的比例不到三美元[29]。（康迪特「五年五倍」的目標早就束之高閣了。）於是工會和一個私募基金合作，想要收購股權，但私下遭到拒絕。

史東賽弗二〇〇二年六月滿六十五歲時，按照波音公司的規定屆齡退休，但是他和約翰・麥克唐納繼續在董事會裡發揮影響力。聖路易附近的領導力訓練中心也深受他的影響，如今這地方像個高檔商務飯店，有一間撞球室；大廳有一架鮑德溫平台鋼琴；有河畔健行步道；還有一個取名「哈利角落」的餐廳[30]。

它有如再訓練營，很像十年前被炒魷魚的道格拉斯公司員工必須去的「發現」計畫。幾千位管理人員都在領導力訓練中心上過兩週的課，透過角色扮演模擬企業經營。財務主管波伊德・吉文說話溫和，波音在他主導下，設法不讓基層工程師拿到成本的資料，這樣工程師就不會知道自己的設計什麼地方打了折扣；如今這些作法已經取消。波音要求所有上課的人，用威爾許或史東賽弗冷眼旁觀的角度作決策。波音負責人員訓練的副總裁史蒂夫・莫瑟（Steve Mercer），之前是奇異克羅藤維爾中心的副主管。他說，課程上完後，工程師們理應「了解，天啊，那個計畫必須有經濟價值，我不能把有的沒有的都附加上去。」[31]

史東賽弗的徒弟麥可．席爾斯經常來訓練中心當講師。他繼續擔任波音財務長，並跟著康迪特到了董事長辦公室，讓他角逐下一任執行長時處於有利的位置。席爾斯在聖路易長大，普渡大學電機系畢業，在麥道時因為設計了一套追蹤F/A-18大黃蜂戰機成本撙節的系統而聲名大噪。（一位前任主管形容，那套系統「非常實用，而且非常精細。」）[32]席爾斯不是童子軍，和他共事過的人都說，他說話很簡短，跟史東賽弗一樣喜歡和產品保持距離，不帶感情。席爾斯自己說，他是個「數學人」，不是個「飛機痴」[33]。

開發夢幻飛機時，史東賽弗和約翰．麥克唐納都堅持嚴格遵守數字原則，他們告訴董事會其他成員，開發新款飛機的成本不能高於開發前款飛機波音777的四成，組裝成本也只能是每架777組裝成本的六成[34]。777上市已經是將近十年前的事，所以這時對夢幻飛機的成本要求，是非常兇狠的。要達到這個成本目標，只有部分外包一途，就像麥道過去的做法，但外包最後傷害了麥道。

波音為了至少保留音速飛機的行銷手法，首次舉行「為飛機命名」的票選活動，獲選的名字會在二〇〇三年六月的巴黎航空展上宣布。民眾可以上網投票，候選的名字有e飛機（eLiner）、全球飛機（Global Cruiser）、雲層飛機（Stratoclimber）、和夢幻飛機（Dreamliner），最後夢幻飛機勝出。波音兩年內裁了三萬五千人，而且為了外包的事，內部一直不和，員工自己也取了幾個名字，在電子郵件上流傳，包括底線飛機（Bottom

Liner）、全球打盹（Global Snoozer）、關廠飛機（Plant-closer）、次音速飛機（Sub-sonic cruiser）和終結飛機（End-of-the-Liner）[35]。

反對波音政策的員工開始關注二〇〇一年二月就在內部網路流傳的一篇報告，那是南加州波音幽靈工廠（Phantom Works）一位資深技師在領導力訓練中心發表的[36]。當時六十歲的約翰．哈特—史密斯（John Hart-Smith）把報告稱作《利潤委外——轉包成功的基石》，他在滿滿十五頁的文字中，以自己在麥道飛機公司的經驗，陳述他們生產DC-10的時候，把工作發包出去，結果窮了麥道，富了供應商。重點是外包其實很複雜，原始設計的規格必須非常精確，稍有省略就可能導致昂貴的法律戰。要確保外包出去的工作都精準無誤，就需要額外的成本，而這些成本事前根本沒有列入計算。最後，所有這些額外的成本，會使外包的公司顯得比接受外包委託的公司更沒有效率——這個惡性循環只會鼓勵企業把更多業務外包出去，同樣的破壞也就繼續下去。

哈特—史密斯認為，要追求淨資產報酬率不能只靠處分資產。更好的方式是，「開發並且銷售利用**相同**設備及人員所生產可獲利的**新**產品。」他加了一個劇力萬鈞的註解，說報告中都是他個人的觀點，不是管理階層的看法：「反過來說，管理階層的決定不見得是作者會建議的，如果有人徵詢作者意見的話。」

席爾斯二〇〇三年初在「駕駛艙」演講廳演講時，有關波音下一個產品的辯論還沒有結束。席爾斯告訴裝配廠的經理，應該避免道德上的矛盾，即使只有一點點苗頭。席爾斯正在為約翰威立出版社（John Wiley & Sons）寫一本書，以便在爭取當執行長時有更好的履歷。書名叫《穿越亂流：變動世界中的新管理模式》（*Soaring Through Turbulence: A New Model for Managers to Succeed in a Changing World*）。他告誡大家不要做錯誤的事情時，聽眾感覺很不自在。一位管理人員舉手問了他一個也許不太切題的問題：說到觀感，可否解釋一下最近的一個任命案[37]？

波音剛剛聘用了達琳·德魯雲出任飛彈部門的副主管，她是美國空軍歷史上最有權力的採購官。波音還在為空軍二三〇億美元的百架加油機訂單奮戰，這個訂單已經爭取了好幾年，競爭非常激烈。航空界在二〇〇一年之後的蕭條期間，這是非常重要的一筆生意。參議員約翰·麥肯（John McCain）等人對這項採購多所批評，稱它為後門紓困。現在波音聘用德魯雲，更對旋轉門限制毫無忌憚。德魯雲在空軍時，對麥道的財務狀況有很大的貢獻——她從一九九〇年代開始協助加快C-17的付款流程——她還自封C-17教母。長島的麥道工廠還有一幅超大看板，上面寫著「謝謝你，德魯雲夫人」[38]。

席爾斯那天沒有回答那位主管提出的德魯雲聘僱案的道德疑義，但是到了那一年夏天，麥道之前以違規方式取得軍方訂單的醜聞，已經舉世皆知。首先是火箭發射業務的弊案：麥道高層利用對手洛克希德—馬丁幾千頁的限閱文件，贏得一項重要合約的大部分委託。七月，空軍取消了波音十億美元的生意，並禁止波音參與未來的投標，同時司法單位開始刑事調查。一位調查此案的國防部幹員轉述一位前任麥道高層的話說：「麥道雇我就是為了贏得訂單……我會不顧一切代價做到這點。」[39]

到了十一月，波音加油機交易的案情也升高。原來席爾斯和德魯雲一年之前，就在奧蘭多見面討論德魯雲能不能加入波音。當時席爾斯得知，德魯雲還沒有正式迴避加油機採購案的協商。他寄了一封電郵給董事長辦公室的其他人，包括康迪特在內[40]。信中談到這次和德魯雲的「非會談」，並建議給德魯雲廿五萬美元的年薪，外加五萬美元的獎金（但附加了一項「重要的彈性」——獎金也許可以四萬美元就好）。德魯雲最後向調查人員承認，她有計畫的在併購案中偏袒波音[41]。其實她的女兒和女婿也在波音工作，席爾斯二〇〇〇年就協助他們進入了波音。這兩人後來被解雇。每一位在利益衝突罪名下認罪的高層主管都入了獄，席爾斯在約翰威立出書的事也就告吹。

醜聞餘波盪漾。康迪特從董事會遙控波音的日子也到了頭，他二〇〇三年十二月辭去董事長和執行長，說他希望「過去一年的爭議和對波音的不安到此為止。」前一年已經屆齡退休的史東賽弗此時復活成了總裁兼執行長，這個決定只有波音外面的人會覺得驚訝。在很多波音老兵的眼裡，這下子麥道終於完全接管了波音。

兩週後，《商業周刊》（*Business Week*）一篇內幕報導透露，康迪特其實沒有外界看起來那麼清高，他原本打算繼續待在位子上，直到董事會施壓要他辭職，他才演出負責下台的戲碼。董事會要他走人，也是因為對他許多戰略失策愈來愈不滿，有些董事還擔心他耽溺女色的素行。那篇報導並首次揭露，前客戶關係經理蕾凡．哈索恩（Laverne Hawthorne）因為和康迪特有染而遭解雇後，提出解雇無效的申訴，波音還付過一筆和解金。報導中說：「她立刻衝到康迪特的辦公室，提醒康迪特曾經給過她什麼承諾。哈索恩回憶道，她直視康迪特的雙眼說：『我們兩個有一個是男人，但那個人絕對不是你。』」[42]

史東賽弗當然沒有那方面的不良風評。他告訴記者：「這個公司深陷困境，需要知道怎麼收拾的人挺身而出，那個人就是我。」

二○○四年四月，質疑史東賽弗無心商用飛機的人第一次感到驚訝：全日空六十億美元的訂單到手後，董事會同意開發夢幻飛機。但是這項計畫從一開始就限制重重，因為回鍋的執行長嚴格控制預算。有一項內部分析預估，開發夢幻飛機會花費五十八億美元，還不到開發777預算的一半[43]。夢幻飛機的機翼還是委外開發的，找的是日本的三菱重工，這在波音歷史上也是頭一遭。

有人批評史東賽弗太重視成本，他的回應永遠不示弱。他告訴《芝加哥論壇報》（*Chicago Tribune*）：「大家說我改變了波音的文化，那正是我的意圖，這樣波音才會像個企業，而不是偉大的工程公司。波音是偉大的工程公司，但大家投資一個公司是為了賺錢。」[44]

摩根史丹利分析師海蒂・伍德（Heidi Wood）估算，二〇〇五年波音加緊開發夢幻飛機時，研發經費占商用飛機營業額的百分之四・八，只有空巴研發經費占比的一半多一點[45]。史東賽弗把幾個大型的零件製造廠賣掉，包括堪薩斯州威奇塔（Wichita）的一個工廠，這個工廠在波音旗下已經七十五年，員工有七二〇〇人。賣掉這些廠，可能讓淨資產報酬率好看一點，卻使每個人的工作變得困難。有人臨時需要一個零件，或是想要改善製程，不能再像以前一樣，打個電話給同事就好，而是先要和律師、採購主管或人資主管協商。這些額外的成本，哈特—史密斯在他的研究報告中都警告過。

穆勒利在公開場合還是鬥志高昂，但是一些高層說，愈來愈常看到他跑到西雅圖傑佛遜公園的高球練習場，用球桿打碎高球桶。有人說穆勒利有一天在停車場對一位同事說：「以前你會到董事會要一筆金額X，他們會說，給你Y這麼多錢好了，討價還價之後，你會拿到一筆錢，然後用它研發飛機。現在你到了董事會，他們告訴你：『這是飛機的研發預算，我們會先拿掉這麼多，你就用剩下的那些，不要搞砸了。』」[46]

追求效率的政策有不少受害者，其中包括倫頓（Renton）的一棟建築。波音在裡面建了幾座原尺寸大小的模型，用來炫耀波音飛機的內裝。業務人員開玩笑說那是個「不光彩的地方」，因為裡面的陳設，對空巴很不公平。例如模型的牆上有白色的弧線，顯示空巴Ａ３４０機艙內部空間，比波音７７７要小。穆勒利一九九〇年代銷售波音７７７時，曾經帶著英國航空董事長金恩男爵（Lord King）走過一座機艙模型。那個機艙模型由夾板、塑膠和真正的機艙座椅組成，穆勒利抓著金恩男爵的肩膀和手臂，要他坐進椅子，並假裝在A340較低的艙頂行李箱下方，起身站直前必須彎著身子。他們走到經濟艙時，金恩男爵看了看成排的座椅說：「喔，乘客就坐在這兒。」其實完全沒有諷刺的意思[47]。

機艙模型所在的這棟大樓現在要賣了。一頭銀髮的波音業務主管克勞斯．布勞爾（Klaus Brauer）經常在那裡接待客戶，他不斷告訴每一個人，消滅這些機艙模型是個很爛的決定。業務人員都願意聽他抱怨，唯一例外的是，「準備到公司總部發展的同仁。」對那些迷信數據的人來說，這些多數時間都閒置的空間，正是開源節流最好的目標。布勞爾失望焦慮卻無計可施之下，把這件事告訴了肯．島德（Ken Dowd），他是西雅圖提格設計諮詢公司（Teague）的副總裁，二次大戰之後波音每一款商用飛機的內裝都找提格公司擔任設計顧問[48]。

島德聽完布勞爾的敘述後，說服了提格公司的同仁，把波音的機艙模型買下來。如果波音未來需要使用，就得付費。這對提格這家精品式公司來說，是個特殊的安排，提格公司很少先為客戶花大錢；但是這個安排，波音公司裡數據掛帥的那些人都欣然接受。那些機艙模型先拆成很多塊，然後拖到西谷高速公路（West Valley Highway）旁一個家具賣場後面的倉庫。那一帶有很多大型賣場，誇張又俗氣的標語總是寫著**一件不留**之類的廣告詞。就在波音準備向客戶展現世上最先進的飛機長什麼模樣的時候，客戶最先看到的，卻是美國都市郊區的蒼白景象。布勞爾說：「我們缺乏遠見到這種程度，實在讓我驚駭。」一個週日，一群中東國家的官員降落波音機場，要聽波音介紹他們的新飛機。警方護送多輛豪華轎車進入家具店的停車場，停車場有個三十呎高的充氣大猩猩，頭上戴著帽子，嘴裡叼著香菸，就在客人的頭頂上飄盪。布勞爾請一位警衛把那個氣球給射扁。

史東賽弗回鍋領導波音的時間，比所有人預想的都要短。二〇〇五年一月，在棕櫚沙漠的一個酒店，一次管理階層的度假會議上，大家正在參加晚上的雞尾酒會，波音在華府的遊說辦公室主管，四十八歲的黛博拉．皮伯蒂（Debra Peabody）走過去，給了史東賽弗一個又大又久的擁抱，兩人的關係太明顯了，此時至少有一位在場的高層決定回房間去[49]。在幾乎所有人都非常討厭你的地方，實在很難隱藏什麼祕密。有人把史東賽弗和皮伯蒂兩人的親密電郵傳到董事會去，二〇〇五年三月，史東賽弗就被解聘了。跟他結縭五十年的妻子瓊恩．史東賽弗（John Stonecipher）找了芝加哥非常厲害的律師，幾天之後就訴請離婚。這個律師也是饒舌歌手勞．凱利（R. Kelly）前妻的委任律師。

波音的老兵又開始寄望，同樣是老波音人的穆勒利能接掌大位。波音員工一直希望穆勒利能帶領大家，早在一九九〇年代，波音廠區接駁巴士的駕駛就說過，穆勒利領導波音是遲早的事，因為他們駕駛接駁車途中，聽過所有人私下聊天的內容，其中不乏這類的話題。

穆勒利從來沒有公開爭取過執行長這個職位；他對其他候選者拙劣的手段顯得不屑一顧，包括武器部門的主管吉姆．艾爾巴（Jim Albaugh）。艾爾巴和華盛頓州的國會眾議員諾姆．迪克斯（Norm Dicks）很熟，迪克斯是加油機採購案的重要支持者，而且至少向兩位他認識的波音董事推薦過艾爾巴。有一次穆勒利提到艾爾巴：「艾爾巴的團隊正在丈量芝加哥辦公室的窗簾，我們不會做這種事。」[50]

結果，董事會兩個人都沒選，反而是選中了董事會的成員吉姆．麥克納尼（Jim McNerney）。麥克納尼也出身奇異，追隨過威爾許，之後擔任3M公司的董事長兼執行長。他二〇〇一年開始擔任波音公司的董事[51]。了解人事決定過程的人說，二〇〇三年康迪特辭職時，麥克納尼就是接任的第一人選，當時麥克納尼拒絕了，原因包括他和3M簽了三年的約，如果跳槽，會損失可觀的股票支付。這次波音董事會給了他所有的誘因——一筆五二〇〇萬美元的給付，彌補他離開3M的損失，也就是大家說的「黃金見面禮」[52]。但這個見面禮也很有爭議，因為麥克納尼還沒有做出一點績效，就保證能拿到那麼多錢。

一位前波音董事談到這項人事案時說：「其實當時勝負早就定了。」[53]董事會考慮了兩位老波音人，但是聘用麥克納尼對醜聞纏身的波音公司來說，是個正面的改變。威爾許準備從奇異退休時，麥克納尼是三位繼任候選人之一，當時三人的競爭也是媒體的焦點，那之後麥克納尼就成了評價極佳的美國企業界領袖。海德思哲管理諮詢及獵人頭公司

（Heidrick & Struggles）的台柱蓋瑞．羅許（Gerry Roche）說，企業經常要他幫忙找「麥克納尼型」的人[54]。3M任命麥克納尼為董事長兼執行長幾天之後，3M的股價就漲了將近兩成。《商業周刊》說：「光是提到麥克納尼的名字，就能讓股東口袋裡的錢變多。」[55]

波音的元老嘀咕，董事會一定認為穆勒利沒有執行長的架式，因為他身高只有五呎九吋，而且雖然已經六十歲了，卻經常有人形容他孩子氣。麥克納尼則有六呎二吋，外加好萊塢男星的顏值還有一頭時髦的白髮。這聽起來像是膚淺的小道傳聞，但是對不敢冒險的波音董事會來說，確實會是一項考慮因素——就和會考慮麥克納尼的形象一樣，例如一般認為麥克納尼會選擇對股東比較有利、比較不花錢的經營策略。

這位前波音董事說到典型執行長的特質：「有些人看起來、做起事情來，就是像個執行長。有些人會說，我看到某人就會知道，對方是不是國家美式足球聯盟（NFL）優秀的四分衛。但穆勒利沒有那種外型，也不會給我那種感覺——他很容易激動，愛敲邊鼓，精力充沛，他會說，『我們要造那型飛機。』」

一位波音的前高層透露，董事會略過穆勒利的另一個原因是，他和一位女性部屬有婚外情。穆勒利幾乎每個週六都單獨和妻子共進晚餐，這個習慣維持了三十幾年，營造出顧家好男人的形象，不會有人想到，他也會出軌。史東賽弗辭職，康迪特的八卦又人盡皆知，「董事會不能再冒那個險，把大位交給穆勒利。那是褲子拉鏈的問題。」[56]這件事當時確實是董事會眼中的危險因子，董事會成員說，「我記得有個愛玩的傢伙，喜歡喝威士忌和葡萄酒，也喜歡女孩子。就算他完美無缺，我們那時也比較中意麥克納尼。」（我們請穆勒利回應，但是他沒有答覆。）

這位波音老將再次跟大位失之交臂，也很快跟新老闆的政策格格不入。麥克納尼就任後不到一年，就開始以績效決定經理階層的汰留，一如他在奇異時的作法。穆勒利不願意配合，並在二〇〇六年的一項會議中說：「如果你找了一個很強的團隊，他們的表現也非常好，到底有什麼理由必須每年淘汰百分之十的成員？」[57]

那一年的五月，穆勒利的一位副手麥克．貝爾（Mike Bair）在一次訪談中，說到一個波音的供應商因為錯把一個木凳子留在高溫爐裡，而讓夢幻飛機一個測試用的重要零件給燒了，貝爾描述這件事時，顯得事不關己，讓人覺得有點怪異。貝爾冷冷的說：「就當是升了營火。」[58]有一次在會議上，貝爾向滿屋子的經理解說一份標滿色碼的現狀報告，穆勒利也在座。這份報告呈現出夢幻飛機各個系統符合預期目標的程度，圖表中多數是綠色色塊，只有兩塊是黃色[59]。對經常參與新飛機開發工作的人員來說，清一色綠的正面訊號，就和清一色紅訊號一樣讓人不安。部分在場的人等著穆勒利大聲提出質疑，要求誠實面對還達不到標準的工作。但從他冷淡的態度可以得知，他並沒有那麼做。

二〇〇六年九月，小威廉．福特（William Ford Jr.）宣布，穆勒利要接替他，主掌福特汽車公司，也是福特汽車首次由非福特家族的人士出任負責人。一天之內，搬家公司就來穆勒利的辦公室打包，會議室裡裱裝起來的雜誌報導和紀念品也要一起帶走[60]。穆勒利在低樓層一個空空的房間裡，向他待了三十七年的公司道別。不久之後，穆勒利辦公室門外，寫著並肩努力的橫幅標語掉落，那一刻的象徵意義，明顯得令人覺得無比痛苦。

有些人認為穆勒利是波音的工程靈魂，這樣的發展實在讓他們不忍卒睹。一位穆勒利的副手說：「理想主義退潮了，並肩努力不再重要，重要的是其他事情——我猜是股東價值。」[61]

那一年十一月，波音在一處偏遠的廠房組裝夢幻飛機。麥可・里昂（Michael Leon）是亞利桑那州土桑（Tucson）航太設備廠商安全飛機科技公司（Securaplane Technologies）的技師，正在安裝為新飛機設計的、每個重五十磅的鋰離子電池。如果曉得安全飛機科技公司的生產進度，就會知道波音承諾的時間表靠不住。安全飛機科技公司原本的設計規畫需要七年，最後測試訂在二〇一〇或二〇一一年——涵蓋到夢幻飛機正式營運之後三年[62]。當時安全飛機科技公司人員流動大，工作變換劇烈，他們用了一款日本設計的電池，運到法國的一個公司，接著會由這個法國公司供應電池給波音公司。

里昂告訴他的主管，他對電池有所保留。因為他測試的過程中，電池會起火，還會爆炸。他和另一位同事試圖用滅火器澆熄火焰，但是高熱迫使他們撤離。消防隊趕到時，溫度達到一千兩百度，鍍鋅的金屬屋頂坍塌，整個廠房報銷[63]。如果有人想認真探究的話，廠房燒毀是個再清楚不過的徵兆，代表公司的策略將付之一炬。

六、企業方針

小華特・詹姆斯・麥克納尼（Walter James McNerney Jr.）果然是二十世紀執行長的模子打造出來的，稜角分明的下巴、內雙的眼皮，堅定的神態，令人想到隨時警戒的老鷹。麥克納尼就讀芝加哥高檔郊區溫尼特卡（Winnetka）的新特里爾鎮高中時，是曲棍球校隊的中鋒，出賽時就是用相同的眼神瞪著對手球員。他在耶魯大學時是棒球校隊的明星捕手，在本壘板接球時，也如法炮製。（他有三個弟弟，其中一個弟弟彼得說：「他喜歡掌控全局。」）[1]麥克納尼在喬治・渥克・布希（George W. Bush）引薦下，宣誓加入耶魯大學的兄弟會，這算得上是美國歷史最悠久的兄弟會。

麥克納尼天生就有領袖特質。他的父親老華特・詹姆斯・麥克納尼（Walter James McNerney Sr.）三十六歲就出掌藍十字保險協會（Blue Cross），也是最早鼓吹美國年長者加入單一支付者醫療系統、美國老年醫療保險（Medicare）的人士。老麥克納尼也曾為尼克森總統的醫療政策提供建言，並領導美國醫療補助措施（Medicaid）專案小組。一九七○年專案小組決定讓美國窮人納保，這在當時是非常進步的政策。「麥克納尼專案小組」的報告中說：「這麼一個富裕的社會有一大群人無法享受醫療服務，不但是個恥辱，也是不能容忍的事情。這個國家一定要花更多經費，讓所有公民都能得到合理的醫療照顧。」[2]

一九八○年代雷根政府鼓吹，政府是問題而非解方之前，老麥克納尼就倡導管理式照護，在這個制度下，保險業者變成有主導權的中間人，可以決定照護的內容還有價格。老麥克納尼最後一個工作是西北大學（Northwestern University）凱洛管理學院（Kellogg School of Management）的教授，他講課的內容不知怎麼搞的，就是能使醫療政策引人入勝。《現代醫療》雜誌（*Modern Healthcare*）的發行人這樣描寫老麥克納尼：「他的幹勁、才華及奉獻造福了很多人，這些人原本財務上很脆弱，甚至一貧如洗，如今卻能享受醫療保障。」[3]

老麥克納尼的妻子雪莉（Shirley）讀的是紐約州的瓦薩學院（Vassar College），兩人養育了五個各有成就的小孩——四男一女——他們鼓勵孩子討論每天的重大議題，對象經常是來家裡吃晚飯的公司同事。麥克納尼想起父親的一段告誡：「不管你做什麼，都要能妥善管理。」[4]這句話是期許他未來能當領導人，同時也要不斷追求卓越。

有錢人家的小孩年輕時經常會嘗試一些不同的事物，麥克納尼二十出頭時，在密西根湖教人駕船，也在科羅拉多州的牧場工作過。之後他到倫敦的一家保險公司上班，然後重回校園，到哈佛大學拿了管理碩士，一九七五年進入寶鹼公司（Procter & Gamble）擔任品牌經理。（他負責衣物柔軟精，例如花香衣物芳香產品Downy和Bounce。）[5]三年後，他到麥肯錫公司擔任管理顧問，一九八二年落腳奇異公司。一年多一點之前，奇異剛剛由精力充沛的威爾許接手。

也是一九八二年，《財星》雜誌首次使用縮減規模（downsizing）形容人力配置。威爾許的前任瑞吉諾．瓊斯（Reginald Jones）是個儒雅的英國人，他把死板、慢條斯理的官僚作風傳授給威爾許，但是威爾許繼任之後，立刻改變作法。威爾許一九八一年和一群奇異的企畫人員開會時說：「看看你四周的人，因為你們不會再見到對方。」[6]（兩百個企畫職缺只留下十二個人，其他全部都裁掉。）一九八一年十二月，他在皮埃爾飯店第一次和華爾街的分析師會面，他致詞內容的靈感來自十九世紀普魯士的將軍卡爾．馮．克勞塞維茨（Carl von Clausewitz）。克勞塞維茨以「全面戰爭」（total war）的觀念聞名。威爾許很欣賞他在《財星》雜誌讀到的克勞塞維茨的一段話：「戰略不是冗長的行動計畫，而是在不斷變動的環境中發展而成的中心思想。」[7]他也向分析師引述這段話。

威爾許的言談也有管理大師彼得．杜拉克（Peter Drucker）的影子。杜拉克最喜歡問：「如果你還沒進這個產業，你今天會進來嗎？」奇異跨足幾百種產業，很多又跟當地經濟密不可分，威爾許那天提出了激進的發展方向：每一個營業項目都必須是那個產業中人力最少、成本最低的全球性生產者，不然就要有其他明顯的市場優勢。奇異已經連續二十六季獲利成長，股價也比前十年表現要好，但就像那天威爾許對分析師們說的：「我們承諾要追求更好的成績，也有這個潛力。」[8]

威爾許這篇名為《在慢速成長的經濟體系中快速成長》的致詞，是大家心目中「股東價值」的肇始，但他從來沒有用過「股東價值」這個詞。他真正創造的是執行長的權威地位；如果企業執行長像克勞塞維茨那麼才氣縱橫，又有謀略，就可以大膽的即興發揮，在經濟體或國家裡推行他的想法。奇異是個美國企業，它有很多發明大幅提升了人的生活水準：電燈泡、X光機、柴電機車、電冰箱等。奇異工廠和實驗室的員工，不論他們在美國某個河邊小鎮還是工業城，都認為自己是奇異大家庭的成員。但威爾許告訴投資人，需要的時候，他不會逃避拋棄員工的困難決定，即使要付出人情或政治上的代價。五年不到，奇異裁掉了薪資名單上四分之一的員工，也就是十一萬八千人。因為「中子傑克」已經降臨。

威爾許來到奇異的時間，和一位奇異前任推銷員當總統的時間搭配得剛剛好。這位總統把法規、稅率、貿易和勞工政策徹底翻轉，這些改變造就了威爾許這種企業巨人的絕對權威。一九五〇年代，隆納德．雷根在哥倫比亞廣播電視台主持《奇異劇院》的電視選集。這個節目每週日晚上播出前，雷根會讀一段讚辭歌頌奇異公司：「奇異在工程、研

究、製造、價值觀上，都為我們帶來更好、更滿意的生活。」這位好萊塢男星和奇異公司簽了八年的合作協議，到一九六二年為止，期間他到訪過奇異在美國的一三〇個工廠，並向奇異的二十五萬名員工發表過談話[9]。（雷根也剛好在一九六二年，把選民政黨登記從民主黨改成共和黨。）他領導美國演員工會（Screen Actors Guild）歷經三次罷工，他一九八〇年擊敗尋求連任的吉米．卡特（Jimmy Carter）時，是第一位當選美國總統的前工會領袖。但是他上任後就和勞工大決裂，而且幾乎成了他總統任期的註冊商標。

威爾許在皮埃爾飯店向財經分析師描繪自己願景的前一週，雷根在白宮接待了美國勞工聯盟及工會組織（AFL-CIO）執委會的領袖，當時這些工會領導人已經接受了震撼教育，因為這位剛上任的總統，開除了一萬一千三百四十五名職業航管員協會（Professional Air Traffic Controllers Association）的罷工會員[10]。這個處置震驚了美國最有勢力的白領工會的領導階層。美國聯邦法律禁止重要產業的員工罷工，但是很多總統面對抗爭時，都會尋求妥協，理查．尼克森（Richard Nixon）一九七〇年面對郵局員工罷工時也一樣。雷根則決定正面對決。

航管員開始罷工後四個月，雷根顯然是勝利者。在管理階層還有不參加罷工者全力代班之下，全美的航管作業幾乎沒有受到影響。那天在白宮，AFL-CIO的領袖們詢問雷根，能不能至少讓部分罷工者認錯復職，雷根答道：「軍隊可以罷工嗎？有些法律可以違反但有些不行嗎？」幾天後，雷根決定永遠禁止罷工者再進入ＦＡＡ工作，因為他們違抗命令。

美國工會會員人數一九七九年達到高峰，有二一〇〇萬人。大家經常認為，雷根的強硬立場使那一代的企業領導人有膽量挑戰工會，掀起長達十年的人力縮減浪潮。（雷根政府的國務卿喬治．舒茲〔George Shultz〕甚至說，雷根當時展現的勇氣，也讓蘇聯領導人印象深刻。）同時，自由貿易協定降低了進口貨物的關稅，也使美國企業更容易把工廠轉移到成本較低的國家。就像威爾許說的：「最理想的狀況是，你所有的工廠都能放上一艘大型平底船。」[11]

威爾許任內，奇異很少碰到罷工，並不是威爾許善於調解，而是旗下只要哪個部門加入工會的人數特別多，奇異就可能先把它賣掉。一九八八年之前混亂的七年中，奇異員工加入工會的比例從七成銳減到三成五[12]。

雷根任內的聯邦機關吹起法規鬆綁的熱潮，FAA更在雷根政府初期就大砍檢查員的數量[13]。雷根推動美國歷史上規模數一數二的減稅後，聯邦瘦身就成了必然的結果，從大學學費補助到美國醫療補助措施都受影響。因為高收入者的稅率從百分之七十降到百分之五十（之後再降到百分之卅三），使聯邦的稅收兩年內減少了百分之九[14]。

當時美國證券管理委員會（Securities and Exchange Commission, SEC）的主席，出身E.F.赫頓投資銀行（E.F. Hutton）。美國股份買回規定（Sec Rule 10b-18）一九八二年十一月實施時，媒體沒有太注意，其實這個法規為財富持續轉移開了大門，它讓從公開市場買回自家股票的公司有了避風港，只要不超過每日交易量的百分之廿五，就可以免除操縱市場的指控。麻薩諸塞大學（University of Massachusetts）經濟學教授威廉·拉佐尼克（William Lazonick）寫道：之後的十年，「股份買回讓美國企業提高生產力的收益，都流進了最有錢的人手裡；源源不絕的企業現金促成了金融部門的興起，而且超越原本最有力的製造部門。」[15]他還算出，一九八一到一九八三年，美國最大的幾個公司股份買回只花費淨收入的百分之四。一九九六年之前是百分之廿七；二〇〇六年之前是百分之四十六；到了二〇一六年，則成了百分之五十。兩個世代之後，每個繁榮的美國城市都可以看到不公平的後果——特斯拉、摩天大樓、酪梨吐司，同時有遊民的帳篷區。

麥克納尼在奇異的崛起和雷根的改革同步，他在照明部門、配電部門和奇異資本等單位一路升遷。他一九八〇年代初期在奇異的第一份工作，就在馬里蘭州洛克維爾（Rockville）奇異資訊服務部門擔任初階主管，當時碰到奇異的稽核人員戴夫·卡爾霍恩（Dave Calhoun）。卡爾霍恩後來回憶說，麥克納尼讓他留下深刻的印象，因為「整個部門就只有他能回答我的問題。」[16]資訊服務部負責把電腦設備賣給十種不同的產業，麥克納尼用一套連貫的策略把它們整合在一起。化繁為簡是他的最大強項。

《華爾街日報》跑奇異集團的記者一九九八年出了一本書《不計代價》（*At Any Cost*），裡面提到一件事情加快了麥克納尼在公司的升遷，把他派到香港擔任高階主管。那就是他開除了一位為策略歧見當面衝撞威爾許的經理。麥克納尼告訴那位經理：「我們在亞太地區有不同的作法，要更強調銷售，而不是商業開發。我們要取消你的職位，抱歉。」[17]一位負責人才招募的人員說，麥克納尼很拘謹，幾乎到了呆板的程度，即使在冗長的商務晚餐上，這種大家覺得多少會流露一點個人特質的場合，他都一板一眼。這位認識麥克納尼的人頭獵人總結說，「奇異把他毀了。威爾許跟其他裝腔作勢的大老，極盡欺壓下屬。」[18]二〇〇〇年麥克納尼已經在辛辛那提——史東賽弗過去常去的地方——主管飛機發動機部門，而且是威爾許三位接班候選人之一，很有機會坐上企業界最令人渴望的位子。麥克納尼說：「威爾許看到我們三個最不尋常的表現。我是說，我們三個這兩年都沒有好好睡過覺，拚命要求奇異最大的三個部門拿出最好的成績。」[19]

《財星》雜誌剛剛選出威爾許是「本世紀最佳經理人」，他正在享受最新的勝利光環。奇異在他二十年主政下，市值從一二〇億美元增加到四一〇〇億美元，回到投資人和威爾許本人手中的資金比例前所未見。從一九九四到二〇〇四年，奇異把七五〇億美元，也就是它自由現金流量的百分之五十六，用在股份買回和發放股利上[20]。威爾許從奇異退休時，拿了四·一七億美元的離職金，而且繼續享受公司的津貼和福利，包括月租八萬美元的曼哈頓公寓；紐約尼克隊（New York Knicks）賽事的場邊座位、波士頓紅襪隊（Boston Red Sox）和紐約洋基隊（New York Yankees）賽事的包廂座位；鄉村俱樂部的會費；還有一架隨時可以使用的私人飛機[21]。（後來威爾許因為婚外情曝光，和第二任妻子離婚，這些津貼才攤開來，而且引起民眾強烈抗議。他的婚外情對象是《哈佛商業評論》〔*Harvard Business Review*〕的編輯，當時正在幫威爾許寫書。津貼曝光後，威爾許同意把這些款項還給奇異。）

當時威爾許因為善於培養人才而備受推崇，他二〇〇一出版的回憶錄——《Jack：二十世紀最佳經理人最重要的發言》（*Jack: Straight from the Gut*），預付款就有七一〇萬美元，創下紀錄——有幾頁談到他如何培養人才。其實威爾許只是跟奇異的人力資源主管比爾・康納提（Bill Conaty）坐下來，審視一落一落的高層主管資料，每一筆都附帶照片和簡介。他們兩人會討論，某個人是不是最好的營運領導者；是否還需要更多強項，或者只是需要一張新照片。威爾許記得二〇〇一年三月有過一次促狹的評語：「這傢伙看起來半死不活，不會有指望的。」[22]這也是威爾許的典型幽默。有一種弱點永遠是工作發展上的殺手：缺乏執行力。威爾許在回憶錄中寫道：「沒辦法實踐承諾，終究是不行的。」

二〇〇〇年的美國總統大選空前激烈。感恩節過後，威爾許在寒冬的夜裡飛到辛辛那提一座私人機棚，親自告訴麥克納尼，他選了傑佛瑞・殷梅特（Jeffrey Immelt）接替執行長的位子[23]。麥克納尼一如往常鎮定，只說了句，他沒想到總統大選會重新計票。

麥克納尼在執行長之爭敗下陣來不到一個星期，就獲得了及時的安慰獎：另一個老牌企業請他去重振旗鼓，讓他有了自己的專屬舞台。他獲聘為3M的董事長兼執行長，而且先期付款三四〇〇萬美元[24]。3M這個明尼亞波利斯市（Minneapolis）的公司和波音很像，都是受人景仰的百年企業，它發明了封口膠帶、新雪麗保溫棉和便利貼等產品。它有創新的文化，員工也視之為珍寶。公司允許員工把百分之十五的工作時間用在業餘專案上，而且對獨立研究的資助很大方。便利貼就是從員工的業餘興趣發展出來的，這個員工想在他的詩歌本上貼上標記，標明段落，花了幾年的時間嘗試錯誤，最後為公司創造出新產品。

麥克納尼只用了四年時間，就讓3M的全年利潤加倍；股價成長三成。他以3M的未來為代價，第一年就大砍資本性支出百分之廿二，第二年再多砍百分之十一，二〇〇三年的資本性支出只剩下六．七七億美元[25]。研發經費從二〇〇一年到二〇〇五年，都只有十億美元多一點。同時，麥克納尼裁掉了八千個職位，占總人力的百分之十一。遭資遣的員工很多是年紀較長、薪資較高的。有一封電郵總結麥克納尼對領導人才培養的看法：「我們應該培養具總經理潛力的三十歲年輕人。」[26]後來平等就業機會委員會（Equal Employment Opportunity Commission）提告的一樁就業歧視訴訟案中，就以麥克納尼的這句話當作佐證。研發案會以新的利潤觀點嚴格審視。史蒂芬．波耶德（Steven Boyd）博士，在3M當了三十二年的研究員，二〇〇四年被裁。他告訴《商業周刊》，他開始一個研究案幾個月後，必須填寫「紅皮書」，裡面有各種圖表和表格，要為每一個項目打分數，從潛在商業應用到市場規模，再到生產時可能遇到的問題，無所不包。便利貼的發明人阿爾特．傅萊（Art Fry）也對這位新的執行長多所批評，他說，如果是在麥克納尼的領導下，他不可能發明便利貼。「有一件事很驚人，就是一個公司的文化可以這麼快就瓦解。」[27]

二〇〇五年，麥克納尼離開3M，接掌波音。他很快的建立了直來直往的形象，即使他為人感覺很拘謹。他把很多康迪特任內在總部精心布置的家具還有藝術品都搬走。參議員約翰．麥肯嚴厲批評過波音和美國空軍不正當的交易，但是後來調查結束，波音以六．一五億美元跟美國政府和解，並放棄在企業稅中減免這筆支出時，麥肯稱讚過麥克納尼[28]。二〇〇六年麥克納尼第一次到奧蘭多參加波音管理階層的度假會議時，他讓波音的法務長（general counsel）道格拉斯．貝恩（Douglas Bain）在螢幕上打了兩組數字。貝恩對觀眾說：「這些不是郵遞區號，而是席爾斯和德魯雲在聯邦監獄的受刑人編號。」[29]貝恩最後問大家四個問題：「我們有沒有閉嘴的文化？管理階層在整個事件中扮演什麼角色？這是基層員工的問題嗎？還是我們的問題？」

大家很快就看到答案。貝恩演講後四天，聖安東尼奧（San Antonio）波音維修廠的技師愛德華．昆塔納（Edward Quintana）向一位法務室的律師，舉發經理階層過去幾年在KC-135加油機上向美國空軍超收費用[30]。他有工作時間記錄單、任務交辦單還有電郵通訊，可以證明，美國空軍為波音假造的工作內容買單。昆塔納在證詞中說，波音的律師懷疑他的說法，對他也很不客氣。同一年他提出吹哨者舉報，揭發波音違反《虛假陳述法》（False Claims Act）的詐欺行為。波音開除了昆塔納，但是後來美國司法部也提告，最後波音悄悄的付了兩百萬美元和解[31]。

麥克納尼接掌波音那一年，波音花了九二〇萬美元，請了六十六名說客負責各種政策遊說[32]。五年之後，說客增加到一四三人，支出變成了一八一〇萬美元，在美國所有公司中排名第六。一位前任高層驚訝的說：「我們以前在華府有一些人，現在則有一個帝國。」[33]連因醜聞失去的加油機訂單都回頭了，波音拿到三五〇億美元的合約。

另一項利潤可觀的國防生意，是穆倫伯格帶頭開發出來的未來戰鬥系統（Future Combat Systems）。美國陸軍委託波音開發一套網路系統，可以統合迫擊砲、火砲、地面車輛和步兵。二〇〇五年九月，實彈演示在馬里蘭州亞伯丁試驗場（Aberdeen Proving Ground）舉行時，穆倫伯格對記者說：「我們在預算之內，也在時限之內完成，而且性能都達標。」[34]四年之後，軍方已經花費將近二〇〇億美元，但是國防部長羅伯・蓋茲（Robert Gates）叫停了這項計畫[35]。《國防新聞周刊》（*Defense News*）報導，這是個「有毒的」的合約，因為波音和科學應用國際公司（Science Applications International Corporation, SAIC）為首的廠商，在研發案中實際考核自己的研發成果，球員兼裁判。美國戰略暨國際研究中心（Center for Strategic and International Studies, CSIS）的國防分析師陶德・哈里森（Todd Harrison）說：「我認為光是這個計畫就讓美國陸軍在車輛技術上倒退一個世代。」[36]

麥克納尼任內最關鍵的波音787夢幻飛機，很快會有財務問題，這時軍方的合約可以緩和財務上的衝擊。麥克納尼擔任波音董事時，已經停止史無前例的設計外包。夢幻飛機公認在科技上領先，幾十個航空公司已下了訂單。按照原先的設計，夢幻飛機的機身有一半要使用碳纖維，而不是鋁，好減輕重量；夢幻飛機會有較大的窗戶；艙壓會讓人感覺比較舒適，減少乘客鼻腔和喉嚨乾燥的不適（碳纖維不像鋁那麼容易腐蝕，所以機艙裡的濕度可以維持得比較高）。波音也應該使用鋰離子電池，讓夢幻飛機的電力使用比其他的機型都要廣泛；省掉從發動機排氣的導管後，可以讓機身重量更輕。

夢幻飛機計畫的領導人麥可．貝爾是穆勒利一手調教出來的。他大力鼓吹把更多工作外包，說波音把777的規格送給電子供應商時，文件多達二五〇〇頁。他說：「接下來的事大家不難想像，我們會告訴那些供應商我們要的是什麼，所有的細節詳細到令人抓狂。」[37]現在夢幻飛機的規格文件也很令人苦惱，因為總共只有二十頁。

極力反對外包的哈特—史密斯在他的報告中警告過的事，很快成了現實。空中巴士的一份分析指出，一個重要的供應商得標時，甚至沒有工程部門[38]。一位波音的工程師二〇〇八年和高層開會時抱怨，他們寄了十八次設計圖給一個俄羅斯的廠商，對方才終於明白，偵煙器必須連接到電力系統[39]。

還有一件事管理階層也沒有想清楚：當時工程師工會的理事長辛西亞．柯爾說，波音把設計圖給客服部門時，很多地方是空白的，只蓋上「業主」的字樣[40]。客服部門要負責撰寫使用手冊，告訴航空公司和維修人員如何使用這款新飛機，如果波音的人都不知道自己的飛機如何運作，他們怎麼指導客戶？

麥克納尼最後承認外包的策略失敗，並把工作又弄回來自己做，同時購併供應廠商，最終花了五〇〇億美元才完成波音787的開發[41]。這麼大的開銷，其他公司可能早就破產了，但是波音靠著「專案會計」這種特殊規則，把預付款項均攤到飛機往後幾十年的服務中。這個方法讓部分財務人員很緊張，他們認為這樣的預估值失真到違法的程度。雷曼兄弟分析師喬．坎貝爾說：「我過去經常接到波音的人打電話來說，『我們都得吃牢飯。』從某個意義上說，整個制度已經瓦解，因為他們都在欺騙自己。」[42]（因為有吹哨者爆料，證券管理委員會之後調查波音的財務預測，最後沒有裁處，波音則說它的成本帳目沒有問題。）[43]

當時麥克納尼要國防部門主管吉姆．艾爾巴負責收拾善後。艾爾巴說：「我們失控了。我們把工作交給了經驗不足的人，而且我們事後才知道。」[44]艾爾巴那段時間每個週六主持會議，讓夢幻飛機計畫回到正軌。他還請出一群退休的資深工程師——包括波音的傳奇喬．薩特——組成非正式的顧問小組。有記者問薩特，為什麼波音本來考慮發展音速飛機，最後做出來的卻是夢幻飛機，薩特直率如昔的答道：「他們確實努力過，只是他們都吸著大麻。」[45]

波音還有一件事遠遠達不到威爾許的理想：它仍仰賴規模和影響力都很大的工會。工程師二〇〇〇年已經罷過工，那次罷工的結果讓他們更有膽量。其實真正讓麥克納尼怒氣難消的是技師罷工，他們二〇〇五年罷工一次，二〇〇八年又罷工一次。波音的技師，組織上隸屬國際機械師工會第七五一地方分會，是美國製造業中，最後一個有影響力的工會。理由很簡單：它可以讓波音停擺，也實踐過。埃弗里特市的工會大廳外有一座銅雕，刻畫著不同世代的罷工勞工——有男有女有孩童——舉著糾察隊的牌子，反映了勞資注定的對立關係。客戶開車進入埃弗里特廠區，最先會看到的東西之一就是這座雕像，客戶也經常聽到波音的人告訴他們，罷工迫使飛機延遲交貨。

麥克納尼從芝加哥總部告訴他的團隊成員，他從威爾許身上學會如何處理工會。波音西雅圖噴射飛機部門一位前任高層說：「他很有把握，我們這些西岸的人不會懂的。」46

二〇〇九年，公司總部宣布要調整西雅圖郊區第一座噴射機組裝廠的業務，使員工目瞪口呆。波音準備把夢幻飛機部分組裝作業轉移到南卡羅萊納州的一個工廠，這個工廠原本隸屬一家製造機身零件的供應商，工廠員工為了能和波音合併，經過表決解散了自己的工會。六年之前，華盛頓州才為了夢幻飛機開發計畫，給了波音卅二億美元的稅額減免，這是當時最高金額的州政府租稅獎勵。

之後充滿政治算計的法律戰揭露了波音內部的思考過程。艾爾巴曾經告訴董事會，換到南卡組裝會有額外的成本，也會有額外的風險。公司必須花十五億美元，訓練沒有經驗的員工，首批夢幻飛機的利潤也會比較低[47]。這個計畫名為雙子星計畫（Project Gemini），它可以削弱工會的影響力，也會「在重要的州獲得政治影響力」。波音在南卡又獲得八億多美元的稅賦減免[48]。共和黨籍眾議員妮琪・海莉（Nikki Haley）二〇一〇年當選南卡州長，她經常自稱穿著高跟鞋踢走工會，南卡勞工的時薪十四美元，西雅圖地區的時薪則有廿八美元[49]。

從波音指派什麼人去應對歐巴馬政府對波音的指責，就可以看出波音早已不是從華盛頓州發跡的那個有核心價值的家族企業：他們找了前德州聯邦上訴法官J・麥可・勒提格（J. Michael Luttig）。勒提格是死忠的共和黨員，雷根時代另一位白宮的年輕律師約翰・羅伯茲（John Roberts）結婚時，勒提格是伴郎，後來羅伯茲當上美國首席大法官[50]。幾位保守派大法官提名人克拉倫斯・湯瑪斯（Clarence Thomas）、珊卓拉・戴・歐康納（Sandra Day O’Connor）和大衛・蘇特（David Souter）的參院聽證，也是勒提格大力協助的。

布希總統兩次提名大法官時都略過勒提格，於是他二〇〇六年辭去上訴法官職位，出任波音法務長，這也是麥克納尼上任後第一批的人事安排。波音的首席董事肯尼斯・杜伯斯坦（Kenneth Duberstein）一直想找勒提格加入波音，杜伯斯坦是雷根時期的白宮幕僚長，擔任波音董事前也當過麥道的董事。勒提格在給布希的辭呈中說，「波音應該是唯一會讓我考慮離開司法界的美國公司。」他還提到他需要張羅兩個孩子的大學學費。

波音的法務部門塞滿了勒提格找來的政府前法律顧問，有些是他當聯邦法官時的書記官，或當過最高法院大法官的書記官。（有個網路法律雜誌創了一個詞，稱呼這些遍布各級政府、特別夠力的前書記官，叫作「勒提格幫」。）[51]勒提格也是凱易律師事務所（Kirkland & Ellis）的顧問，並從那裡獲取報酬，那是個位於芝加哥的事務所，律師包括了大名鼎鼎的威廉·巴爾（William Barr）、布雷特·卡瓦諾（Brett Kavanaugh）還有肯·史塔（Ken Starr），都是共和黨人。

歐巴馬任內，國家勞工關係委員會（National Labor Relations Board, NLRB）二〇一一年裁定，波音把裝配廠搬到沒有工會的南卡工廠，是報復罷工勞工的違法行為，這個案子成了保守派媒體口中的轟動大案。共和黨掌控的眾議院監管委員會（House Oversight Committee）舉行一場聽證，名為「根據法規組成工會：NLRB控制市場經濟的模式」。在參院的聽證上，參議員湯姆·哈金（Tom Harkin）問道，為什麼波音每年給勒提格的津貼達三七〇萬美元，卻要砍技師的薪水，勒提格的答覆戲謔且不莊重[52]。前一年的五月，勒提格和妻子才花了一八〇萬美元在南卡的基漥島（Kiaawah Island）買下第二棟房子，結果他在聽證時回答哈金：「此刻我覺得那樣的津貼其實不夠。」[53]臉上閃過鬼祟的笑容。

一九六〇年代，有管理階層為了政治理由想遷走波音747的廠房，喬·薩特曾經要求這些人下台——他不准任何事情妨礙他神聖的作品747。現在把波音787的組裝廠搬到南卡，應驗了物理學者史坦·索爾謝幾年前擔心的事。芝加哥總部的大人們為了謀取私利，讓州政府和勞工彼此較量，如果刻意以乏味的用語來形容，就是始終在製造「風險」。

波音的獎勵系統是始作俑者。麥克納尼、勒提格等管理高層的津貼，和公司的自由現金流量，還有可支配資產的淨回報息息相關——這套系統對投資人比對員工和客戶要有利，它也使史東賽弗治下的波音開始改變優先順序。一九九九年，高層津貼的計算基礎是業務的利潤，還有很難捉摸的「客戶及員工滿意度、安全及多樣性」。到了二〇〇七年，根據波音股東委託書上的說法，公司的目標變成了「資產淨額優化」（optimizing net assets），「這要透過更有效率的作業、成本控制、最低庫存等方法達成。」

這樣的優先順序正是波音不斷拖延解決737問題的主因。737是波音的明星機種，一九九〇年代發表的737次世代幾款機型都非常耐用，訂單有七千多架，而且前期的設計和工具投資早就回收，737NG就是隻金雞母，因為每一架飛機的利潤是一二〇〇萬美元[54]。問題是，對飛機市場中最大也最重要的一塊來說，波音737已經不再是優質產品，空巴的A320才是。

航空公司也都知道這點。沒有幾個人認為737是航空界的蘋果手機，它比較像京瓷（Kyocera）的DuraForce Pro 2手機，最重要的特色是比較便宜。

二〇一〇年的某一天，艾爾巴正在接待一群顧問，助理進來說，愛爾蘭瑞安航空

（Ryanair）性急的執行長麥可．歐黎瑞（Michael O'Leary）在線上，艾爾巴消失了一個小時，回來的時候臉色蒼白，旁人問他：「你還好嗎？」他說：「我不確定。」[55]歐黎瑞說要買三百架７３７，但出的價格是波音造價的八成。艾爾巴猶豫時，歐黎瑞突然說了句：「那真是可惜了。」然後就掛斷了電話。

艾爾巴說：「這就像在蠻荒的西部——軍用飛機那邊就不會這樣！成交前都會談好幾年。」（瑞安航空後來買了一七五架波音737NG，總價一五六億美元，737NG當時的訂價是每架八九一〇萬美元，但是分析師估算，瑞安航空每架只付了四〇〇〇萬美元。）[56]

波音這個美國工業製造的典範，現在正在迎合低價市場，甚至賣起超級陽春的飛機，空巴當作標配賣的設備，波音都可以當成選配。舉例來說，貨艙裡的備用滅火器需要另外付費，因為ＦＡＡ沒有強制配備備用滅火器[57]。（但是日本等地規定要有備用滅火器，以防主要系統失效。）另一個要命的例子，是波音的攻角指示器要價八萬美元——表面上只是駕駛艙的周邊設備，但是缺了它，卻可能是獅航和衣航事故的關鍵原因，那兩架失事的飛機都沒有裝這項選配的設備[58]。

主管空巴銷售業務三十年的紐約人約翰．雷希（John Leahy）說，客戶經常回頭找空巴，並告訴空巴的人員，波音的報價比較低，這時空巴的人就得仔細閱讀所有的資料，找出波音的飛機究竟少了什麼設備。空巴還因此估算過，Ａ３２０的標配飛機要比７３７的標配飛機，多了價值二五〇萬到三〇〇萬美元的標準配備[59]。想盡辦法壓低售價是波音諸多麻煩的一大來源，雷希說：「把每樣東西變成選配；只賣陽春飛機；不提供額外的訓練；不要讓飛機太貴，我們就加入了價格戰。」

如果夢幻飛機按照計畫在二〇〇八年交付的話，波音就會有現金和工程上的資源，能在二〇一〇年開始發展取代737的機型。取代737的計畫早在二〇〇二年就有了，當時穆勒利指派了一個團隊研究未來可能的機型，這個研究計畫用國家公園的名字當代號，叫黃石（Yellowstone）計畫，其中的Y1指的是新的單走道飛機，準備取代當時已經有三十年歷史的737。但是夢幻飛機的生產進度拖延，黃石計畫中的飛機也就早早束之高閣了。

空巴跟波音剛好相反，空巴的氣勢正在往上，準備發展在科技上領先737一大步的A320。那股推動力不是來自波音的某一項創新，而是來自加拿大的飛機製造商龐巴迪公司（Bombardier）。龐巴迪總部在蒙特婁，從製造雪地摩托車Ski-Doo起家，之後涉足商務噴射機和小型通勤飛機。龐巴迪公司和加拿大政府挹注了幾十億美元，開發一三〇人座的飛機C系列（C Series）。空巴高層認為這是個真正的威脅，儘管他們會在公開場合唱衰這款新飛機。空巴研判，龐巴迪可能跟空巴幾十年前一樣，從幾張小訂單開始，慢慢坐大，然後靠A320蠶食波音的市場。

Ｃ系列駕駛艙的控制搖桿跟空巴的很像，也有觸控螢幕，上面有電子檢查表。機艙比同樣大小的飛機要寬，艙頂置物箱也比較大，還可以轉動，讓乘客更容易使用。這是最容易搶奪兩大飛機製造商北美市場的機型，旅客短途飛行時不需要再彎腰駝背，或是擔心稍大的行李箱上不了飛機。

空巴的高層開始辯論二〇一〇年要不要更新Ａ３２０。那一年的十二月，空巴開始提供客戶新的改款，叫A320neo，還可以選擇新的發動機。就像新機型的名字暗示的，新飛機的發動機會比較大，而且比較省油。空巴希望A320neo二〇一〇年代後期投入營運後，可以比７３７減少百分之十五的成本。一位前任空巴高層說，另一款考慮中的新飛機，發動機更大，可以把成本壓得更低[60]。但空巴擔心，他們若選擇後者，波音可能決定開發全新的飛機，徹底超越A320neo。這位高層說，「最後妥協的結果是，『不要生產更大的發動機，這很合理，但想要藉此讓競爭朝我們希望的方向發展，光是這樣絕對不夠。』」

空巴有些領導人還是擔心，這個計畫會讓他們無法應對波音的新飛機。雷希向他們保證，如果他按照計畫，搶下一家全部使用波音飛機的航空公司，波音除了推衍生款，別無選擇。萬一波音出乎他的預料開發全新的飛機，「我大概就完了。」[61]

雷希的直覺是對的。波音的夢幻飛機失敗後，沒有興趣再花大錢。二〇一一年一月，艾爾巴在一次會議上，告訴商用飛機部門的同仁說，不需要擔心A320neo——空巴生產飛機可能預算超支，波音之後可以輕易製造出更好的機型。艾爾巴說：「我認為不需要因為他們拿到一些訂單，就把自己弄得緊張兮兮。」

但是，在六月巴黎航空展之前，空巴已經拿到一千多架飛機的訂單，更嚴重的是，那一年夏天，空巴高層開始和美國航空公司討論購賣A320neo的事。波音這個損失可不小：美國有三個航空公司在一九九〇年代簽過獨家優惠協議，允諾只購買波音的飛機，美航這個巨型業者就是其中一個。波音併購麥道之後，為了向歐盟監管機關讓步，那些獨家優惠協議都取消了，但是美航始終沒有買過空巴的飛機。美航這個客戶對波音實在太重要，波音還在美航總部所在的德州達拉斯—沃斯堡（Dallas–Fort Worth）派駐了全職的業務人員[62]。

空巴團隊經常在達拉斯瑰麗飯店（Mansion on Turtle Creek）和美航執行長兼總裁吉拉德·艾培（Gerard Arpey）吃午餐。這是一家精品飯店，他們認為不會有人發現他們。二〇一一年七月，當地氣溫有兩週持續高達華氏百度，他們就在這段期間在麗緻—卡爾頓飯店達成協議，美航向空巴購買幾百架飛機。艾培打電話給艾爾巴告訴他，美航準備買空巴的飛機，波音有什麼想法？

艾爾巴極力保持鎮定，說他會再回電提出波音的對案。其實他很憤怒，因為空巴和美航接觸，波音駐達拉斯的業務人員卻一無所知。艾爾巴也對讓美航回心轉意意興闌珊。

不到一個星期，波音就提出了對案，準備賣給美航連名字都還沒決定的737新款飛機，還要配備更有力的發動機。這就是後來大家知道的737 MAX 8。

737 MAX 8和原始的７３７一樣，設計上急就章而且不按規矩。幾十年來，７３７的發動機從雪茄型到底部壓平的蛋型，再到可樂罐型夾在機翼前方。現在為了讓更大的渦輪風扇放在一樣矮的機身上，就得把發動機放在機翼的更前方，並將前起落架增高大約八英寸。這會改變飛機的重心，更別提機師在駕駛艙裡的視野了，他們也因此必須接受額外的訓練，這對航空公司來說都是高昂的成本。但是那個夏天Ａ３２０幾乎所有的促銷活動都奏效，波音承受的壓力愈來愈大，華爾街的分析師正在撰寫７３７失去優勢的報告。瑞安航空的歐黎瑞認為，波音的策略「令人困惑」[63]。

波音團隊向美航保證，他們開發新型飛機時，會把技術細節搞定，交付給美航的時間，則會比空巴的預定交機時間晚大概一年。艾培收到波音的對案後回覆說，美航決定把訂單分給空巴和波音兩家公司。

雖然生意沒有完全跑掉，這件事還是打到了波音的痛處。波音一直認為北美洲和南美洲天經地義是它的市場，也利用政治影響力、價格和貿易政策等竭盡全力的捍衛，美航的採購決定等於是叛逃。舉個明顯的小例子：美國國家航空協會（National Aeronautic Association）的柯利爾獎（Collier trophy）是航太領域非常重要的獎項，有一年入圍者包括Ａ３５０客機，這款飛機部分是為美國市場設計的[64]。空巴派了一位中階工程師解說

A350的特性。兩位波音最高薪的高層，一位是法務長麥可．勒提格；一位是政府關係主管提姆．基亭（Tim Keating），意外出現在舉行入圍演說的華府一家飯店，花了很長的時間向評審解釋，A350不算美國的產品，所以沒有資格參加競賽。（最後A350也沒獲獎。）

如果一座獎盃都能讓波音那麼害怕，美航琵琶別抱勢必會引起更激烈的反應。包括律師在內的六位波音高層去了美航的總部，和美航人員開了一次氣氛緊張的會，這件事有兩位知情的人士證實。波音的高層警告美航人員，美航最嚴重可能會面臨訴訟，因為波音會設法執行它在雙方合約中的權利。波音曾經答應歐盟，不會執行一九九六年跟美航的獨家優惠協議，因為歐盟主張那份協議對空巴不利。但是歐盟的裁定只有十年的效力，美航後來又簽了附帶協議，使一九九六年的協議再度生效，讓美航享有和原始協議中類似的購機折扣。

美航執行長艾培很為自己的正直自豪，美航最後宣告破產前，他離開美航，沒有領離職金。波音以為艾培會考慮波音的警告，但是他決定拆開訂單，還打電話警告麥克納尼：如果麥克納尼繼續放狗咬人，波音會什麼也拿不到。

結果麥克納尼讓步。二〇一一年七月二十日，美航宣布要花三八〇億美元，訂購四六〇架飛機——二〇〇架重新設計的737和二六〇架A320neo。波音原本想要利用獨家優惠協議扳回一城，結果事與願違，但這個結果讓波音避免了虧大錢，也不會因為完全失去美航這個重要客戶而灰頭土臉。七月艾爾巴跑到達拉斯—沃斯堡機場，在美航貴賓室裡，站在空巴執行長湯姆．恩德斯（Tom Enders）旁邊，兩人都握著美航飛機模型，滿臉笑容。艾爾巴還預言，「換過發動機的737，不管我們叫它什麼，都會有更多訂單。」[65]

一個月之後，波音這款改良機型正式命名為MAX，又是一款737的衍生機型，此時距離喬．薩特構想出737這款飛機，已經四十七年。當年他用一把剪刀，把發動機從機艙尾部剪下來，塞在機翼下方。

很多華爾街分析師鬆了一口氣，因為這項計畫只需要廿五億美元，而要開發一款全新的飛機取代737，則需要二〇〇億美元。但有些分析師認為，波音錯過了利用全新飛機干擾空巴長程計畫的機會（空巴業務長雷希至少私下認為，波音如果推出全新飛機，可能威脅他的工作）。加拿大皇家銀行資本市場（RBC Capital Market）分析師羅伯．史托勒（Robert Stallard）在分析報告中寫道：波音選擇較保守的方案，「也就是維持最佳現狀。」[66]

二〇一二年二月，麥克納尼在給股東的信中描述波音如何勇於面對A320的威脅，他強調盈虧時，口氣就像約翰．麥克唐納：「波音737 MAX的開發成本及風險都比全新飛機要低很多，它可以提供客戶他們需要的性能，還有他們願意負擔的價位，而且可以在比較短也比較確定的時間內交付飛機。對波音來說，這個方案也是全能冠軍。我們可以對競爭者保持品質上的優勢；可以釋出資源投資其他有潛力的產品；可以降低未來十年的營業風險。」

同一年稍晚，他對董事會說明新機型計畫時，用了一個更吸引人的標題：「吝嗇有理。」[67]

有一件事有些諷刺。哈佛商學院的管理學者克雷．克里斯汀生是〈搶進未來賺錢寶地〉這篇文章的作者，也曾經啟發波音再創造，這個時候卻開始遲疑，該不該逼迫企業領導人利用嚴苛的財經數據來節省資金。因為此時利率降到史上最低，資金充沛。二〇一四年，克里斯汀生在名為〈資本家的兩難〉的文章中提到，企業需要更多能「創造市場」的創新，而不是能「創造效能」的創新，因為後者產生的利潤只能維持一兩年，而且會減少工作機會[68]。他寫道：「雖然這麼說讓人很痛苦，但資本家的兩難多半源於我們這些商學院，包括我任教的商學院。我們推廣了一套判定企業成敗的數據，這說得好聽是膚淺，說得難聽是毒害。」

麥克納尼全心全意的要節省成本，他給股東的信中漏掉了另外一件事：安全。在他五年的任期中——二〇一〇到二〇一四年——安全這兩個字沒有在公司每年的委託代理書中出現過。一位那幾年擔任波音董事的人士說：「安全是無庸贅言的。」[69]

七、阿甘們

ＦＡＡ的主任工程師理查・李德（Richard Reed）和波音又開了一次會，氣氛同樣不好，會後他開始模仿佛瑞斯特・阿甘（Forrest Gump）講話。李德穿著好市多買的襯衫，以便配合有些會打領帶的波音副總。這些波音人（幾乎清一色是男性）能當到這個位子，是因為他們懂得怎麼談判；李德能當到主任工程師，是因為他懂駕駛艙的顯示系統。他二〇一一年明知不該，卻還是進了ＦＡＡ的波音飛航安全監督辦公室（Boeing Aviation Safety Oversight Office, BASOO），為了幫一位主管的忙，那個主管找不到願意犧牲專業尊嚴加入BASOO的工程師，因為很多人都認為那個辦公室象徵波音接管了ＦＡＡ。大家都稱那個辦公室「巴索」，就像在叫某種樂器，不然該怎麼說？說你在波音安全辦公室上班？這個國會要求設立的新單位，組織圖剛出來的時候，單位主管的大頭照放在波音對口的下方，這意思夠清楚了：這個監管單位是為了服務波音，不是為了監督波音。

這個辦公室理應要監督一千多位波音工程師，這些工程師經ＦＡＡ指派為代理人，必須檢查波音的設計，以確保這些設計符合聯邦航空法規（Federal Aviation Regulations, FARs）。這套法規明訂判斷商用飛機適航性的所有步驟，裡面有非常多嚴謹而細瑣的描述。（例如，「每一個可以移動的螺栓、螺帽或銷子」如果在飛行上很關鍵的話，都需要「兩套分開的鎖緊裝置」。）薩特和其他波音工程師親自編寫了第一部噴射客機的法規SR 422，因為過去政府部門裡沒有人設計過飛機[1]。

之後，ＦＡＡ靠那些受雇於飛機製造商的工程師確保飛行的安全，只是二〇〇九年開始的新制度，省略了很多防護措施。原本那些代行檢查的工程師全都由ＦＡＡ挑選，免得有人缺乏技術能力，或是有人和波音管理階層關係太好。這些工程師和ＦＡＡ的主管有間接報告的關係，對波音的主管也是。但是現在代行監督的工程師由波音挑選，並向波音的一位經理報告。ＦＡＡ只剩下模糊的「組織上」的監督，因為ＦＡＡ現在要求內部要更清楚風險在哪裡，而且要更有效率。這個方向隱含的意義很清楚：ＦＡＡ最主要的責任是加速美國飛機的生產及銷售，而不是用官樣文章加重飛機製造商的負擔。

李德二〇〇七年進入ＦＡＡ時，就是個典型的ＦＡＡ工程師：五十多歲，老到真正了解自己做的這行，對企業的官僚文化嗤之以鼻，又還沒有準備退休。他待過好幾個航太供應商，還在波音幹過三年，二〇〇〇年波音工程師罷工之後離開波音。「巴索」辦公室裡的其他人也在波音工作過，有些人似乎喜歡找老東家的麻煩，只要有機會就挑波音的毛病。不過多數人還是照規矩來，以技術論技術，他們都曾經在波音工程部門的小隔間裡埋頭苦幹——波音的副總們還是繼續這麼對待他們，減少工程師之間討論的機會。（副總們總是精簡的說：「這是為了遵守規定。」）

就在一次這樣的會議之後，李德腦中浮現《阿甘正傳》的片段，湯姆．漢克斯飾演傻里傻氣的阿甘，正在新兵訓練營裡組裝步槍，幾秒鐘就裝好了，然後大叫「完畢！」士官長問他為什麼能這麼快就完成，他呆呆地回答：「報告士官長，你叫我這麼做的。」李德開始模仿阿甘的聲音，對同仁說，如果有一天他被拽到國會，國會議員要他解釋，為什麼波音的飛機這麼輕鬆就能通過認證，他會回答：「報告議員，你叫我這麼做的。」[2]

波音公司和ＦＡＡ幾十年來都在爭奪主導權，最後主導權倒向了波音。這個結果改變了ＦＡＡ的本質，有人嘲笑這個聯邦機關是「墓碑署」，因為只有在有人死的時候，它才會有快速的反應。

ＦＡＡ會成立，完全是因為空難。一九五六年六月三十日，兩架客機——一架是環球航空（Trans World Airlines）的洛克希德L-1049超級星座式（Super Constellation）客機，一架是聯合航空的DC-7——在大峽谷上空兩萬一千英尺處相撞，兩機共一二八人罹難，殘骸散落在兩座山上。到現在登山者仍然可以看到閃閃發光的安全帶金屬扣環或機身碎

片[3]。這是當時航空史上最嚴重的空難，也促使美國國會一九五八年設立ＦＡＡ這個獨立管理機構，取代棲身商業部的民航管理委員會。（ＦＡＡ員工一九六三年十一月廿二日開始搬進新的總部大樓，這一天約翰．甘迺迪〔John F. Kennedy〕遇刺身亡。）[4]

ＦＡＡ有個使命是確保飛行安全，並加強管理美國的空域，但是ＦＡＡ賴以成立的法案清楚載明，這個單位不能離開它的商業的本質：它也要確實「促進、鼓勵並發展民用航空業。」有另外一個單位負責事故調查並提供安全建議，就是現在大家知道的國家運輸安全委員會（ＮＴＳＢ），但是它沒有權力要求業者執行委員會的調查結果，只有ＦＡＡ有這個權力。只是ＦＡＡ長期肩負兩項互相衝突的使命，既要促進民航業成長，又要維護飛航安全。一九七〇到一九八〇年代，ＦＡＡ不願意執行ＮＴＳＢ的多項建議，包括雷達、跑道照明、除冰作業、貨艙偵煙器等，一部分是因為成本考量。ＮＴＳＢ有點自貶身價的發布了「安全改善優先清單」，至少爭得一點發言權[5]。（ＦＡＡ始終沒有執行的安全建議還有：座艙記錄器除了錄聲音，還應該可以錄影像，好加快事故調查的速度。）[6]

麥可．柯林斯（Mike Collins）一九八九年加入西雅圖的ＦＡＡ航空器檢定業務處（Aircraft Certification Service），他看到的ＦＡＡ主管，就像索爾謝當年看到的波音主管一樣。柯林斯發現ＦＡＡ的主管很令人敬佩，因為他們願意探討瑣碎的技術問題。他的主任——以及主任的主任——都是他們領域的專家。如果柯林斯對波音提出的某項設計有疑問，他的主管們通常會支持他的看法，提醒在波音代行監督的工程師注意，然後彼此合作，設法讓那項設計符合法規的最低標準。柯林斯說：「雙方有基於知識和信任建立的直接關係。」[7]柯林斯二〇一八年從ＦＡＡ退休。

一九九六年七月，環球航空編號８００班機在紐約長島外的大西洋上空爆炸墜毀之後，柯林斯參與了ＮＴＳＢ主導的事故調查工作，當時的調查重點是，可能有火花點燃了那架７４７客機中央油箱裡的油氣。那個油箱裡的電線，伏特數非常低，應該要能防火花。法院的文件顯示，波音一直主張可能是炸彈或飛彈導致空難，但是事故之後兩年，柯林斯在波音埃弗里特工廠的實驗室，看到工程師在一個阻絕外來電子信號、有如銀行金庫的房間裡，鋪開一百多呎長的電線，就像７４７上的電線配置。工程師關掉電燈，開啟繼電器，模擬一條磨損的電線小短路，結果迸出一個火花。環航８００班機爆炸的元凶終於找到了。這使ＦＡＡ有了新的規定，柯林斯也參與撰寫，要求廠商要檢查、保護或隔開幾千架商用飛機上的電線，並加裝感測器或加強保護機制。

雖然ＦＡＡ有了這些安全上的新要求，但是一九九〇年代還是為ＦＡＡ塑造了新的商業心態，因為柯林頓政府熱中聯邦機構再造，共和黨則極力想縮小政府規模。一九九四年共和黨因為承諾減稅並鬆綁法規，期中選舉大勝，五個月後眾議院議長紐特・金瑞契（Newt Gingrich）在國會發表電視演說，手裡握著ＦＡＡ控制塔台裡使用的老式真空管，代表著浪費及沒效率[8]。這位喬治亞州選出來的共和黨籍眾院議長宣布一項計畫，要「完全再造聯邦政府，改變聯邦政府思考、行事及對待國民的方式」。那一年，也就是一九九五年，柯林斯的主管，ＦＡＡ航空器檢定業務處處長湯瑪斯・麥克斯威尼（Thomas McSweeny）接受《西雅圖時報》（*Seattle Times*）記者的訪問，記者問他，對ＦＡＡ把監督工作幾乎都委派給飛機製造商有什麼看法，他說：「我不知道，我想過這個問題，我們應該開始問自己，我們還有沒有必要存在下去。」[9]

國會通過了一項運輸撥款法案，內容包括改變ＦＡＡ員工薪資的計算方式，這項人事革新，柯林頓政府也支持。一九九六年開始，加薪和一系列績效評估的措施綁在一起，其中有安全項目，也有工作效率和現代化程度的評量。例如「因卓越貢獻加薪」，在協調合作、客戶服務和組織成效上貢獻最大的員工，主管可以為他們另外加薪[10]。於是ＦＡＡ員工如果支援飛機製造商（包括協助他們獲利），可能會拿到本薪百分之一・八的獎勵。但是那十年期間，ＦＡＡ的整體預算沒有增加，一九九六年到二〇一二年，另一項共和黨主導的開支緊縮計畫，自動減少聯邦機構的支出，ＦＡＡ的人力於是少了百分之四（航空管制的人力除外，這方面人力沒有變動）。

麥克斯威尼之後成了波音的說客，向業界的工作小組徵求意見，設法減少業者為了讓飛機通過適航性檢定付出的高昂成本。波音的技術事務資深經理韋伯斯特・希斯（Webster Heath）領導的工作小組，一九九八年十月建議麥克斯威尼，「盡快頒布」新的規範，把更多ＦＡＡ的權限轉到飛機製造商手上。換句話說，飛機製造商要監管自己的產品[11]。

政府和企業間的拔河，在乏味的會議室裡上演[12]。二〇〇一年二月，喬治·渥克·布希就職總統後一個月，一個產業工作小組在雷根華盛頓國家機場裡的水晶城君悅飯店碰面。FAA下轄的航空規則制定諮詢委員會（Aviation Rulemaking Advisory Commitee, ARAC）舉行的公聽會，開放給所有民眾參加，其實只有非常注意《聯邦公報》（*Federal Register*）的人，才會知道公聽會的日期和時間。公聽會主持人是美國航空運輸協會（Air Transport Association）的副主席亞伯特·普萊斯特（Albert Prest），他的開場白很輕鬆，說到讓會議主席使用小木槌的點子很新鮮，然後開始點名。場中有一些工會的代表，但主要是波音、空巴、普惠、國際直升機協會等的高層。接著湯姆·歐瑪拉（Tom O'Mara）發言。

歐瑪拉說：「我會在這裡，是因為我的獨生女一九八九年死在愛荷華州蘇城的DC-10空難。當時有一一一人罹難，一八九人生還。海瑟廿四歲，杜蘭大學法學院畢業，是紐澤西州的律師，也是陸軍法庭辯護將軍團的上尉，死時正在科羅拉多州科林斯堡服役。她死在跑道上。」

歐瑪拉是《華爾街日報》的業務經理，童山濯濯，下巴渾圓。他停頓了一下，繼續說：空難前他和在座的多數人一樣，是個「企業人」，但空難後不久，看到報紙標題寫著DC-10有個「致命弱點」，那是他第一次覺得，主管機關可能因為冰冷的成本效益分析，拖延了安全缺陷的補救。「我以前很天真，不是嗎？」

DC-10第一次墜機是一九七四年的土航空難，飛機從巴黎—奧利機場起飛後不久，貨艙門就爆開，地板下的液壓管線斷裂，導致飛機墜毀。飛航管理單位從那起事故就知道，那些管線有多麼脆弱。在奪走歐瑪拉女兒生命的聯航空難中，DC-10一具爆掉的發動機噴出的碎片切斷了三條線路，機長艾爾・海恩斯（Al Haynes）無法操控飛機。海恩斯改變另外兩具發動機的推力，準備迫降。但是飛機翼尖先碰到跑道，點燃油料，機身傾斜並斷成四截。歐瑪拉說，如果十五年前土航空難後，液壓管線就都強制加裝安全閥——當時一副一萬美元——飛機就不會失控。

歐瑪拉告訴與會者，對空難罹難者的家屬來說，知道事情的來龍去脈，跟失去親人一樣痛苦。「空難有如第一次遇到搶劫，發現親人其實可以不必死，是第二次搶劫。」

聽眾鼓掌，美國航空運輸協會的普萊斯特向歐瑪拉道謝，接著普萊斯特請下一位發言，他是一家公司的顧問，公司名稱叫資訊過量公司（Information Overload Corporation），結果這個人講的話，比較像第三次搶劫。這位顧問直接進入他要說的主題，也就是應該讓數據主導航空規則制定諮詢委員會的所有決定——他舉的例子是，業者資助下做的一項研究顯示，機艙空氣品質和空服員健康沒有因果關係。罹難者父親感性的發言之後，緊接著聽到他這樣的談話，實在很刺耳：「聚焦績效數據而不是設計方案，可以讓參與者更自由的利用質化及量化的資訊，找到合理的解決方法。這也可以帶來更多有創意、符合成本效益，且可以評量的成果。」

普萊斯特最後讓空服員協會的代表克里斯多福・魏考斯基（Christopher Witkowski）發言，魏考斯基立刻提到顯而易見的問題，只是大家都裝作看不見：「我們認為，國會和美國民眾已經失去對這個規則制定諮詢委員會的監督權，它現在由產業界代表把持，他們的目標有時候可能和公眾利益不一致。」

布希總統挑選去管理ＦＡＡ的人，要很熟悉這個機構的幕後運作。瑪莉恩・布雷奇（Marion Blakey）曾經在華府經營過公關顧問公司，最大的客戶是運輸業者。她為那些客戶企畫公關活動、寫白皮書、成立假的組織，讓那些公司看起來獲得一般大眾的支持。布雷奇出身阿拉巴馬州蓋茲登（Gadsden），就讀過約翰霍普金斯大學高等國際研究院，然後在國家人文學術基金會（National Endowment for the Humanities）、教育部還有雷根時期的白宮，擔任公關人員[13]。

二〇〇三年二月，布雷奇在華府的飛行俱樂部（Aero Club）首次以ＦＡＡ署長的身分發表正式演說，並宣布「客戶服務倡議」，也指出了ＦＡＡ業務重心的轉向。她說，ＦＡＡ需要對客戶更有反應——她口中的客戶指的是飛機製造商和航空公司，而不是搭飛機的民眾。這些公司有時候會從ＦＡＡ得到前後不一致的答案，而且需要等待很長的時間，她對企業的這些經驗表示感同身受——美國最高飛航主管機關彷彿成了企業客服中心——卻沒有提FAA預算不足、資源匱乏。

那一年剛好是萊特兄弟一九〇三年首次飛行的一百週年，布雷奇特別把演講題目訂為「十二月十四日精神」。她說，這一天不是萊特兄弟因為飛行十二秒鐘寫下歷史的日子，而是哥哥威爾伯・萊特（Wilbur Wright）三天前，把飛行器撞毀在沙丘的日子，「我要把這種重新調整的精神帶進FAA，也就是願意修正、願意重新校準的精神，這也是飛行真正的祕訣。」[14]這番話似乎是在讚賞飛機製造業者願意嘗試。接著她幾乎是鼓勵各公司的經理階層評論FAA的決策，並品評拖延他們進度的檢查員。她說：「我們會讓業者知道，他們有權要求檢視每個檢查員在檢定過程中的決定，而且無須擔心報復。他們可以要求第一線檢查員、地方辦事處主任、地區分處處長，甚至華府總部的人員，如果需要的話。要做這件事需要的資訊——人名、職稱，還有電話號碼——會公布在網站上顯眼的地方，也會公布在我們的地區分處和地方辦事處。」

布雷奇還是強調安全的重要，但是談話中混雜了商業術語。「目標包括讓我們的股價——你要這麼說也行——維持在最低的事故率，這是最最重要的。其次是我們處理需求的能力。為了達成這些目標，我們必須有成果導向的動態計畫，這個計畫要能規律運作；要能每季評估；要能根據需要即時調整。簡單的說，我們要把FAA當成企業來經營。」

同一年十二月，布希簽署了一項航空撥款法案，國會在法案中強制要求改變已經滲入產業工作小組的監督方式。FAA形容，新的監督方式是要「提供客戶更有效率的檢定服務」——布雷奇正鼓勵FAA所有的通訊，都用「客戶」這個稱呼，取代大家更習慣的「申請者」。（員工電郵的簽名欄甚至還有「客戶意見回饋」的連結。）

二〇〇五年新的規定正式生效[15]。噴射機發動機主要的製造商奇異公司是監管放寬主要的受益者，奇異表示：「最令人滿意的是，FAA完全謹守建議的精神」，而將檢查結論改以建議方式表達，是產業工作小組想出來的。

還是有一些人抨擊新的規定，前NTSB主席吉姆·霍爾（Jim Hall）是其中一位。他曾經為早期的737機型找出方向舵的缺失，也調查過環航編號800航班的爆炸事故。霍爾說：「我們能建立這麼安全的系統，靠的就是這套行之多年的制度。最後能為安全負責的是政府，FAA的新政策卻想把這個責任移走，短期內也許可行，但是長期下來，大眾會看到飛航變得比較不安全。」[16]

客戶服務倡議的結果可想而知。西南航空公司因為一位檢查員積極任事，深感困擾，在FAA新政策壯膽之下，向這個檢查員的上司投訴。（客戶永遠是對的。）這位檢查員氣憤之餘，把他對聯邦機構尸位素餐、跟監督對象水乳交融的憂慮，一路反映到了國會的委員會。他記錄下來的事情包括：西南航空會挑選自己的檢查員，航空公司跳過規定的安全檢查時，那個檢查員有時候會視而不見。遭到西南航空投訴的檢查員巴比·布崔斯（Bobby Boutris）二〇〇八年在國會作證時說：「檢查員因為執行職務而遭到FAA主管和航空公司威脅時，找不到能保護他的機制。我履行職權時，西南航空的管理階層要求我讓違規的事項過關。西南航空的管理階層也威脅過我，他們只要打個電話，就能取消我航空器檢定師的執照，也就是讓我喪失檢定飛機的資格。」[17]

西南航空沒有按照規定接受檢查，已經讓幾十架飛機飛了幾萬趟航程。西南航空最後讓檢查員檢查時，在六架飛機上發現裂縫，其中一條裂縫長達四吋。（腐蝕和裂縫曾在一九八八年導致阿羅哈航空一架737客機在空中爆裂失壓，一名空服員摔出飛機喪命。）那一年FAA罰了西南航空一〇二〇萬美元，一部分也是因為國會的監督才裁罰，那是歷來對航空公司最高額的罰款，但西南航空只不過損失了三分之一的日營業額，那一年它的全年營收是一一〇億美元[18]。

這時候布雷奇已經離開FAA。她二〇〇七年跳到航太工業協會（Aerospace Industries Association），這是航太產業主要的遊說團體，然後又去了勞斯萊斯北美公司（Rolls-Royce North America），並在那裡退休。麥克斯威尼也在同一年離開FAA，他在給屬下的電郵中說，他為了要不要去波音，考慮了一年半，現在終於下定決心[19]。有些人看了電郵後覺得，這等於承認了這樣的轉換有利益衝突。麥克斯威尼接受商業刊物的訪問時，直接回答了他接下波音國際安全與法規事務主任一職的原因：波音的薪水比較高，而且他不需要離開華府[20]。

阿里・巴拉米（Ali Bahrami）是FAA政策轉變的啦啦隊長，他是FAA航空器檢定業務處西雅圖運輸飛機辦公室（Transport Airplane Directorate）的主任，也一手成立四十名成員的「巴索」，用來監督波音製造的飛機，但是他全力支持把飛航安全檢查的工作移交到飛機製造商手中。FAA最大也最重要的單位裡，正上演一場組織文化的拉鋸戰，這和波音內部的狀況若合符節。

巴拉米早期在麥道公司當過十年的工程師，然後進入FAA洛杉磯分處，之後才調到西雅圖分處。他的屬下說，他和杜蘭妲・貝克（Dorenda Baker）等洛杉磯分處的檢定官員，因為熱烈迎合FAA的新政策而一起升遷。一位還在職的工程師說，「管理階層從上到下，都因為滿足客戶的需求而升官——他們稱呼那是利害關係人的需求。如果你想升遷，就得授權得更徹底，把更多監督飛機製造的責任交給飛機製造商。」[21]

一位在西雅圖分處跟巴拉米共事過的資深工程師說，巴拉米曾經對屬下說，他的獎金有一部分要看波音的工作進度完成得怎麼樣。其他分處的員工也覺得，他們的主管有類似的壓力。位於麻州柏靈頓（Burlington）的航空器檢定波士頓分處的軟體工程師馬克・羅奈爾（Marc Ronell）說，「我聽過金錢誘因這個東西。」[22]例如二〇一二年，分處主管在最後一刻不顧處內專家的疑慮，放行塞考斯基飛機公司（Sikorsky）的S-76D直升機——羅奈爾聽說，這跟主管的績效獎勵有關。

ＦＡＡ正式的業務計畫書為主管們設定的目標，反映出這個機關的轉變。雖然計畫書中仍然強調安全是第一優先，但是一段時間之後，其他的優先項目悄悄的取代了第一優先的位子，這包括盡量使用製造商委託的檢查員，或是在特定日期之前，讓受檢項目通過檢定。二〇〇七會計年度，當時航空器檢定業務處副處長杜蘭妲・貝克獲派一項任務：「在二〇〇七年九月三十日之前，讓波音７８７上的GEnx 1B〔奇異生產的一款發動機〕通過檢定。」[23]

（ＦＡＡ拒絕指派機構內部人員發表評論，也不回應績效獎勵的相關問題。）

波音則幾乎同步開始使用新制度下的組織指定授權計畫（Organization Designation Authorization），這個計畫的名稱難懂到滑稽的程度。既然波音可以自己選擇代行檢查的工程師，它就開始指派更多資淺的工程師擔任這個職務，經常找大學剛畢業的人。羅奈爾跟其他人都認為，這是因為這些人比較會聽主管的話，也比較不會像資深工程師那麼堅持己見。羅奈爾說：「這其實就是要業者自己監督自己。」

還有一個比較不明顯的轉變，就是代行檢查員不再稱「指定工程代表」（designated engineering representative），而是改叫「授權代表」（authorized representative）或是更中性的稱呼「單位成員」（unit member）。有些人乾脆自稱「波音授權代表」（Boeing authorized representatives）。

波音的管理階層一度請ＦＡＡ的工程師建議一位檢查員人選，ＦＡＡ工會的小組提出的報告指出，結果ＦＡＡ工程人員選了一個公認最不適任的人，當場拆穿自己虛假的諮詢角色[24]。這份二〇一七年的報告顯示，波音也指派過一個ＦＡＡ評價為「人品差、判斷力弱，又不肯跟ＦＡＡ合作的人。」

過去專家之間的理性討論，變成了和波音管理高層之間氣氛緊繃的談判。ＦＡＡ的試飛員史提夫．佛斯（Steve Foss）看過一位波音高層開完會後，在停車場攔住他的主管，跟他說了半天。佛斯說：「就是軟硬兼施，要讓飛機趕快交到客戶手上。」[25]專家提出技術問題時，會有人叫他們離席——通常是巴拉米，這個最該為波音飛機安全負責的西雅圖分處主管。一個反對新政策的資深主管記得，巴拉米經常向屬下保證，波音絕對可以信任[26]。巴拉米會說：「他們了解制度，他們清楚規則。」這位資深主管私下提出質疑時，巴拉米的反應讓對方覺得，自己的前途全看這次他怎麼抉擇，巴拉米說：「我是在幫你。」ＦＡＡ專案主管肯．蕭爾曾經在波音７７７計畫中，和波音合作非常愉快。後來責任分散，使蕭爾因為得不到清楚答案而感到困惑，因為很難分辨，到底誰對誰說了什麼[27]。他退休一部分也是因為這種挫折感。

之前ＦＡＡ的工程師史提夫．大城（Steve Oshiro）問過波音的對口，為什麼飛機的設

計，不把鋰離子電池包起來[28]。起火是飛機數一數二的危險因子，而鋰離子電池又很容易起火，二〇〇六年亞利桑那州廠房倒塌事件就是明證。波音也同意作「特殊處理」杜絕起火的風險。史提夫．大城認為，波音應該做個能跟機外空氣交換的鋼鐵製箱子，把鋰離子電池包起來，預防飛機起火釀成大禍。波音的人告訴他別擔心，電池檢查工作已經委託給波音的檢查員，而這位檢查員認為，起火的風險微乎其微，鋰離子電池不需要包覆起來。

委託檢查在ＦＡＡ內部有爭議，二〇一二年美國交通部總檢核辦公室接獲通知，要他們調查一系列指控，都說巴拉米放水放得太過分。其中一封檢舉信是用傳真機的匿名模式傳真進來的。總檢核室約詢了十五位ＦＡＡ的員工，其中七個人說，他們曾經因為對波音的設計表示疑慮而遭到報復。調查人員隆納德．安格勒（Ronald Engler）在給ＦＡＡ稽核室的備忘錄中說，巴拉米和ＦＡＡ總部顯然「並非始終支持……要波音負起責任的嘗試。這也讓工作環境出現了負面的氣氛。」[29]（巴拉米後來談到這次調查時說：「沒有查到證據。」）[30]

和巴拉米共事的人會對他有負面觀感，還包括其他的原因。他們懷疑他和他的行政助理有婚外情，當時這個行政助理和ＦＡＡ一位檢查員有婚姻關係[31]。行政助理在巴拉米手下工作時獲得升遷，之後有人看到他們兩人在距離西雅圖幾英里的一個度假勝地過週末。知道內情的人說，有人把兩人的事反映給了人資主管約翰．巴瑞特（John Barrett），有基層人員聽到巴瑞特和其他主管討論這件事，包括ＦＡＡ飛機安全第二把交椅約翰．奚奇

（John Hickey）。巴瑞特要求其他主管別把話傳出去，後來事情就不了了之。巴拉米和妻子瑪麗二〇一〇年離婚，之後娶了那位行政助理，當然行政助理也和原來的丈夫分手了。現在她任職運輸安全管理局（Transportation Security Administration）。

一位FAA的人員說：「這說明了那個傢伙的人品，也說明了FAA的管理文化，就是掩蓋加上隱藏。」[32]（FAA及巴拉米都沒有回應這件事情。）

波音不讓主管機關監管；飛機上使用的材料又那麼易燃，接下來夢幻飛機會碰到什麼事，也就可想而知了。二〇一三年一月七日，波士頓羅根國際機場（Logan International Airport）的消防隊，撲滅了一起波音787客機上的火災。當時787停在停機坪，過熱的鋰離子電池起火，沒有人員受傷。幾天之後，歐巴馬政府的運輸部長，前伊利諾州共和黨眾議員雷伊・拉胡德（Ray LaHood）和FAA署長，還有波音公司商用飛機部門的主管一起現身華府的記者會，表示他們正在調查那起意外，但向民眾保證，夢幻飛機是安全的。

一週之後，一月十五日的晚上，波音執行長麥克納尼正在芝加哥郊區森林湖市（Lake Forest）的家中準備烤魚，那是一幢有多座山牆的法式鄉村莊園[33]。他的電話開始震動，訊息顯示發生了另外一起電池火災，這次乘客得從緊急滑梯逃生。這是全日空航空（All

Nippon Airways）的一架夢幻飛機，機長在駕駛艙裡聞到煙味，於是在空中改道，緊急降落在最近的日本機場。之後又來了一連串的電話，但是都沒起什麼作用。雖然幾起事故都很戲劇性，但是波音和ＦＡＡ都認為，夢幻飛機應該繼續飛。ＦＡＡ署長麥可・韋爾塔（Michael Huerta）告訴運輸部長拉胡德，ＦＡＡ的人員不願意將夢幻飛機禁飛，因為數據顯示，電池起火是很少有的，這麼短的時間裡發生兩起類似的事故，可能只是巧合[34]。

但是拉胡德決定相信自己的直覺。他對韋爾塔說：「麥可，這由我決定，我要禁飛。」[35]拉胡德下令ＦＡＡ將夢幻飛機禁飛，這是ＦＡＡ第一次禁飛波音的客機，也是一九七九年芝加哥空難後，聯邦法官禁飛麥道DC-10飛機以來，ＦＡＡ禁飛的唯一機型。拉胡德打電話給波音執行長麥克納尼，麥克納尼提出各種反對理由。拉胡德用他平平的中西部口音回答說：「我知道你不高興。但你知道嗎，我對那些飛機會冒煙還會起火也很不高興。」[36]拉胡德說，等到夢幻飛機「保證百分之百安全」，就可以復飛。

波音花了三個月設計補救方案——就是幾年前ＦＡＡ那位工程師說的，用箱子把鋰離子電池罩起來。四月，巴拉米和其他ＦＡＡ主管出席ＮＴＳＢ的聽證會作證，外界透過這個聽證會了解到，ＦＡＡ在飛機安全監督工作上，有多麼仰賴波音公司。ＦＡＡ委託的檢查員測試電池會不會短路時，用的方法只是把一根釘子釘在上面[37]。最讓ＦＡＡ專家不解的是，這些其實都不是特別複雜的工程問題，有人提出解決方案的時候，應該馬上執行才對。

這種懶散馬虎導致的錯誤，波音還會再犯，只是後果更加嚴重。大家都知道鋰離子電池會起火，因為到當時為止，大大小小的產品中，已經可以觀察到。一位ＦＡＡ的工程師說：「這不是什麼多艱深的科學問題。」[38]他暗指波音指定的檢查員在這件事情上，找了最方便的解答，而沒有要求做更深入的測試。「你進度落後，那樣飛機會太重，成本也過高。如果你去找經理，要他們加一個會增加重量的箱子，你覺得你會有前途嗎？」[39]波音提供給ＦＡＡ的資料顯示，他們估算的電池失敗率是，每一千萬飛行小時會有一次起火。實際狀況是，五萬兩千飛行小時中，就起火兩次。ＮＴＳＢ指責波音測試不足，ＦＡＡ也監督不夠。

倒是美國國會比較寬容。二〇一三年六月，眾議院的一場聽證會上，一直主張擴大安全監督業務外包的眾議員，強調的不是乘客的安全，而是如何確保起火事件不會讓代理監督計畫脫離原訂的方向。

德州的共和黨籍參議員羅傑・威廉斯（Roger Williams）很敷衍的問了ＦＡＡ官員兩個問題。「你會放心搭乘波音７８７嗎？」[40]（對方回答：放心。）「我們需要介入更深嗎？」（對方回答：不需要。）威廉斯下了結論：「管得愈少的政府愈是好政府。」

十月的另一場聽證會上，田納西州的共和黨籍眾議員吉米・鄧肯（Jimmy Duncan）告訴出席的人士說，ＦＡＡ需要加快速度。在場的包括剛剛上任的航太工業協會（Aerospace Industries Association）副主席。鄧肯說：「ＦＡＡ應該以更快的速度處理檢定申請。」[41]他顯然不知道FAA的檢定作業已經改變，主管有加快檢定的誘因。鄧肯還說：「如果他們為加快流程提供一些獎勵，應該可以快速消化積壓的檢定申請案。」

沒有人當場反對鄧肯的論點。處境尷尬的巴拉米說：「我們的會員樂見FAA檢定作業效率提升，因為檢定作業的快慢，會決定我們在市場上推出創新產品的速度。」[42]這時巴拉米剛剛獲聘為遊說團體航太工業協會的副主席，負責民航業務，年薪三十萬美元。

八、倒數計時

瑞克．勒德奇（Rick Ludtke）協助設計波音737 MAX的控制系統之前，在特技飛行大賽中駕駛過皮茨（Pitts Special）黑橘相間的雙翼飛機。他的父親也是飛行員，曾經叮囑他，如果那款骨董飛機在空中解體的話，他得「駕駛最大的那片機身回家。」[1]勒德奇熱愛飛行，也愛修補東西，於是做過多年修復骨董飛機的生意。一九九六年，他進入波音，擔任測試用飛機的技師，之後升任工程師，手上有兩項駕駛艙警示裝置獲得美國的專利。二〇一一年，他開始在波音駕駛艙設計中心工作，這個中心開發波音所有機型的駕駛艙，從ＭＡＸ到還沒有服役的７７７Ｘ都包括。以飛機迷來說，這應該是個夢幻工作。

但是勒德奇任職期間，波音已經不是過去的波音。飛機迷在這裡不再像過去那麼受歡迎，反而變得很礙事。

波音的鷹眼吉姆．麥克納尼經歷過夢幻飛機起火的試煉，應該要求公司內部記取教訓。波音需要強化安全意識；需要重新思考成本第一的策略；需要展現謙遜。結果麥克納尼只加強了一件事，就是要求更有效率，而且絕對要貫徹，於是波音737的最新改款，也就是737 MAX整個開發過程，所有工作人員都戰戰兢兢，非常焦慮。

SPEEA工會要角、也是前波音物理學者索爾謝，還在和分析師對話。當時很多分析師都在問：「為什麼波音這麼討厭SPEEA？」[2]波音在南卡的大型工廠給了總公司直接對抗工會的本錢，SPEEA發起的罷工不一定會再困住波音；波音揚言要把更多工作機會移出華盛頓等州，確實很有威嚇力。波音也真的開始這麼做，還準備降低退休金，即使飛機訂單源源不絕，利潤也不斷上升。

737 MAX開發期間，波音把三千九百多個工作機會移出了普吉特灣地區。737的產品支援部門從西雅圖，換到前麥道公司在南加州的辦公室，有些航空公司大惑不解，他們抱怨新的產品支援人員，對客戶使用的波音飛機了解得很少。波音關掉西雅圖一個先進的研究單位，把工作職缺挪到密蘇里州和阿拉巴馬州，這兩個州對工會比較不友善。MAX的試飛員也很有壓力，因為他們的部門有些職缺挪到了佛羅里達等州。波音財務長葛瑞格．史密斯（Greg Smith）二〇一三年告訴分析師說，「我們決定繼續把業務搬到製造成本更低的地方，以追求更高的生產力和利潤。」

工會認為這是為了削弱工會的力量。波音的反制果然奏效，它和技師及工程師都簽了長期合約。二〇一四年七月，麥克納尼已經快滿六十五歲，一次電話會議中有人問他，會不會在那一年退休，他當時信心十足，覺得可以開開玩笑：「我的心臟還會跳動，員工也還是不敢蠢動。」

員工確實都嚇得發抖。SPEEA說，波音引進了一套新的員工評分系統，有經驗的工作人員會比較容易遭到遣散[3]。四十幾歲的工程師被裁的機率加倍，五十幾歲的工程師被裁的機率更是三倍。（這和麥克納尼在3M的精簡策略相同，平等就業機會委員會裁定當時的作法違法——二〇一一年3M付了三百萬美元，和告上平等就業機會委員會的員工和解，這好幾百位被裁掉的員工，年齡都超過四十五歲。）[4]二〇一三年，麥克納尼在母校哈佛商學院的刊物上說：「我們不會再終身雇用員工。我們很清楚，我們不會再像一九五〇年代那樣，有絕不離職的死忠員工。」[5]

夢幻飛機禁飛六個月後，二〇一三年七月復飛，麥克納尼第一次跟分析師通電話時，就立刻公布夢幻飛機的最新訊息，暗示飛機安全毫無問題。不過談到另一件事情時，聲音聽起來非常愉快：波音必須壓榨供應商了。他說：「我們可能會大幅增加供應量，同時有助改善我們的工作流程、現金流及利潤。我們決心這麼做，因為這個世界的準則就是要求『付出更少，獲得更多』。」

麥克納尼的名言——「付出更少，獲得更多」——成了波音開發737 MAX時的主題口號，和一九九〇年代康迪特開發777時的口號「攜手合作」形成強烈對比。那句名言的言外之意很清楚：更高的績效，更低的成本；更長的航程，更低的油耗。當然也包括：

更多的工作，更少的人力。其結果是：更多的風險和災難。

波音執行開發計畫時，向來鼓勵生氣勃勃的辯論。波音公司從成立之初，就委託博欽（Perkins Coie）律師事務所擔任產品責任訴訟案的辯護人。這個法律顧問公司的創始合夥人認為，大型商用飛機能開發完成，是「專家交換意見後妥協的結果。」[6] 一九九〇年代，737一款次世代機型737-600準備問世，負責產品安全的高層主管保羅・羅素舌戰同仁，因為有人建議變更燃料箱的設計，但這個改變可能產生單點故障。他質問房間裡的人：「你們想看到椅套染上多少血？」（後來還是變更了設計。）

737 MAX和之前備受讚賞的機型一樣，都有波音所有單位和全球供應商，總共幾千人參與，個別的決定就有好幾萬項。波音有一套電腦軟體DOORS，可以讓全世界的相關人士即時獲知每一項更新，就像功能特別強大的Excel試算表，如果違反了開發計畫的重要原則，變更的項目儲存格會變紅，財務人員也會收到變更通知[7]。

但是光看737 MAX混亂的彙報系統，就預示了日後眾所周知的整個開發作業失調。商用飛機部門的高層彼特・帕森斯（Pete Parsons）頭銜落落長（最佳執行計畫管理兼最優功能計畫管理主任），設計初期的一次會議後，他宣稱這是「我見過最好的」開發計畫[8]。他還在波音內部的新聞信中說，他對「清楚的溝通」以及「密切的合作」印象特別深刻。

實際上，大家還是用原本習慣的溝通方式——電郵、即時通訊、手機。一位直接跟為MAX軟體寫程式的工程師共事的人說，誰叫得最大聲，誰就能拿到他想要的[9]。他還說，需要達到ＦＡＡ規定的標準時，制定規則的人只是另一群他們需要滿足的公婆，而且算是好對付的公婆。為了跟ＦＡＡ的專家打交道，波音的工程師想出一套技巧，叫「把抽屜塞滿紙張，如果你能用資訊淹沒他們，讓他們應接不暇，他們就會走開。」

吉姆．艾爾巴當時是商用飛機部門的大當家，二〇一一年十二月他為ＭＡＸ下達了行軍令：「這款飛機會以最簡單的方式重新設計發動機，會變更的只有發動機，還有幾處需要改進的地方。」[10]

專案經理們要所有人都清楚這項命令，並在工作人員經常使用的一個會議室裡掛上「倒數計時鐘」——提醒大家每一天都很重要[11]。這是ＭＡＸ計畫經理奇斯．里佛肯（Keith Leverkuhn）後來說的。倒數鐘顯示距離ＭＡＸ首飛還剩下多少時間。

ＭＡＸ計畫首席工程師麥可．提爾（Michael Teal）向里佛肯報告，但是一千五百位工程師中，沒有一個人直接向提爾報告[12]。工程師會直接回答業務單位主管的問題，波音早期的強勢工程主管薩特要是看到這種場面，一定瞠目結舌。

這個時候７３７已經占波音全部獲利的三分之一左右，但仍然像是二娘生的，在它身上投資的感覺，就是不如在其他小孩身上花錢[13]。一位前波音試飛員說：「它就是隻塗了口紅的豬，打扮得再漂亮也還是豬，因為是款舊飛機。」[14] ７３７改款動用的資源和人力就能反映這件事：它只能用二軍。像勒德奇這樣的人參與737 MAX計畫，都是在原本就很緊迫的工作之外，硬擠出時間來的。前飛行控制工程師彼得．雷米（Peter Lemme）說：

「737就是一灘死水。」

波音的最大客戶，走廉價路線的西南航空也不求長進。西南航空只希望一萬名機師能直接駕馭新的改款飛機，不要再接受額外的訓練，以便節省大筆成本，並免除後勤上的麻煩。737 MAX計畫的初期，波音的經理就告訴飛行控制團隊，絕對不要讓從上一款737客機改飛737 MAX的機師，進飛行模擬器，適應新的操作系統。理由是：波音答應西南航空，如果機師需要進模擬器接受訓練，那麼每一架交付的飛機，波音就得吸收一百萬美元的訓練費——西南航空到二〇一九年已經訂購了二四六架[15]。光是這個理由，波音就會想盡辦法不讓機師重新接受訓練。

飛行模擬器本身是個工程上的超級亮點。設想一下，一具吊艙升到十英尺高的地方，底下是像蜘蛛腳的裝置，讓整個吊艙可以上下左右前後移動。法規上要求，坐進模擬器的機師要能看到跟實際駕駛艙外一樣的景象，於是實景拍攝的畫面投影在曲面鏡上。很多模擬器使用劇院規格的音響設備，製造出警鈴和警示雜陳的聲音。一具模擬器價格可以高到一五〇〇萬美元，每小時的訓練費則要幾百塊美元，因為每一堂課都有三位高薪請來的專業人士參與。首先是航空公司的機師來受訓，並接受評量；第二位是座椅假人，充當副機師；第三位是教官。如果訓練課程持續好幾天，還要加上交通費、住宿費、膳食費——對有幾千名機師的航空公司來說，這可不是小數目。

航空公司的營運費用，有百分之二十用在聘請機師、維修人員和空服員，還有維持飛航安全需要的所有訓練費用，這比用在燃料上的花費還要多，所以把模擬器訓練的預算盡量壓低，對飛機製造商和航空公司的短期財務有利[16]。

勒德奇為MAX設計飛行控制系統時，就已經有種不好的感覺，「這架飛機就像一部拼裝電腦，完全是大雜燴。」[17]勒德奇說：「現在的機師都仰賴自動駕駛，但是MAX沒有太多自動的功能。」上面要求，不能讓機師使用飛行模擬器，對他來說，這顛覆了飛機開發計畫慣有的互相遷就、彼此妥協的常態。他說：「MAX開發過程最奇怪的是，正常該有的衝突分歧都沒有了，開發計畫的主管很容易貫徹自己的意志。整個開發過程沒有人認為，有時候就是需要說『不。』」

飛機製造業界正處於史上生意最好的時期，因為亞洲多了好幾百萬相對有錢的旅客，加上低利率時代，資金成本低廉，航空公司都瘋狂買飛機。蒂爾集團分析師李察·阿布拉菲亞說，二〇一〇年到二〇二〇年，交付給航空公司的單走道噴射客機，總價值四四二二億美元——占過去五十年同類飛機製造量的百分之卅六。

二〇一二年的一場會議中，非自願加入FAA波音飛航安全監督辦公室的FAA工程師李德，質疑波音的經理階層，為什麼MAX的駕駛艙大部分設計都沒有更動，這麼一來，737 MAX會變成沒有電子檢查表的現役機型中，僅有的大型飛機——三十年前波音757和767就率先使用電子檢查表。李德回憶他當時說：「各位，設法突破一下，讓這款飛機有個現代化的駕駛艙吧！」[18]他指出，很多和737一起成長的老機師即將退休，比較年輕的機師，通常從巴西航空工業公司（Embraer）或加拿大龐巴迪公司生產的通勤客機開始執飛，這些飛機的駕駛艙都要先進得多。最新軍用飛機的檢查表甚至顯示在觸控螢幕上。液壓泵如果故障，會有訊息跳出來，指示機師如何處置。737飛機上，只有一個指示燈會顯示「液壓過低」，但沒有進一步的解釋，機師得靠記憶處置，不然就只能翻閱紙本的使用手冊。

波音的高層回答李德：「因為機師訓練的問題，」所以駕駛艙沒有辦法大改。根據規定，如果波音要造全新的飛機，就必須採用電子檢查表的顯示設備。但MAX經過審定，是一九六七年原始機型的改版，所以可以不受新規定的限制。MAX其實是737第十三個版本，前面的機型正式名稱是737-100、737-200、737-200C、737-300、737-400、737-500、737-600、737-700、737-700C、737-800、737-900及737-900ER[19]。

連數字命名系統也到了頂，顯然沒有人想把新款737叫作737-1000。最新款的機型正式名稱是737-8，因為和它最接近的機型是737-800。波音為了行銷方便，叫它737 MAX 8——會選MAX這個字，是因為它「將我們和客戶所知的所有功能都充分優化」[20]。

接下來的兩年，計畫首席工程師麥可．提爾致力於怎麼讓他們的改款飛機成為必須配備電子檢查表的例外[21]。團隊認定，裝設電子檢查表，會在飛機的其他系統上形成級聯效應或瀑布效應（cascading effects）。團隊也需要FAA派駐波音的檢查人員「認同」，這是當時流傳的備忘錄上的說法。

波音提交給ＦＡＡ的企畫書上說，改成電子檢查表，需要花費百億美元以上，換來的安全提升卻微不足道[22]。ＦＡＡ的主管也同意這個論點，顯然波音把和ＦＡＡ主管的關係，也充分優化了。

ＭＡＸ早期的測試就透露出重大的問題[23]。工程師在一次縮尺模型的風洞實驗中發現，大約老鷹那麼大的模型飛機在高速急轉彎時，有上仰的趨勢——這是因為較大的發動機放在機翼前方，而不是機翼下方。瑞伊．克雷格（Ray Craig）當時是７３７的首席試飛員，他在模擬器中看得更仔細。上仰發生在飛行包線的某一塊，這個範圍很少會有商用飛機大膽嘗試。理論上機師可能會這樣轉彎，例如突然碰到亂流或其他狀況。如果上仰不能調整回來，飛機可能會失速。

波音的工程師想過用機翼上的小葉片改變空氣動力，但效果不夠好。另一個解決辦法是修改尾翼——艾德．威爾斯和其他波音工程師多年前在波音７０７上，碰過另一個棘手的空氣動力難題，跟試飛員強斯頓開過一次氣氛很糟的會議後，威爾斯等人同意修改機尾。但修改設計成本高昂，修改的地方可能影響飛機的其他零件，也可能危及最重要的生產時程。

於是他們決定利用電腦軟體，在需要的時候，自動將機頭降低，這會移動水平尾翼，也就是機尾的小型翅膀。波音已經為空軍採購的加油機設計過類似功能的小型軟體，稱為操控特性增益系統（Maneuvering Characteristics Augmentation System, MCAS），如今MAX上的軟體也採用同樣的名稱。

當時很多工程師都認為，這套軟體沒有問題。它要在兩種數值都發出警示時才會啟動——第一是測量飛機G力的加速儀，第二是機頭上的攻角感測片——以確保冗餘。

但首席試飛員克雷格等人當時不贊成這個辦法，他希望能在硬體上修改。但是加裝軟體的好處再簡單不過：比較便宜。MAX開發計畫已經有成本壓力，經理們經常提到某個改變「要花多少錢」——暗示即使是安全相關的改善，在成本考量下，也只能退到後面去[24]。

前一個737的版本，也就是波音財務改革之前，試飛員不需要記錄自己花了幾個小時評鑑那款飛機。開發MAX時，主管要求精確統計時數。以試飛員為例，每試飛一小時，要沖抵成本消耗二一六美元，跟高層主管的每小時成本差不多[25]。二〇一二年的一次預算會議，主管們還沒開始討論，就在試飛計畫上大筆一揮，要求減少試飛三千小時，飛行模擬器使用也要砍掉八千小時[26]。這和喬·薩特的原則背道而馳，而薩特的原則會讓人期待驚喜。

寫個軟體雖然方便，但是FAA可能會把它當成飛機的新性能，而危及原本「不需要模擬器訓練」的計畫指令。MAX計畫經理奇斯·里佛肯向上級報告進度時，都會追蹤六項「風險」，訓練的問題就是其中一項[27]。

波音的工程師都為了該不該明講MCAS這個系統而深感困惑。二〇一三年六月他們決定只對內部使用這個名稱，對外則說，那是現行電子飛行控制系統的微調，以免有人問起詳情[28]。那個月有一份內部討論的摘要上說：「如果我們強調MCAS是個新功能，可能會影響FAA對檢定和訓練的要求。」淡化處理還有個附帶的好處，就是大家都可以省點力氣。那份摘要還說，如果所有人都認為那是舊系統的一環，就不會有人另外設計訓練內容或更新使用手冊。

MAX計畫還有一個顧慮，就是波音讓一個未經認可的供應商建造飛行模擬器，因為對方的報價最低，而且MAX投入營運之前，那些模擬器可能來不及建好。當時模擬器訓練不只是昂貴的列冊項目，必須維持在最低水位；萬一FAA決定機師執飛新款飛機之前，必須接受模擬器訓練，它還可能使整個計畫無法如期完成。

這樣的妥協根本不應該有，但是MAX計畫中，退而求其次的地方多不勝數，實在需要有人站出來說「椅套上的血」這樣的話，結果都沒有人舉手反對。FAA派駐波音的代理檢查員同意了用電腦軟體預防失速[29]。

但是勒德奇和其他飛行控制工程師不願意放棄更新MAX這套老骨董警告系統，

寇蒂斯・尤班克（Curtis Ewbank）是最積極的一位，他三十歲不到，安伯瑞德航空大學（Embry-Riddle Aeronautical University）畢業，進波音不過幾年。他留著濃密的黑色鬍鬚，就像一八〇〇年代從伐木場裡出來的人。但是他對航空的熱情，剛好符合波音工程童子軍的特質。他在安伯瑞德航空大學協助開發的一款火箭，從ＮＡＳＡ發射台升空，飛到十九萬九五八〇英尺的高空，創下二〇〇七年學生製造載具的飛行高度紀錄。

二〇一四年，尤班克在內的一群飛行控制專家開始質疑，飛機感測器如果產生錯誤訊息，ＭＡＸ的安全會多麼沒有保障[30]。攻角感測葉片或測量空速的皮氏管（pitot tube）等感測器都在機身的外面，很容易受到鳥擊、跑道設施撞擊或其他障礙物的影響。ＦＡＡ的記錄顯示，二〇〇四年之後，光是攻角感測葉片故障就有兩百多起，其中有些還觸動了駕駛艙的警報[31]。尤班克等人力主配置一款已經用在夢幻飛機上的備用系統，叫作「綜合空速系統」（synthetic airspeed）——就是一套可以比較所有感測器數值的電腦程式。如果某個感測結果不合邏輯——例如連接到新ＭＣＡＳ軟體的攻角感測器測得的數值——就會直接刪去。

波音管理階層不願意提高ＭＡＸ的安全性能，兩次提到擔心「成本及可能的機師訓練費用」。

尤班克的經理對他說：「必須有人喪命，波音才會改善它的產品。」[32]

尤班克和其他工程師有一次跟ＭＡＸ首席工程師麥克・提爾開會，他們第三次提出相同的意見時，提爾同樣以成本的理由否決了他們的提案。提爾的上司，ＭＡＸ計畫經理奇斯・里佛肯後來說，他從來沒有聽過工程師有那樣的意見。[33]

參與開發波音新飛機的人會按不同的工作項目分組，大家有如坐在一架想像中的飛機裡。一組負責襟翼和縫翼，一組負責推進系統，依此類推。部分原因是，開發新飛機的人必須知道，某個區塊的改變會如何牽動其他的區塊。想像一幢百年老屋地下室的隱密佈線爬滿托梁；水管（有的是鉛的，有的是銅的）鋪在牆上，反映了幾十年來的妥協折衷。波音７３７就像那樣，只是它的零件有六十萬個。

勒德奇的團隊叫飛航組員作業組（Flight Crew Operations），理應要為駕駛艙裡的機師設想所有的事情。他說這個組的成員在ＭＡＸ開發期間少了大概一半，從三十人減到十五人左右，有些被裁，有些優離，也有些是找到更好的工作。勒德奇的年輕同事尤班克二〇一五年辭職，因為受不了主管一直要他們抄捷徑、走近路。

這些離開的人很多是研究人為因素的專家，擅長找出工程師可能忽略的、人機互動時會出錯的地方。（那個圈子有個笑話就說：「狗身上有跳蚤，工程師身上有人為因素。」）[34]勒德奇說，有個離職的人是個博士，「那種人才你損失不起，但他們裁減人力都瞄準經驗豐富的高薪工程師。」[35]麥克納尼在３Ｍ時就是採同樣的策略，他的繼任者認為，勒緊褲帶會扼殺創新，於是停止了那項政策。

二〇一五年波音的整體人力減少了百分之七，卻生產更多飛機[36]。馬克・拉賓（Mark Rabin）說，整個公司的氛圍不鼓勵員工質疑管理階層[37]。拉賓是MAX飛行測試組的一員，那一年被資遣，結束了在波音的十七年資歷。他說：「員工因為不斷的裁員而情緒緊張，士氣低落，你真的會變得小心翼翼，連說話都得注意。」

有一回拉賓開了個玩笑，說高層在高爾夫球俱樂部享受豪華大餐的時候，工程師只能一人出一菜聚餐同樂。他的經理把他拉到旁邊，要他說話委婉一點。還有一次在全體大會上，一位高層無聊的說了一大段話，之後讓一位年輕的女工程師發言。她開始講話時說了句：「喂，大家醒醒！」不久之後她就收到了裁員通知。波音的工程師私下八卦，說女工程師因為冒犯了那位說話落落長的高層而丟了工作。有些工程師則擔心一整層樓的年輕程式設計師，他們是印度的外包公司HCL找來的約聘人員，拿著H-1B簽證在美國工作，薪水只有波音工程師的一半。這些人在印度的工資更低，時薪可以低到九美元。（他們負責飛行測試的認證軟體，但不限於MCAS。）

夢幻飛機的生產轉移到南卡羅萊納州，還是有缺點。南卡可能比較便宜，但是波音雇用的人——時薪只要西雅圖的一半——缺乏製造飛機的經驗。品管經理威廉・賀貝克（William Hobek）狀告聯邦法院，說他向上級報告產品有瑕疵後遭到解雇。法庭的記錄顯示，他向主管反映問題時，主管回答：「比爾，你要知道，我們不可能找到所有的缺點。」[38]賀貝克請來一位檢查員，結果對方很快就發現了四十處缺失。其他員工也說到生產時的缺失；留在飛機上的垃圾——扳手、金屬條，甚至是梯子——還有不能說出真相的壓力。二〇一四年半島電視台（Al Jazeera）曾經派人帶著隱藏式攝影機進入南卡的工廠，拍到有員工說，他們絕對不要搭那款飛機，因為實在是粗製濫造[39]。

那一年的五月，麥克納尼和他培植的接班人，副董事長丹尼斯・穆倫伯格，在西雅圖費爾蒙奧林匹克飯店的投資人年會上，算是正式交了棒。麥克納尼口中「獲得更多，付出更少」的世界，不再是像原始７０７那樣的「登月計畫」，或雖有瑕疵卻仍然野心十足的夢幻飛機計畫[40]。穆倫伯格大學時的抱負是當全世界最偉大的飛機設計師，如今找到了新的目標。他說：「過去我們可能會說，最好的工程師應該做新的產品，現在我們要最好的工程師負責有創意的重複使用。」

這個策略最後真的開始賺錢。二〇一五年的檔案資料詳細記錄了之前三年波音高層的績效獎金辦法，估算的結果，績效獎金辦法實施後累積的「經濟利潤」（economic profit）是八十三億美元，而目標利潤是五十七億美元[41]。對高層主管來說，這意味著獎金最高可以到達目標獎金的兩倍。基層員工則沒有那麼幸運，二〇一四年發給非主管職員工的平均獎金是四五〇〇美元。

波音不斷要求工程師省錢，同時讓股東荷包賺滿。二〇一三到二〇一八年，波音花了四一五億美元回購股票——這筆錢夠開發好幾款全新的飛機，如果他們願意的話。那段時間波音的現金有八成用在回購股票，麥克納尼二〇〇一到二〇一六年，為自己賺了二・三一億美元，他的退休待遇不如威爾許豐厚，但也相去不遠：至少五八五〇萬美元。穆倫伯格二〇一一到二〇一八年，則賺了一・〇六億美元[42]。

有些人覺得這種天價高薪和股東的豐厚回報是個隱憂。蒂爾集團分析師李察・阿布拉菲亞二〇一五年在《富比世》雜誌上的一篇文章中說，打造飛機不是一般的製造業，波音從哈利・史東賽弗以降採取的策略，讓投資人獲得最大的利益，是一般製造業的經營指南。但是造飛機要靠博學多聞的員工，還有不斷的學習精進。

不出幾年，阿布拉菲亞這篇文章的標題成了不幸的預言：「麥克納尼錯把航空業當成其他產業，波音會付出高昂代價。」

每個星期一早上六點半，丹尼斯・穆倫伯格如果沒有出差，都會和幾個同事一起查經[43]。穆倫伯格二〇〇九到二〇一三年，在聖路易領導波音的軍用部門，他們會坐在餐廳的硬椅子上，輪流誦讀經文的影本或書籍的選段，例如《市場裡的神》（*God in the Marketplace*）、《按照聖經作生意》（*Doing Business by the Good Book*）等。這些課程是一個叫「聖經經商訓練」（Biblical Business Training）的團體編定的，想利用聖經裡的教導

處理職場上的難題：如何避開說難聽話或謊話的衝動？信仰如何保護你？為什麼腰帶——真理帶——是使徒保羅盔甲的重要配件？

穆倫伯格和許多前任波音高層一樣，都出身美國中西部。他在愛荷華州蘇森特（Sioux Center）長大，那是荷蘭喀爾文派教徒的地盤，即使今天都還有十八世紀荷蘭的影子。店面招牌有荷蘭文，有些地方每隔一個街角就有一座喀爾文教會。他的父親敦恩（Dwaine）全心投入改革宗信仰，老先生的葬禮在蘇森特的殯儀館舉行時，訃聞中寫道：「他午餐時會為孩子讀聖經經文，晚上則讀兒童聖經故事書。」穆倫伯格家有一座農場，種植玉米、大豆和苜蓿，還飼養牛豬等牲口。家裡有四個孩子，早晨擠牛奶是丹尼斯每天的工作[44]。

愛荷華州西北部的蘇郡堪稱美國最保守的地方，甚至到現在都是。一九八〇年，雷根在蘇郡贏得百分之七十六的選票，二〇二〇年，川普更囊括百分之八十一的選票。川普第一次選總統，在蘇森特的多爾特學院（Dordt University）向一五〇〇名聽眾演說時突發奇想：「我可以在紐約第五大道上開槍射殺某人，也不會失去選民的支持。」[45]這時丹尼斯的兄弟哈蘭（Harlan）正擔任多爾特學院的校園景觀主管。

丹尼斯．穆倫伯格就讀蘇森特中學時表現傑出，而且不只是數學成績過人。他是美術老師泰德．德．胡格（Ted De Hoogh）教過最厲害的學生，特別是鉛筆素描，他的畫作光影和肌理都掌握得非常好[46]。他描繪蘇森特中學外觀的作品，連續幾年都刊印在學校畢業典禮的小冊子上。他交給老師的作業有時候也很具實驗性，例如一幅帶著古怪達利畫風的作品，描繪穆倫伯格家廚房的烤麵包機，一片吐司從一個槽中跳起，有一隻手從另一個槽中伸出來，把它拿走。還有一幅畫，畫的是聖經故事中的但以理在獅子坑裡，所有的獅子趴在但以理的周圍，舔著自己的食物。

穆倫伯格一九八〇年代初就讀愛荷華州立大學，主修航空工程[47]。他的一位室友史提夫．海夫曼（Steve Haveman）對一件事情印象深刻。穆倫伯格和兩個同學發明了一種方法，把圖畫——或圖表或流程圖——用幻燈片投影到牆上，就像PowerPoint的雛型。首先把正片從硬紙板裡撬開，然後在一張透明塑膠片上用細字筆寫上字，再卡進幻燈片匣裡。海夫曼當年還是大一生，比穆倫伯格小個幾歲，他很佩服穆倫伯格目標明確又充滿自信，還爭取到波音這種著名企業的實習機會。四個二十歲上下的小夥子合租的公寓，可不是兄弟會的聯誼場所，他們的狂歡之夜就是晚上十點以後一起去打網球。

穆倫伯格開著一九八二年出廠的雪佛蘭蒙地卡羅汽車，橫跨大半個美國，到波音實習的那個暑假，是他生平第一次看到大海。波音當時的領導人是粗暴的T.威爾遜。就在那個夏天，威爾遜為了波音維修的缺失，導致一架747墜毀在日本山區而公開道歉。

一九八六年穆倫伯格從愛荷華州立大學畢業後，在波音找到全職的工作，跟其他年輕同事在波音的運動場玩鬥牛，娶了一位獸醫，並在西雅圖的華盛頓大學拿到航太工程碩士[48]。他後來升遷需要從美國西岸搬到東岸時，和妻子貝琪、小兒子、三隻狗、四隻貓一起搬到了華府[49]。

穆倫伯格參與過ＮＡＳＡ的超音速客機研究計畫，但是他大部分時間都投注在軍用飛機的計畫上：F-22戰機、E-767空中預警機、７４７改裝的機載雷射系統、ＥＸ偵查平台、先進戰術戰鬥機，還有他履歷上說的「一些專屬計畫」。這些都是可以預期的專案（連營收都可以預期），麥克唐納先生和他的繼任者一直喜歡這種營運模式，波音和麥道合併後，這也變成了波音的基因。要拿到這些專案，除了優越的工程技術，還需要遊說、政治運作以及檯面下的努力，而且後者和前者一樣重要。

穆倫伯格第一個重要的職位，是武器系統主管，負責研發聯合攻擊戰鬥機，那是個二○○○億美元的合約，最後波音敗給了洛克希德—馬丁公司。二○○三年科普紀錄片《新星》（*Nova*）討論波音和洛馬在這個案子上的競爭，穆倫伯格接受訪問時說得很保留，但野心還是很明顯。他談到波音這款研發中的戰鬥機時說：「我幻想時會看到它盤旋在空中、看到它從機場起飛、看到它在船艦周圍繞飛，有時候還能看到它擊落洛克希德製造的飛機。」[50]

二○○○年代中期，穆倫伯格的照片已經掛在芝加哥總部會議室的牆上，跟很多前途看好的管理高層大頭照掛在一起[51]。他經過全球服務部門還有波音國防、太空暨安全部門的歷練後，成了麥克納尼的接班人，當了一年的副董事長，然後在二○一五年七月當上執行長，這時ＭＡＸ已經開發到一半。

金色的三分頭、灰藍色的眼睛、竹竿一樣的身材，一家報紙形容穆倫伯格看起來就像一九六〇年代的太空人[52]。一輩子的波音人，又是訓練有素的航空工程師，他從裡到外都是不折不扣的波音童子軍。但是當了執行長之後，他腦子裡只剩下麥克納尼留下來的東西，就是不停的追求效率。他繼續壓榨供應商，之前麥克納尼已經砍了供應商一成五的進價，穆倫伯格要求再砍一成[53]。很久以前波音有個外號叫「懶惰小波」（The Lazy B），形容在技術專家領導下什麼都質疑的文化。如今公司裡的笑話是，怎麼樣才能跟上穆倫伯格的腳步，因為他精力實在太旺盛。在聖路易時，在一樓的會議室開完會後，他會邀請同仁跟他一起爬八層階梯回樓上，或者一起跑上去。他很愛騎自行車，他視察工廠，和員工一起騎自行車時，總是在領先群裡，還會吹噓說，他一個禮拜能騎一百多英里。大家叫他「機器人」，他一天會喝六罐百事的健怡激浪汽水（Diet Mountain Dew）提神。

很多波音的員工也覺得自己像機器人。負責737燃料系統的前任經理亞當·狄克森（Adam Dickson）說，業務單位的人把四年後要交付的飛機訂了一個售價，從工程的角度看，那是波音做不到的，這也使降低成本的壓力大增。波音的管理人員有時候會對想繼續作測試的工程師說：「你們這馬屁還要拍多久啊？」[54]意思是：飛機沒有問題，我們可以進入下一個階段了。二〇一六年開始，波音把縮短開發時間和降低成本，列入管理階層績效評量。狄克森說，到二〇一八年，他的主管會「非常直接而且語帶威脅的說，如果無法達成目標，可能會影響薪水。這個時候工程人員就得低頭。」

一位經理在一個工程師的年度考績上寫道：「構想是要用錢來衡量的。」[55]

更糟糕的是，狄克森覺得，ＦＡＡ和波音一個鼻孔出氣，雙方的主管都同意擱置技術上的爭議，免得延誤生產進度，飛機等於帶著「欠單」問世。狄克森說：「那是新的文化，也是有毒的文化，守法不如利潤重要。」[56]

早期欽佩主管知識豐富的ＦＡＡ工程師柯林斯，也看到了這個改變。二〇一五年年中，波音正在組裝第一架ＭＡＸ，此時ＦＡＡ的十三位工程師、一位試飛員以及至少四位主管認為，ＭＡＸ還有一項瑕疵：方向舵的纜線缺乏保護，結果ＦＡＡ否決了他們的要求[57]。這些專家要求變更設計，防止發動機爆裂時碎片切斷纜線——DC-10客機一九八九年在蘇城墜毀，就是這個情況。波音的高層說，為了這個原因而變更設計不切實際。空巴A320neo也曾有類似的問題，但是空巴作了修改。

柯林斯曾經在環航８００航班墜毀後，不辭辛勞撰寫燃油箱安全規範。如今卻看到ＦＡＡ的主管告訴波音，不需要在ＭＡＸ燃油泵的電線上裝快速斷電器。這讓柯林斯非常沮喪。令人不解的是，ＦＡＡ確實要求空巴必須完成這項安全措施。

波音第二年調查過ＦＡＡ派駐的代理檢查員，幾乎有四成的人說，他們碰過狄克森非常在意的「不當影響」[58]。

倒數計時鐘還在走。

九、人為因素

沒有人猜得到，馬克・福克納（Mark Forkner）會因為開發ＭＡＸ而從波音的機師中脫穎而出，聲名大噪。在波音機師的長幼排序中——他們都知道暗地裡會論資排輩——福克納那群人是墊底的。

第一級是試飛員，像查克・葉格和「德克斯」・強斯頓，在空中執行各種大膽的操作，降落後還會穿著飛行員夾克面對記者。他們可能會讓飛機進入失速狀態，或在跑道上讓機尾觸地拖行，就像愛騎改裝車的人讓摩托車翹孤輪一樣——為了測試「最低離地速率」（velocity minimum unstick），好確定可以起飛的最低速度。這群試飛員也叫「麥克德幫」（McChord mafia），因為很多人都在附近的路易斯—麥克德聯合基地（Lewis McChord Joint Base）飛過空軍的飛機。

第二級是生產機師，他們要測試生產線下來的每一架飛機。再下來是訓練員，會跟購買波音飛機的航空公司機師一起執飛，或是指導他們在模擬器裡飛行。

最後才是福克納這一組，叫飛行技術與安全組（Flight Technical and Safety），這些機師要負責寫飛行手冊。這一組和試飛員甚至不在同一個部門，因為二十年前波音決定，客戶訓練應該是賺錢的單位。福克納這一組歸德州普萊諾（Plano）的波音全球服務部門管，這個部門二〇一六年接獲穆倫伯格一項很有野心的任務：五到十年內，把營收從不到一五〇億美元，提高到五〇〇億美元[1]。

福克納雖然位階很低，但是嚴格來說，他也算是麥克德幫的一員。他在美國空軍飛過C-17運輸機，後來待過阿拉斯加航空公司，再到FAA空中交通管理單位。他的妻子也在FAA，是管理美國機場的單位主管。夫妻倆住在西雅圖郊區瑟馬米什高地（Sammamish Plateau），房子價值一三〇萬美元，帶游泳池，和菲爾．康迪特常請經理階層去聆賞詩人作品的豪宅，位在同一個森林帶。福克納是一個社團的中堅分子，那個團體還帶有神祕色彩。據傳有些機師是「安靜鳥人」（the Quiet Birdmen）的成員，安靜鳥人又叫QB，是參與過一次大戰的飛行員組成的團體。（QB的第一守則：不可談論QB。）這個全男性的社團，從理直氣壯泡妞的「德克斯」．強斯頓到現在，這麼多年下來，有些特質沒什麼改變。福克納在一封電郵中寫道：「我就是喜歡飛機、美式足球、小妞跟伏特加，而且喜歡的程度不是按這個順序排列。」[2]

同事們覺得福克納工作勤奮、全心投入，雖然有時候魯莽暴躁。有個和他一起在空軍服役的人形容他是「皮克特衝鋒（Pickett's Charge）型的人。」指的是美國南北戰爭蓋茲堡之役的最後一天，南方聯邦軍羅伯．李（Robert E. Lee）將軍發動的步兵攻擊，結果戰敗[3]。後來交給國會調查人員的文件顯示，福克納經常發電郵發到半夜或更晚（很不幸，他常常同時啜飲法國灰雁伏特加〔Grey Goose〕，而讓他口沒遮攔）。他通常穿著西雅圖海鷹隊的球衣工作，死忠到兩次海鷹隊打超級盃，他都到場看球，只要是海鷹隊主場的比賽，他幾乎無役不與——連客場的季後賽也去[4]。有一次他在機場看見海鷹隊剛剛網羅的大學球隊線衛伊森．波西克（Ethan Pocic），福克納就像軍隊裡下命令一樣，對波西克吼道：「你只有一個任務，就是要保護羅素．威爾遜（Russell Wilson），聽懂沒有？」六呎七吋的波西克溫順的回答：「聽懂了，長官。」之後其他機師只要看到電視球賽轉播裡有波西克，就會說：「你兒子上場了。」

波音開始研發MAX的時候，也正準備把枯燥卻極重要的客戶訓練工作，轉型為利潤中心制。很多機師因為波音從外部找了一些約聘人員，而跟公司有過齟齬。波音的動作足以讓原本反對工會的人——機師就是眾人皆知的不沾鍋——轉而投票給工程師工會SPEEA的代表。但還是有些人不買工會的帳，福克納就加入了另外一群人，退出了工會。

這個勞資關係緊張可以追溯到一九九七年，當時波音和華倫．巴菲特（Warren Buffett）的國際飛航安全（FlightSafety）公司合作訓練業務。波音二〇〇二年買下國際飛航安全公司後，將這個訓練單位改名為翱騰航訓（Alteon）——有些機師嘀咕那名字聽起來像個醫療器材公司——二〇〇九年又改名為波音訓練與飛行服務公司（Boeing Training & Flight Services）。

翱騰航訓的負責人雪莉・卡伯利（Sherry Carbary）後來擔任波音中國的總裁。她當時像業界很多人一樣警告說，航空界很快會嘗到苦果，因為新飛機湧現，航空業者也雇用了大批比較沒有經驗的機師，實務上勢必有個大家難以想像的要求：訓練時間要縮短；成本要降低——但品質要更好。這個訓練部門為航空客戶設計了一套計點制度，類似航空公司回饋飛行常客的辦法。翱騰航訓不像過去那樣，提供昂貴的模擬器訓練時數給一定數量的飛行組員，而是提供訓練點數給機師、維修技師和空服員，讓這些人一起使用。卡伯利二〇〇七年告訴產業刊物《全球飛行》（*FlightGlobal*）說：「這就像拿著條換水煮馬鈴薯。」[5]

卡伯利不是機師，有些機師覺得她很冷淡。她很少和機師一起在員工餐廳裡吃飯，在電梯裡碰見也避免眼神接觸[6]。固定的每週四會議，她會鼓勵機師分享點好消息，別說壞消息，和穆勒利要求開誠布公的老規矩背道而馳。

航空業的快速發展，使波音增加雇用新人幫忙訓練機師，並要機師能飛所有它出售的飛機。但波音有些角落還是有人清楚，客戶的機師連基本的熟練都做不到。一位波音的訓練人員去了非洲一家航空公司回來之後，告訴他的上司，他正在寫一篇小的報告：「（誰）不該開飛機。」[7]俄羅斯的西伯利亞航空公司（S7）在波音訓練教官眼中，是非常危險的航空業者，有些波音的教官不願意搭乘他們駕駛的航班，除非教官自己掌握操縱桿。多數教官私下表示，年輕機師太習慣讓電腦發號施令，他們只是聽電腦之命行事，737客機對他們來說是很難駕馭的野獸。一位波音的高階管理人員說，他如果要在亞洲搭飛機，他寧願搭空巴的客機[8]。

很多波音的飛行教官想要提供更密集的訓練，但是主管會告訴他們，公司有更重要的事要做。前波音訓練人員查理・克雷頓（Charlie Clayton）說：「我們覺得在抄捷徑，犧牲了訓練的品質。航空公司也希望機師趕快上線執飛，愈快愈好，訓練成本愈低愈好。」[9]另一位訓練人員麥克・寇克（Mike Coker）說，他一直告訴主管：「你們給我們太多學員了」——多到他們根本訓練不完[10]。波音打算用特約教官，通常是退休的航空機師，陪受訓的飛航組員一起執飛，而不用波音的正式教官。這使波音和旗下機師的關係更加緊張。

二〇一二年，教官兼手冊撰寫人以四比一的表決結果決定加入SPEEA，擴大了加入工會的機師人數。經理們告訴他們，這個投票結果無助於他們的升遷，特別是大家都想要的試飛員的位子。一位資深試飛員在一個會議中宣布：「我們這個單位不會成立工會。」[11]其他的試飛員則議論著，真希望工會不會「傳染給」波音的其他機師。[12]

第二年，幾十個機師正和資方協商新的雇用合約時，管理階層投下震撼彈：波音要把飛行模擬器從西雅圖附近的原賽馬場房舍，搬到邁阿密去。多年前朗埃克斯賽馬場建築改裝完成後，彼得・摩頓張羅了一首管弦樂作品為它揭幕，準備推出777客機。波音說，客戶希望模擬器能搬到邁阿密。在訂單量創紀錄之下，波音在邁阿密、新加坡和倫敦等城市，必須仰賴「外購勞務機師」（purchased service pilots, PSP）。（波音長期雇用的機師替那些人取了個字頭字的外號——DBC，意思是流浪教官（dirtbag contractors）。把訓練工作外包給特約的自由工作者，訓練就可能不一致。一個美航的前機師會用他當年受訓的方法，訓練其他的機師；一個聯航的前機師則可能用不同的方法。

邁阿密訓練中心無法讓波音所有的客戶滿意，有些客戶反對讓特約教官而不是成熟的波音機師指導。訓練中心的建築也很老舊，教官必須在一個大房間裡大吼，學員才能聽到他講話，因為必須壓過冷氣機的噪音[13]。一具模擬器不斷故障，受訓機師都叫它「克莉絲汀」，也就是史蒂芬．金（Stephen King）恐怖電影裡的那輛有如惡魔的老舊汽車。空巴在離邁阿密不遠的地方也有訓練中心，機師覺得那裡要舒服得多，有正式的餐廳，還有通風良好的摩登大廳。波音的訓練中心只有一個供應零食和咖啡的販賣機。

二〇〇〇年代波音的訓練業務在獲利的原則之下，只會有一個結果，也就是彼得．摩頓在一九九〇年代警告過的結果。飛行訓練確實是個有利可圖的市場，二〇一四年之前，每年的商機就有卅五億美元。波音為了擴大利潤，必須壓低經常費用，並且盡量減少免費的訓練——這正是獅航這種比較不上軌道的航空公司需要的。

一位資深的航空機師執飛過二十五年的客機後，過去十年在波音的訓練團隊工作[14]。結果這個他一向崇拜的公司，讓他大失所望。他曾經以為，自己進了航空界最頂尖的公司，可以做到退休，不必再投履歷了。結果他的部門——福克納也在的飛行技術與安全組

——枯萎了，很多裡面的機師都因為深感挫折而離開。機師不開飛機了，而是在辦公室裡回覆電郵；整天有人追趕不切實際的進度；升到（不組工會）試飛員的機率微乎其微。這位前航空公司的機師，在波音待了幾年後，也離開了。他的部門從三十五人左右減少到十八人，剩下的機師有八個去支援事故調查，最後，只剩下兩個人在做訓練工作。

波音的管理階層沒有找全職人員填補那些空缺，而是從劍橋運輸公司（Cambridge Communications）聘用更多流浪教官。劍橋運輸是個機師派遣公司，總部在曼島（Isle of Man）。這是福克納的上司卡爾．戴維斯（Carl Davis）的主意。波音不需要支付這些特約人員的健保費或退休金，降低管理階層口中不斷提到的「負擔率」。

那位前航空公司的機師說，「你絕對想不到波音會是這個德行，要多糟有多糟，根本是一團亂。」

實際上，波音內部的混亂，也導致設計駕駛艙的工程師接觸不到飛行教官。通常教官會觀察受訓的機師在異常狀況時如何反應，但是這兩群人的隔閡，使訊息交流變得困難，最有能力改善缺失的設計人員，也就無從發揮。前訓練人員寇克說：「我們都在原朗埃克斯賽馬場時，模擬器就在樓下，雙方交流得很熱絡。」他說，教官和工程師會一起參與模擬器課程，觀察學員如何處理各種狀況，找出設計上的瑕疵。但若你必須到邁阿密去，或是得在電話裡和某人溝通，那就會困難很多。

原本放置模擬器的地方，曾經有管絃樂團演奏樂曲《奇蹟》的第一樂章。模擬器搬走之後，那個空間最後又有了新用途，波音的安全部門把那裡當作狗舍，訓練偵測犬。

——

福克納經常和勒德奇還有其他設計駕駛艙的工程師一起，在波音機場附近的系統整合實驗室，接待FAA主管737訓練的史黛西・克萊恩（Stacey Klein）。那棟建築的無菌長廊感覺像醫院，一扇看起來無害的門上，寫著「737 MAX駕駛座」（737 MAX CAB），門後面是工程部門的駕駛艙模擬器——大家都簡稱它為「e座」（e-cab）——就在一個超大房間的中間。那個新奇的裝置，看起來像火柴盒小飛機的無限放大版，而且從中間剖開[15]。它放在一個平台上，底下布滿電纜和電線。這個實物大模型裡面，完全複製MAX的駕駛艙，前方有一面曲面鏡和一個高解析度的螢幕，可以把真實的情境投影到機師面前。MAX專案經理奇斯・里佛肯二〇一五年錄過一段影片，他在片中說，小心翼翼的重建駕駛艙，可以讓MAX「第一次飛就萬無一失。」[16]

克萊恩是FAA主管訓練業務的官員，沒有什麼工程背景，之前在地區型的Skyway航空公司當過六年的飛行教官。波音的人覺得，她現在做得力不從心，一位波音的主管在一次會議前寫道：「他們經驗不足，我們應該該聯合起來，讓他們走向我們希望的方向。」[17]MAX的開發計畫接近完成時，波音的人一再提醒克萊恩，將來要駕駛MAX的機師，不需要模擬器訓練。二〇一五年五月的一次演講，內容艱澀到福克納把與會的FAA官員比喻成「看電視的狗」[18]。他向一位同事坦承，他自己也聽不懂，「曲線、斜率、圖表，有的沒的，那些東西除了工程師和試飛員，根本不會懂，只看到ＭＡＸ和ＮＧ之間畫了很多線，應該是要證明這兩款飛機的規格是一樣的。」

誇張的是，波音團隊已經開始告訴航空公司——早在ＦＡＡ准許之前很久——ＭＡＸ不需要模擬器訓練。同一個月，有人寫信問克萊恩負責的飛行器評估組（Aircraft Evaluation Group, AEG），波音說的是不是真的[19]。ＡＥＧ回覆說不是真的——其實ＦＡＡ和波音有過「非常激烈」的討論，ＦＡＡ認為光是電腦輔助訓練是「不夠的。」

克萊恩不肯露底牌，福克納緊張到把雙方僵持的事告訴了總工程師麥可·提爾，結果提爾找了克萊恩的上司來開會，對方是「巴索」的一位主任，名叫約翰·皮寇拉（John Piccola）。提爾告訴皮寇拉，他要確定所有人都在「同一陣線」[20]。皮寇拉同意，沒有人「會在現有的規定上作新的解釋。」[21]

這是再次提醒ＦＡＡ，波音說了算，ＦＡＡ的阿甘們應該聽命行事。

最後，一架完工的ＭＡＸ——不是大模型而是實機——準備試飛。二〇一六年一月的一個週五，天氣多雲，幾千名波音員工聚集在西雅圖郊區的７３７廠房外，見證ＭＡＸ首次試飛，另外有幾千人在自己的辦公座位上收看實況轉播。兩位波音的王牌試飛員坐在駕

駛座上，一位是克雷格．邦本（Craig Bomben），退伍海軍飛行員，也為NASA飛過實驗用飛機；一位是艾德．威爾遜（Ed Wilson），前空軍戰機飛行員。他們啟動第一具發動機時，笨重的MAX往前滑了幾英尺——他們忘了拉手剎[22]。之後飛機平安降落，地面響起歡呼聲。兩位老到的機師在駕駛艙裡互相揶揄，因為他們起飛前核對檢查表時，漏掉了一個步驟。

這反映出機師之間的差異。邦本是試飛員的頭頭，他從聖地牙哥附近的海軍飛行員學校畢業，就是電影《捍衛戰士》中的那所訓練學校。他是福斯電視台主播比爾．歐萊利（Bill O'Reilly）的鐵粉，曾經寫信給歐萊利說：「你對國家安全的觀點是我這麼久以來在媒體上看到最出色的。」他加入波音之前，在加州愛德華茲（Edwards）的NASA德萊頓飛行研究中心（Dryden Flight Research Center）當過改良F-15戰鬥機的研究飛行員，二〇〇六年一次試飛中，機頭朝上，顯示控制飛機上下移動的安定升降面（stabilator）卡住了[23]。邦本在雜誌《大眾機械》（*Popular Mechanics*）中說：「那是飛行員永遠都不想碰到的事。有幾個狀況可能使安定升降面失效——電腦當機、制動器停擺、尾噴管裡有異物——只要安定升降面故障，你就玩完了，不可能把飛機飛回基地。」不過，如同《大眾機械》雜誌上說的，那次只是個測試，德萊頓飛行研究中心放在機上的一款還沒有開發完成的感測系統，只花了八十分之一秒的時間，就偵測到異狀。

邦本和他手下的很多機師不一樣，他沒有待過航空公司。他試飛時會測試飛機的物理極限，但其實航空公司機師透過每天的例行操作——別忘了拉手剎——才能真正了解飛機的極限。有一次，一位波音教官安排邦本和幾位阿拉斯加航空的機師，一起作例行的循環飛行，就是幾個小時內多次起降[24]。那位教官回憶說：「邦本回來後說：『哇，那才叫試飛！』」

ＭＡＸ第一次試飛成功，意味著管理階層可以鬆口氣了。那年是波音百年，商用飛機部門主管雷伊・康納（Ray Conner）致詞時說，這次試飛成功「帶領我們進入下一個創新的百年。」西雅圖的歷史與工業博物館（Museum of History & Industry）坐落於比爾・波音駕著他的第一架飛機飛越的湖上，博物館挑高的展覽廳那年夏天會有懸吊的飛機，也會循環播出波音員工讚美波音的影帶，訴說這個西雅圖最老的公司各種傳奇的故事。

首次試飛一個月後，總工程師麥可・提爾意外接到麥克・狄雷尼（Mike Delaney）的電話，狄雷尼曾經是麥道公司的工程師，現在是波音的工程副總裁[25]。狄雷尼說：「恭喜你！」波音為了答謝提爾首飛成功，要給他額外的限制型股票。提爾辦公室附近的會議室裡，倒數鐘走到了最後一秒。

波音機場回歸平靜，試飛員在邦本和威爾遜領導下，日復一日的試飛ＭＡＸ，測試失速、爬升、轉彎。機艙裡載了幾位工程師、成堆的電腦測試設備，還有大型水桶，放在應

該裝設座椅的地方[26]。試飛時反覆裝滿或洩光水桶，測試不同載重下飛機的表現——水桶裝滿水就是飛機滿載的時候。提爾接到狄雷尼的道賀電話後才一個月，試飛員就有狀況要報告。

飛機在高速時機頭會上仰，這個古怪的設計使波音採用了MCAS，但測試低速失速時，有時候機頭也會上仰。規範裡要求碰到這種情況，操縱桿要能逐步增加施力，並向機師示警可能會失速；但實際測試時系統反應失靈。試飛員告訴提爾，這種情況下，MAX沒辦法通過認證，也就是說，不可能拿到FAA的許可[27]。

那一年的三月底，工程師和試飛員想好了解決方案，在這最後階段幾乎別無選擇，就是再次從軟體下手。他們要擴大MCAS的功能，除了高速情況下啟動，也要能涵蓋低速。而且這個方案也有成本低的優點。一張備忘便條上寫道：「所有改變都只有極小或很低的附帶損害，所以不需要額外的飛行測試。」[28]同一天里佛肯和提爾同意了這項計畫，福克納發電郵給FAA的克萊恩，希望把MCAS從飛行手冊上刪除，因為它「只會在正常操作包線之外運作，而且是離正常狀態非常遠的情況下。」[29]福克納仍然專注在他的任務上，就是盡量減少MAX機師的訓練需求，他可能根本不知道軟體更改過。克萊恩當然也不會知道；她同意了福克納的請求。

這個時候很多投入MAX早期開發的工程師，已經去做別的計畫。尤班克等熟悉人為因素課題的人也離開了。還留在MAX計畫的人（機師認為這些人像華盛頓大學的畢業生一樣容易取代，年薪不過九萬美元），很多都沒有勇氣說出「椅套上有血」這樣的話，即使他們有這個念頭。

總工程師提爾指派了一個小組去變更軟體。提爾向上司里佛肯報告時，說那是個「飛航訊號」，這是波音內部的用語，指的是常見的小毛病[30]。

這放在早年的波音，可能真的是小問題。但是現在更改軟體的人員顯然不了解這件事情的漣漪效應。就像汽車低速行駛時，方向盤要轉得更多才能轉向一樣，飛機低速飛行時，水平尾翼要移動更大的角度，才能改變軌跡。提爾的團隊重寫ＭＣＡＳ的程式，使它能在飛機低速飛行時，讓水平尾翼調整二．五度，而原本的設計最多調整〇．六度。

這也表示，低速飛行時，確保冗餘的第二個感測器——高速飛行時測量Ｇ力的加速度計——沒辦法再作用，這點茲事體大。更改後的軟體只靠一個感測器的數據就能啟動，那就是攻角感測器。低速飛行時也靠攻角感測器的數據啟動，而低速正是飛機最脆弱的時候，也就是起飛或降落時。顯然沒有人充分考慮過人為因素的問題——萬一僅有的偵測器失常，機師又忙著處理已經很接近地面的飛機時，情況會何等混亂。

邦本這樣的試飛員很習慣飛機出狀況，因為那就是他們的工作。於是邦本爬進模擬器，在一個單純的異狀下測試新的軟體——一個攻角偵測器失靈，另一個也失效，導致「水平尾翼失控」[31]。ＭＡＸ完成的期限在即，工程師現在明白，不管什麼原因，只要軟體故障，都會啟動兩位機師之間的配平操縱舵。這個黑色的操縱舵上有一條白線，移動時會發出噠噠的噪音，他們認為機師會察覺，然後按下開關，關掉水平尾翼的馬達。試飛員可以在四秒鐘之內完成這個程序，毫無問題，但是他們沒有模擬真正發生事情時，駕駛艙裡會是什麼狀況——警鈴大作，機師握住的「自動震桿器」也轟隆作響。

一位工程師發電郵詢問同事：「如果攻角感測器或馬赫數值是錯的，會有什麼後果？」——意思是攻角感測器故障或航速數據不可靠[32]。同事回答：「如果那些數值是錯的，MCAS會立刻關閉。」

事後證明，這位同事說的不是真的。那個軟體很簡單，就像老式的玩具蜂鳴器。只要感測器偵測到攻角偏高，MCAS就會啟動，然後重設。如果異常狀況持續（攻角感測器失靈時，很可能持續異常），MCAS會再次啟動。

異常情境的測試持續，到了六月，試飛員自己注意到測試產生的問題：飛機會因為MCAS一再啟動而自行修正方向。一位工程師問：「這會不會變成安全或認證問題？」意思是會不會影響FAA的許可。一位同仁回答：不會，「我認為這不是安全問題，除非機師要對抗MCAS，但最後會發現飛機配平嚴重錯誤。」[33]這時，致命的瑕疵已經呼之欲出，如有人鼓勵開發團隊放慢腳步，把所有他們擔心的事情搞清楚就好了。但是波音認為機師在危急時刻，能作必要的處置。

MAX計畫負責人里佛肯沒有研究問題的詳情，之後他在給上司，噴射機部門主管雷伊・康納的簡報摘要中說：「飛行測試時發現一個問題……有一個解決辦法。」[34]

有些一輩子都在波音工作的人，對公司目前的方向感到憂慮，即使他們沒有向自己的上司表達。機師訓練組的一位經理史提夫·泰勒（Steve Taylor），是迪克·泰勒（Dick Taylor）的兒子，迪克是著名的工程師兼試飛員，率先試飛像７７７這樣的雙發動機飛機。西雅圖歷史與工業博物館為了波音百年展，訪問一九八六年進波音的史提夫·泰勒，他主動透露，自己因為波音的改變而感到氣餒。他說：「我們不再靠技術創新領導市場，」讓艾倫·穆勒利離開——「一個非常好的領導人，而且基層都喜歡他」——更是大錯特錯：「結果他讓福特汽車技術領先。」[35]

那一年的五月，另一位機師訓練組的經理蘇珊娜·達西—漢納曼（Suzanna Darcy-Henneman）為博物館的波音百年展錄音，她講述的內容，那年夏天會在博物館裡反覆播放。達西—漢納曼也是波音老兵，曾經駕駛波音最光榮的７７７從西雅圖飛到曼谷，創下飛行時間最短的世界紀錄。她很樂意說些應景的話，講述她在波音的經歷。但她有時候也會吐露心聲——只要百年展結束後，不會留在博物館的檔案裡。「好，尚恩，」她對訪問她的人說：「我現在說的，你可以在二〇一七年七月公開。」[36]她談論波音和麥道合併；公司瘋狂追求低成本；她和財務單位的衝突。她說波音像個飛行員拉操縱桿拉過了頭，現在得設法把操縱桿推回去。

她說：「一切都是為了利潤，感覺你只是一個齒輪，人完全不重要。我過去的工作都跟人有關，不管是工廠試飛、實驗性試飛，或是訓練機師。你們的財務人員會清楚，你要完成你的工作需要哪些努力嗎？」

美國西北部的夏天，如果沒有林火濃煙圍繞，是很舒服的。氣溫不太高，有溫和的海風吹拂，山頭覆蓋白雪的瑞尼爾山（Mount Rainier）不時還會露臉──從高速公路、辦公大樓、飛機上都能看到。二〇一六年八月，MAX專案經理奇斯．里佛肯、他的總工程師麥可．提爾，還有獎賞提爾股票的高層麥克．狄雷尼，在斯諾夸爾米嶺（Snoqualmie Ridge）高球俱樂部，一起為波音經典韓航職業業餘配對高球賽開球[37]。那是西雅圖外喀斯開山脈山麓丘陵上的一座私人高爾夫球場。高球名將伯納德．蘭格（Bernhard Langer）贏得玻璃冠軍盃，並穿上冠軍才有的咖啡色傳統飛行皮夾克。

對波音人來說，那也是令他們哀悼的一個月，遇事直言不諱的喬．薩特以九十四歲高齡辭世。薩特是747的首席設計師，他曾經說，自己最大的貢獻，是讓設計團隊裡每個人都明瞭，自己負責的那一小部分，會如何影響整架飛機。波音商用飛機部門的負責人雷伊．康納形容薩特「啟迪人心──不只對波音人而言，也是對整個航空產業而言。」

二〇一六年八月十五日，波音的工程師把載有最新版本MCAS的軟體──「黑標」

版，表示準備量產——裝在737 MAX 8的飛行控制電腦裡[38]。MAX最後完成了二九七次檢定飛行，有些由波音的機師操控，有些則是FAA的機師。他們模擬了失速和接近失速的狀態；故意讓不同的系統失效，看看飛機和機師會如何反應；飛行時作劇烈的傾斜轉彎，啟動MCAS軟體，使水平尾翼偏斜到新的最大容許角度，二點五度。

再也沒有反對的聲音了。

第二天，克萊恩表示，FAA準備核准福克納負責遊說的波音擬定的訓練方案。飛過737次世代（737 Next Generation）飛機的機師，只需要用幾小時的iPad平板電腦，就能完成訓練。行銷影片很快就有了機師和平板的合影。一位業務人員寫信恭喜福克納和他的團隊，還建議他們當晚「不醉不歸……需要計程車時打電話給我。」[39]

最後，二〇一六年十一月，波音的工程師把MCAS軟體的系統安全評估報告交給了FAA，文件中沒有提到水平尾翼可以調整的新角度，或是「黑標」版MCAS的軟體經過更改這件事[40]。那個版本叫E修訂版。FAA的阿甘們看到的分析報告是根據先前的C修訂版撰寫的。就像之前波音工程師說的，FAA的專家確實拿到了令人頭昏腦脹「滿滿一抽屜的文件」，只是放錯了抽屜。

二〇一七年三月，MAX正式通過FAA檢定時，飛行控制設計師瑞克．勒德奇沒有太多時間參加慶祝活動，因為他被資遣了，他說：「因為我的薪水太高了。」[41]到了四月，MAX已經開始下生產線了，波音的員工卻還在尋找手冊裡的錯誤。一名員工在一封電郵中寫道：「我很確定，波音工程師哪天設計出全新的客機，一定會比較好。再等一等？公司會留誰下來做這件事？半個都不會有！」[42]這封電郵是後來調查人員找到的。

最後又找到一個錯誤：多數已經開始交付的MAX飛機上，顯示兩副攻角感測器數值不同的警示燈都不會亮，因為警示燈的線接錯了，接到選配的攻角原始數據顯示器上，這個設備大多數航空公司（包括西南航空和獅航）都有沒買。波音的工程師決定等到二〇二〇年，軟體更新的時候，再修正這個問題[43]。

MAX手冊撰寫人福克納二〇一六年秋天就完成了任務，他到了這個時候，覺得心情輕鬆，於是寫了幾句話給他在FAA時的老同事：「我的飛機檢定工作算是塵埃落定了，至少目前是，」剩下的就是讓MAX模擬器過關，加上出幾趟差，或是「利用控心術，讓FAA接受我的訓練計畫，一如往常。」[44]

但是到十一月，他對MAX的看法改變了。他坐在邁阿密的飯店房間裡，喝著法國灰雁伏特加，向他的副手，前瑞安航空機師派崔克．古斯塔瓦森（Patrik Gustavson）透露，MAX在模擬器上的表現「糟透了」[45]。MCAS原本是要在高速時預防失速，但是沒有人告訴過他，原來MCAS可能在時速只有一五〇英里時啟動。他寫道：「我在大概四千英尺的高度模擬水平飛行，時速二三〇浬，飛機卻瘋狂的自我修正，我心想，搞什麼鬼？」

古斯塔瓦森的第一個反應是上班族慣有的厭倦跟沮喪。他回覆說：「這真是太棒了，」因為這下他們得更新手冊中的描述。但福克納有更深一層的憂慮，他回覆道，那表示他「（在不知情下）欺騙了FAA」，沒有告訴監管機關，這個系統會接管水平尾翼，並且使機師驚慌失措。福克納寫道：「為什麼我們現在才知道這件事？」

古斯塔瓦森回答：「我不知道。試飛員根本不讓我們參與他們的事。」

福克納說：「他們都忙得要死，這個計畫給他們很大的壓力。」

他們當時不可能知道，自己正在討論737 MAX的致命瑕疵，也就是兩年之後導致兩起空難、奪走三四六條人命的瑕疵。

福克納從頭到尾都是個皮克特衝鋒型的人，他雖然警覺到有問題，卻堅守原有的崗位。十一月稍晚，他和克萊恩談過話，但是沒有向克萊恩提起他個人的憂慮。之後他還提醒克萊恩，雙方同意過要把MCAS的內容從手冊中刪除[46]。二〇一八年獅航取得第一架MAX時，要求模擬器教學，福克納的反應很不客氣，他寫道：「一群白癡！」[47]接著他安排了好幾天的電話會議，說服獅航，他們的機師不需要模擬器訓練。之後他向一位同事講述這段斡旋過程時寫道：「我幫獅航省下的錢可不只是一點點。」[48]

不斷堆在737 MAX背上的重量——還有開發及銷售人員的所作所為——都讓它難以負荷。飛機注定要出事。

十、墜機

機長巴維耶·蘇內加得了流感，副駕駛哈爾菲諾清晨四點就被叫醒，臨時要他執飛MAX[1]。二〇一八年十月那一天，旅客在他們後面拖著行李依序登機時，這兩位獅航的機師仍有充分的理由安心的欣賞這架飛機摩登的外觀。他們兩位都飛過無數次較早期的737飛機，跟過去的737相比，MAX的機艙安靜得令人心情大好，即使是讓兩具新的大型發動機預熱的那五分鐘，都不覺得吵雜。他們的座椅非常舒服。面前四面大型彩色螢幕，讓高度和速度一目瞭然——不像波音老式的類比刻度盤，一度有人稱作「蒸氣壓力計」。

蘇內加那天早上，每隔一分鐘就會咳嗽一次，但是他身體好的時候，是個陽光的人，也是聚會中的靈魂人物。他喜歡烤披薩或做印度香米飯給朋友吃[2]。他也熱愛機械工具：出去玩的時候，總是他開車[3]。他也正期盼著這一趟從雅加達飛回新德里之後，和結婚兩年的妻子嘉莉瑪（Garima）一起開車到接近尼泊爾的高原地帶旅遊。蘇內加一家有好幾個人在航空業工作，母親是印度航空（Air India）的經理，妹妹立志要當機師。蘇內加在加州的飛行學校受完訓之後，二〇一一年加入獅航，那一年獅航下了波音歷來最大的單筆訂單，購買價值二二〇億美元的ＭＡＸ客機，交易由獅航創辦人魯斯迪．奇拉納（Rusdi Kirana）跟美國總統歐巴馬握手敲定。

奇拉納的成功故事也很傳奇。他最初是兄弟牌（Brother Industries）打字機的經銷商，之後和兄弟在雅加達開了一家旅行社，那些年他都舉著旅客的名牌在蘇卡諾—哈達國際機場接客人[4]。最後兩兄弟湊了九十萬美元，租了一架老舊的737-200客機和一架俄製的雅科夫列夫（Yakovlev）Yak-42客機，獅航就這樣在二〇〇〇年成立。

到二〇一五年，奇拉納已經是億萬富翁。一頭烏黑的頭髮和修剪整齊的鬍鬚，經常穿著牛仔褲，襯衫不塞進去，當時他五十二歲，看起來比實際年齡要年輕。雖然已經發了財，但他有時候會說後悔進了這行。他曾經若有所思的說，「只有笨蛋」才會開航空公司，「如果我有錢，我會買農場，開礦，做房地產，或開飯店。」[5]

ＭＡＸ之外，獅航也買了好幾百架空巴的A320neo客機。獅航掌控了印尼一半的國內航空市場。印尼有兩億五千萬人口，散佈在七千個島嶼，這些島嶼東西綿延三千英里——人口中多數連一次飛機都沒有搭過。這麼大的未開發市場都任由獅航處置，難怪同一年升任波音執行長的穆倫柏格，經常談到航太產業已經到達一種打破循環的新常態。

就算獅航的成長軌跡類似西南航空，安全紀錄是怎麼也比不上的。二〇一八年六月之前的十一年，獅航和印尼其他航空公司，都不准飛歐盟地區，因為歐盟不信任印尼航空業者的維修和訓練。二〇〇四年獅航一架飛機在印尼的梭羅（Solo）機場衝出跑道，有二十五人喪生。還有一次是二〇一三年，在峇里島機場，飛機還沒到跑道就著陸，結果降落在水裡，機身裂開，機上一〇八人全部奇蹟生還。

空巴二〇一四年也和獅航簽訂買賣合約，但是空巴訓練機師的方式和波音不一樣。它透過共同持有的雅加達安卡沙飛行學校（Angkasa Aviation Academy），提供獅航全職的教官、課程以及模擬器，還有另外的空巴人員派駐獅航的維修機棚。奇拉納說：「空巴協助我們進步。」[6]

波音的支援則比較沒有章法。約翰．加格里亞（John Goglia）說，一九七〇及八〇年代，波音也派駐人員在維修機棚，以便監督航空公司維修飛機，並提供建議。加格里亞在聯合航空和全美航空當過三十年的技師，一九九五年到二〇〇四年，則出任ＮＴＳＢ的委員。晚近他說，波音的駐廠代表要管好幾個機場，轄區範圍常常廣達好幾千英里，「時間久了也就變得不重要了——波音是有個駐廠代表在某個地方，但是你都得打電話。」[7]

蘇內加和哈爾菲諾等機師因為飛過７３７次世代，不需要為了飛ＭＡＸ再接受模擬器訓練，這都拜福克納和同仁之賜。（波音員工的電郵中寫道：航空公司損失的薪水是「零。」）[8]但是波音還是必須開發一款ＭＡＸ的飛行模擬器，讓剛剛拿到ＭＡＸ證照的機師接受訓練。MAX開始載客一年多之後，波音全球服務部門的飛行技術與安全組，還在排除錯誤——也一直向各國的管理機關保證，一切都按計畫在走。有人看到機師受命簽署基於謊言的認證文件，深感絕望而寫道：「那些謊言，該死的謊言。」那些錯誤包括飛機的音訊系統有問題、軟體故障、使用數據老舊、風管會漏。有員工在即時通訊中說，波音為了降低成本，把模擬器合約給了報價低的競標廠商，真是令人惋惜。那家廠商是德事隆（Textron）的子公司，叫真實模擬與訓練公司（Tru Simulation + Training），總部在南卡的鵝溪（Goose Creek）。一名員工在簡訊中說，「如果FAA讓那坨屎過關，我會很驚訝。」這則即時通訊後來交到了國會調查人員手裡。

不只一位員工在遭遇多重問題，又面對主管機關的質問下，表示很後悔讓模擬器匆促完成。「上帝到現在都沒有原諒我去年做的事情。」一位員工在即時通訊中說。有人在即時通訊中問他：「你會讓家人搭乘經過模擬器訓練的MAX機師開的飛機嗎？我不會。」這位員工答覆：「不會。」幾十架MAX已經開始載客營運，在波音加速生產之下，更多MAX會進入市場。

有一個人深入參與MAX的開發，但是飛機出事時他已經不在波音：馬克．福克納。西南航空剛剛拿到波音交付的第一批MAX，沒有幾個西南航空的機師敢說，他比福克納更了解MAX或它的飛行模擬器。福克納跳到西南航空擔任副機師，並把全家搬到西南航空總部所在的達拉斯。當時他還不到五十歲，他對朋友說，他找不到要在波音退休的理由，雖然他一度認為，波音是航空界最好的公司[9]。

其他人也和他一樣覺得夢想幻滅。有一個人寫道：「每個人腦子裡都清楚，趕上進度最重要，因為那是管理階層施壓和管理的目標。」這個人也是個經理，參加過「行／不行的會議」。他說，內部都知道，那個會議是個「行／行的會議」，因為否決不是選項。這位經理指出：「我們根本還不確定真實模擬與訓練公司能不能完全符合我們的要求，」他哀嘆：「結果最低階也是我們最沒有把握的供應商」拿到了MAX模擬器的合約，「只因為它報價最低。」

接著他指出，波音花了幾十年培養起來的優勢，很快會變成殺人的武器，並摧毀自己的聲譽：「那是個系統，是個文化。我們現在的領導高層不了解這個產業，卻驅策我們追求某些目標。很多個別的團體彼此沒有密切合作，也不必負責任……。有時候你得讓它出大包，才能讓所有人看清問題在哪裡。」

西雅圖附近華盛頓湖畔，生產737的工廠裡，艾德．皮爾森（Ed Pierson）就看到了他害怕的事情。皮爾森當了三十年海軍軍官，指揮過分遣艦隊，二〇〇八年進入波音，待過邦本領導的試飛組之後，擔任737裝配廠的資深經理。他發現工作人員為了達到穆倫伯格交代下來的目標，程序大亂，全無章法，而覺得非常失望。穆倫伯格要求二〇一八

年六月之前，生產率要從每個月四十七架增加到每個月五十二架。只完工一半的飛機堆放在裝配區、湖邊的碎石路上，還過了橋堆到跑道上[10]。工作人員加班時數加倍，落後進度的工作量，是平常的十倍。

管理人員沒有放慢速度，反而施加更多壓力。部分737生產部門的管理階層，會在一百多人出席的員工大會上，詢問部屬工作進度為什麼落後[11]。波音有一套電腦系統用來追蹤品質上的瑕疵，皮爾森看到瑕疵通報——設備功能不全、未經檢查、零件錯誤——增加了百分之三十。

皮爾森決定越級報告，他寫了封信給737製造廠總經理史考特．坎貝爾（Scott Campbell），告訴他：「老實說，我所有的內在警報器現在都在響。我很遺憾這麼說，我生平第一次覺得不該讓我的家人搭乘波音的飛機。」坎貝爾回信時向他保證，安全和品質仍然是最重要的。一個月後，情況繼續惡化，皮爾森要求面見坎貝爾，他向坎貝爾出示品質不保的證據，並要求坎貝爾下令停產。坎貝爾說：「我們不能那麼做，我做不到。」[12]皮爾森表示，他在軍中看過軍方為了沒有那麼要緊的安全問題而停產。坎貝爾簡單明瞭的回答：「軍方不是營利單位。」

以營利來說，波音確實傲視群倫。二十年前，哈利．史東賽弗還斥責沉溺業餘小嗜好的高傲工程師，因為這群人不知道經營企業是怎麼回事，如今波音已經變成華爾街的最愛。二〇一七年波音的獲利，從前一年的四十九億美元增加到八十二億美元，激增百分之六十七，毛利——營業收入扣掉銷貨成本——上升到之前認為不可想像的百分之十一。波音的股價也回應了獲利表現，在穆倫伯格三年主政下，股價成長了三倍，二〇一八年初，股價越過了三百美元，對這個長期活在奇異陰影下的公司來說，是個驚人的里程碑。之前華爾街對康迪特有疑慮，也不看好史東賽弗，麥克納尼時代更跌跌撞撞，現在波音終於成了企業界的翹楚。奇異的那套策略則已經失敗，自身的財務危機暴露出內部銀行的缺點，那一年奇異的股價更暴跌到連十美元都不到。

波音公布二〇一七年創紀錄的獲利、現金流及商用飛機交付量之後不久，財務部的人員在芝加哥亞當街的萬豪酒店（JW Marriott）舉行年度會議[13]。財務長葛瑞格・史密斯告訴屬下，如果繼續要求效率，並讓現金流向股利及股票買回，波音的股價可以漲到八百或九百美元。

懶惰波音不再步履蹣跚，穆倫伯格受訪時宣布，波音要當企業獲利的標竿——也就是說，要重現奇異的黃金年代。他在媒體上說：「我們的目標不再是航太業的第一名——我們要當全球的冠軍企業。」[14]有些屬下覺得很失望，他們認為穆倫伯格這是在玩命。穆倫伯格還說，亞洲每年有一億人第一次搭飛機，航空運輸業從此不會再有景氣循環。穆倫伯格不論上CNBC、出席華府的經濟俱樂部（Economic Club），或參加股東會，只要經過演練，都可以表現得俐落明快。觀眾喜歡聽到長得像約翰・葛倫（John Glenn）的人談論太空旅行的前景。穆倫伯格當時才五十出頭，經常說他期待美國十年內可以經由波音的火箭，送人到火星，而他到那個時候還在為波音掌舵。

企業的傲慢經常從老闆熱中極限運動中流露出來。就在安隆公司（Enron）破產之前，執行長傑佛瑞．史基林（Jeffrey Skilling）還向記者吹噓，他要是沒有騎壞一兩輛越野腳踏車，就不算是度假[15]。二〇一八年春天，穆倫伯格談到他視察工廠時，發運動衫給波音員工，就地舉行自行車賽，因為他一週要騎一四〇英里。經濟俱樂部裡有人問他：「有人能騎得比你快嗎？」穆倫伯格答道：「有些人還在努力。」[16]

華爾街、FAA，還有初期的川普政府，都是穆倫伯格的隊友，波音從來沒有碰過這麼棒的順風。FAA負責飛機安全的新任助理署長正是阿里．巴拉米（Ali Bahrami），他之前在西雅圖成立BASOO，也曾經因為和波音關係似乎非常近，而讓在他麾下工作的專家非常苦惱。他一度離開FAA，接下產業遊說工作，二〇一七年七月又重回FAA，但是薪水比過去少。一個月後他在華府郊區的一場研討會中，告訴航空貨運公司，在安全問題上，他特別希望跟業者合作，而不是跟他們作對。巴拉米很驕傲地說，過去兩年強制執行少了七成，「我們過去用黑函的多寡來衡量成敗，現在不一樣了。」[17]那一年穆倫伯格和分析師通電話時，稱讚政府「把焦點放在解除管制上」，並且把飛機檢定程序「簡化」，這些作為有助MAX飛機上市。

經過波音等業者的遊說，授權撥款給ＦＡＡ的法案，第二年更進一步把主控權交給製造商、削弱ＦＡＡ的權力。而當初成立ＦＡＡ的目的就是要監督製造商。新法案把ＦＡＡ最基本的一些權力繳了械——例如，決定波音這樣的飛機製造商有沒有資格檢定自己的產品，這個權力從此旁落。外界認為，派駐工程師在民營企業代行檢查，在新的法規之下，等於ＦＡＡ自廢武功。如果監管機關對一個系統有疑慮——例如夢幻飛機的電池，或ＭＡＸ的飛行控制系統——他們得先正式提出理由，解釋為什麼需要把檢定的權力從製造商手中拿回來。

驕傲的ＦＡＡ專家盲目服從，他們不再是BASOO工程師李德笑稱的阿甘，倒更像早期電視劇中的警長巴尼．范夫（Barney Fife），是一群沒有實權的代理檢查員，帶著槍走來走去，僅有的一顆子彈還放在胸前的口袋裡。

新的法律也讓ＦＡＡ的官員進一步受制於航空公司，ＦＡＡ官員本應監督航空器製造公司，結果卻讓航空業的人決定他們的薪水。法律要求由航太公司高層成立一個工作小組，參與決定ＦＡＡ人員的津貼。前ＦＡＡ官員佩姬．吉力根（Peggy Gilligan）告訴《紐約時報》：這只比之前的法案版本好一點，原本航太公司的高層可以左右每一個ＦＡＡ人員的薪水，「他們準備影響每一個人的荷包，讓ＦＡＡ人員知道自己的收入多寡可能掌握在業者手裡。」[18]

換句話說，ＦＡＡ變成了橡皮圖章。最初波音的監督代理人向ＦＡＡ的主管報告，如今很多面向都正好相反：政府官員得聽命於波音。那張組織圖把ＦＡＡ官員的大頭照放在波音主管的下方，結果成了事實陳述。ＦＡＡ核發飛機檢定證書的人員馬可．羅內爾（Marc Ronell）曾經聽人談起，主管們因為及時核准了一款直升機的設計，而獲得現金補助。羅內爾說：「這根本就是讓該受監管的人決定該怎麼監管自己。」[19]

穆倫伯格和川普這兩個人一開始感覺有點格格不入，結果變得臭味相投。這種不可思議的交情，有點像宗教右派可以為了川普的有利政策，而忽視他道德敗壞，當然宗教右派陷入的矛盾更為劇烈。結果粗魯的馬戲團老闆和熱中讀經的企業家，在法規、稅務還有貿易戰上找到了交集。貿易戰的目標是把加拿大龐巴迪公司製造的飛機——還有他們更先進的科技——擋在美國市場之外。

波音其實是川普最早修理的對象。二〇一六年十二月他總統勝選後，飆罵美國政府和波音簽訂的７４７空軍一號合約價格「高得離譜」，幾個小時後，穆倫伯格就在電話上，向他解釋那架飛機的規格。穆倫伯格極力討好川普，遞交新的合約內容給自稱最會談生意的人。穆倫伯格告訴記者，波音大打折，把兩架舊的波音７４７從沙漠的機棚裡拖出來重新裝配，變成總統專機。從此之後，川普對待波音就像對待比爾．藍西克（Bill Rancic）——實境節目《誰是接班人》（*Apprentice*）第一季的優勝者，川普不斷推薦他是個人才。

二〇一七年川普在東京跟企業領袖會談時，對著聽眾大叫：「波音在嗎？波音呢？」[20]然後誇張地對日本波音的負責人說：「看看我的愛將，站起來，小伙子，我讓他……太了不起了。你表現真棒。而且我也愛F-18戰機。」

川普就職後一個月，首次訪問企業，來到南卡的波音製造廠，這在保守派媒體上是件轟動的大事。他在白宮和芬蘭當時的總統召開聯合記者會時，宣布芬蘭已經同意購買波音聖路易廠生產的F-18戰機，讓芬蘭總統大吃一驚。之後芬蘭總統紹利．尼尼斯托（Sauli Niinisto）說，川普說的是個「玩笑」，芬蘭還沒有最後決定。川普和波音的對手洛克希德—馬丁公司高層通電話，討論另一架戰機F-35時，讓穆倫伯格側聽[21]。他還任命波音的前任高層派特．夏納翰（Pat Shanahan）出任美國國防部副部長，主管軍品採購。

國際上商用飛機的市場競爭日益激烈，部分是因為加拿大的一家公司，出乎大家意料之外成為危脅，波音於是利用和聯邦政府的關係應對競爭。龐巴迪公司新推出的C系列飛機一直讓波音很緊張，擔心它會搶走737的市場。波音的忌憚有充分的理由：二〇一六年，美國重要的航空業者達美航空訂購了七十五架C系列客機。不過開發C系列客機的投資使龐巴迪的債務惡化，它需要有買家賣下這項計畫。

波音一位高階主管描述，自認是謀略高手的波音法務長麥可．勒提格，設計了一套策略，準備以慷慨的條件吞下龐巴迪：初期的協商，波音會同意某些讓步，然後勒提格會向美國商務部申訴，指控加拿大政府補貼龐巴迪的新機型開發計畫[22]。商務部裁決C系列客機不能賣到美國之後，波音就以小博大，使出更多退讓，最後接收C系列客機，完全不用本錢——可能還有更多好處。

雙方高層經過幾週的會商，龐巴迪公司還認為頗有進展[23]。二〇一七年八月的一個週六，勒提格的手下打電話給加拿大駐美國大使，突然停止協商。川普政府的商務部按時回應了波音的申訴，課徵C系列客機將近百分之三百的關稅。勒提格似乎贏定了這盤3D西洋棋。

熟悉整個過程的高層說，那一年的十月，勒提格正在向波音的董事們報告他策略的最新進度，大家的手機都收到緊急訊息：據悉空巴要買下龐巴迪C系列的大部分股份。C系列客機將來要在阿拉巴馬州莫比爾（Mobile）的工廠生產，規避美國的關稅。

接下來波音很快又遭遇一連串的挫敗。美國國際貿易委員會（U.S. International Trade Commission）以四比〇駁回了波音的前述申訴；達美航空又訂購了一百架飛機——買的是空巴，而不是波音的ＭＡＸ；加拿大政府取消了總價五十億美元，購買波音F-18戰機的訂單。這些挫敗可以說是波音的傲慢自大造成的。但波音的反應是，轉而和巴西航空工業公司談合併，並同意以38億美元買下巴西航空工業公司的大部分股份。偉大的波音，看來沒有人能擋得了。

二〇一八年八月，穆倫伯格和波音負責政府關係的副總裁珍妮佛．羅威（Jennifer Lowe）來到紐澤西州貝明斯特（Bedminster）的川普國家高爾夫球俱樂部（Trump National

Golf Club）。羅威之前擔任共和黨眾議員幕僚時，協助籌備過雷根的喪禮。企業領袖晚宴上，他們的座位就安排在川普和夫人梅蘭妮雅的旁邊。穆倫伯格說：「拜川普政府政策之賜，我們今年的飛機產量會創紀錄。」[24]川普插話進來：「波音績效非常好。我想波音一定會很喜歡我，對吧？你們做得非常好。老實說，我想這個房間裡每個人都很喜歡我。我們會保持下去。」

一個月之後，穆倫伯格又有機會上台，這一次是在聖路易郊區愛德華茲維爾（Edwardsville）他私人宅邸附近的第一浸信教會。他的那片地產有兩英畝，上面還有一棟大房子和大鐵門。他這次是為了參加第一浸信教會的「領袖午餐會」系列活動，在場的會眾是他多年來在波音往上爬的過程中，一起聚會的教友，他對大家說：「航空業經常有驚奇。」[25]他說，他會從失敗中記取教訓——提到大家都忘了的一件事：他主導的航空交通管理系統中途叫停。主持人問他工作如此忙碌，如何實踐信仰。穆倫伯格回答：「不論我在工作還是在家裡，我理應是同一個人，同一個企業領袖，同一個男人。信仰是我們做所有事情重要的支柱。」

九月廿四日，他公開支持聖路易的「聖經經商訓練」團體。當年他參加的早晨查經活動，使用的就是這個非營利組織編定的教材。（當地分會的領袖是波音主管訓練的高層，也是促成穆倫伯格出任全國總會主席的要角。）這個團體的宗旨是「在職場裝備神的子民。」

穆倫伯格當天的演講題綱叫〈追尋神的藍圖〉，開頭引用路加福音第十二章第四十八節：「多給誰，就向誰多取；多託誰，就向誰多要。」[26]穆倫伯格接著說，「職場領袖的人品愈來愈靠不住，」這也是為什麼讓大家分成小團體討論信仰如此重要。「我們必須了解如何把聖經應用在每天的生活和工作上。」

十月，穆倫伯格在亞利桑那州格蘭岱爾（Glendale）路克空軍基地（Luke Air Force Base），又和川普同桌[27]。這次是要和前波音高層，現任國防部副部長夏納翰討論軍事合約。夏納翰的大頭照還掛在芝加哥波音總部會議室的牆上，他曾經是波音執行長的第二人選。川普指著夏納翰，說他是國防部聰明的買家，然後轉向穆倫伯格說：「丹尼斯，你覺得夏納翰表現得還可以嗎？」穆倫伯格立刻回答：「他很強悍，非常稱職。」

他們很不自然的談了幾分鐘，說到投資航太和教育的重要——穆倫伯格再次感謝川普的「稅務改革及法規變革」——正在房間裡對記者講話的川普，這時打斷他們的交談。川普說：「你們知不知道發生了什麼事，有人從宏都拉斯過來了，總數大約有五千人。宏都拉斯、瓜地馬拉、薩爾瓦多。這些人裡面有些是重刑犯，慣犯。」這時是二〇一八年期中選舉前一個月，這些訊息經過川普在推特上大肆傳播，加上福斯新聞台添油加醋的報導，導致錯假訊息滿天飛，中美洲移民一場示威遊行的畫面，也就成了準備向美國尋求庇護的「難民隊伍」。川普說：「他們貫穿瓜地馬拉，裡面有些壞人。準備進入美國到波音工作的可不是嬰孩，不是小天使。」一位記者問他有沒有那些人是罪犯的證據，川普開始嘲諷起來：「拜託，別幼稚了。好好看一看。」（那是位女記者。）穆倫伯格和夏納翰這兩位凡事講求數據，又都有碩士學位的工程師，只是默不作聲地聽著。

十月廿二日，波音獲得全國安全委員會（National Safety Council）的羅伯．坎貝爾獎（Robert W. Campbell Award），表彰它在追求安全上的領導地位。這個非營利非政府組織當時的主席，是NTSB的前任主席，曾經調查過夢幻飛機電池起火的事故。十月廿四日，就在獅航因為一個小葉片安裝錯誤而失事的前幾天，波音發布第三季現金流增加百分之卅七，來到四十一億美元，比分析師預估的兩倍還多，使波音股價跳升百分之三。加通貝祥（Canaccord Genuity）金融服務公司的分析師肯．赫伯特（Ken Herbert）說：「現金就是現金，你否認不了。」[28]

第一次下墜就像掉進一個很深的洞，接著聽到所有人尖叫，大家都在祈求上帝[29]。這不是失事的那架班機，而是另外一架比較幸運的獅航客機。這架班機準備從峇里島飛雅加達，那天是二〇一八年十月廿八日，星期天。飛機從峇里島起飛後幾分鐘，剛過晚上九點，波音施壓FAA官員從手冊中刪掉的電腦軟體啟動了。飛機像翹翹板一樣上上下下持續了十分鐘，坐在第二排的瑟普里昂托．蘇達托（Surprianto Sudarto）看到空服員和機師帶著像字典的大書進出駕駛艙。他對自己說：「那是指導手冊還是什麼？」[30]至少一個乘

客難受得吐了出來[31]。

峇里島機場波音維修基地的技師，換掉了這架幾乎全新飛機的攻角感測器上一片缺損的葉片，換上佛州一個維修廠的舊葉片。這兩片葉片在機頭的兩側，就像兩個鼻孔，用來偵測飛機和相對風流的角度大小，葉片伸出去的部分會隨著氣流旋轉。葉片連到機內一組像齒輪的裝置——其實是幾個小型變壓器，叫分解器（resolver），可以讀取攻角數據，跟靜態基準比較之後，再把數據輸入機上的電腦。分解器裝設之前，應該要做測試，確定可以正確校準。但是佛州的維修廠和峇里島機場的維修基地都沒有發現，跟這片葉片連在一起的分解器，偏離了廿一度。

最後導致航空事故的「錯誤鏈」，最常見的就是馬虎懶散，大徹大悟總在出事後。其實波音的馬虎，從MAX設計初期的折衷妥協就開始了，一直鬆散到開發計畫的尾聲。MCAS軟體的設計，每一個航班只接收一側感測器的數據，下一個航班則接收另一側感測器的數據，交互使用。故障的感測器剛好傳輸數據到機長操控桿上，於是那架獅航飛機起飛時，啟動了軋軋作響的震桿器，連機師手上的操縱盤都在震動，並觸動高度和航速的警報，最危險的是，會強制機頭朝下。

那個獅航班機跟幾小時後蘇內加和哈爾菲諾執飛的航班，用的是同一架飛機。但是前面那個航次恰巧有個優勢：有個休假的機師搭便車，坐在駕駛艙裡的折疊椅上，就在兩位執飛機師的中間[32]。這第三位機師在混亂中，看到兩位機師之間的配平操縱舵自己在移動。他想起對應的檢查表——手冊裡有幾十個相關的檢查表——這正是水平尾翼失控時會有的現象。於是機長推動了一個開關，把水平尾翼的馬達給關了，正如波音工程師設計飛機時設想機師會做的事。剩下的航程，機長得自己轉動配平操縱舵，這對廿一世紀大型商用飛機的機師來說，是件粗重的工作。機長手裡的操縱桿一直在震動；萬一數據有誤，ＭＡＸ飛機上沒有關掉震桿器的機制，但是飛航組員努力控制住情況，九十分鐘之後，飛機平安降落在雅加達。

飛機回到地面之後，機長在航空日誌上寫下了事件的經過，獅航的技師則為這架飛機的下一趟航程作準備[33]。機長的航空日誌記錄了他看到的警示燈——ALT DISAGREE、IAS DISAGREE及FEEL DIFF PRESS（表示高度不一致、空速不一致還有液壓不對）。機長跟技師從來沒有看過AOA DISAGREE警示燈——它能顯示左側攻角感測葉片和右側攻角感測葉片數據不一致，如果有這個警示燈，問題就會清楚得多。為什麼獅航的ＭＡＸ沒有這個警示燈？因為獅航沒有付錢。獅航買的是標配的ＭＡＸ，所以沒有這個警示燈。波音也從來沒有向客戶說明，缺少這個警示燈可能有什麼後果。

獅航的維修團隊從來不知道需要更換故障的攻角偵測葉片。於是他們關掉電源，根據維修程序處理其他幾個警示燈顯示的問題，沒有找到這架飛機需要停飛的理由，結果飛機獲准第二天一早起飛。但是ＭＡＸ飛機的軟體有個特性，電源關掉之後，故障的顯示器會再次輸入左側偵測葉片的數據到機長的操縱桿上。很不幸，蘇內加和哈爾維諾成了不知情的天竺鼠，而且他們那趟航班上，沒有第三位機師可以幫忙。波音工程師在倉促完成的軟體上留下來的欠條，終於到了要償還的時候。

二〇一八年十月廿九日上午八點鐘，雅加達市，芬利克斯（Fenlix）正開著車要去開會，中途停下來喝杯咖啡，這時他接到一個老朋友的簡訊：一架獅航客機剛剛栽進爪哇海[34]。芬利克斯跟多數印尼人一樣，名字只有一個字，他知道他卅一歲的弟弟菲利安（Verian）就在那架飛機上，和義大利前自由車選手安德瑞・曼菲迪（Andrea Manfredi）一起飛往兩兄弟的老家檳城。菲利安開了一家自行車店，曼菲迪是他的供應商。他們談完生意之後，準備去度假。芬利克斯送了一則簡訊出去：老弟你在嗎？

墜機之後幾個小時，印尼潛水救難隊已經到了水下，撈起很多變形的手機、身分證、行李袋和照片。起重絞車開始把大型殘骸拉上船，潛水人員則開始尋找飛航記錄器和座艙通話記錄器。正機師蘇內加的父親跑到東雅加達克拉瑪查迪區（Kramat Jati）警察醫院，不發一語的坐著，讓戴著手套的護理人員，用拭子在他口腔頰側採取黏膜組織，取得DNA樣本，以便確認他兒子的遺骸[35]。搜索墜機現場時，有個名字加進了死亡名單：潛水員夏赫若・安多（Syachrul Anto），四十八歲，溺斃[36]。

西雅圖波音商用飛機工程副總裁約翰・漢米爾頓（John Hamilton）召集機師和飛行控

制專家開會，討論哪裡出了問題。這次出事的飛機非常新，特別讓人覺得震驚，也使那個週一的波音股價下跌百分之七。漢米爾頓後來在美國國會的調查聽證上說，那天的會議時間不長，「我們很快就認定，MCAS的啟動可能是原因。幾天後找到飛航記錄器……我們就立刻著手更改軟體。」[37]

獅航的飛安紀錄本來就不好，這下矛頭當然指向它。空難後一個星期，悲痛的家屬擠在讓人冒汗的禮堂，參加印尼交通部長召開的一項會議。家屬在人群中認出獅航創辦人奇拉納，要求他表明身分。奇拉納站著低下頭來，家屬認為那個姿勢是懺悔或覺得羞愧[38]。

西雅圖的FAA波音飛航安全監督辦公室，工程師開始搜尋檔案，查找軟體瑕疵的資料，結果發現派駐波音的代理檢查人員有些工作沒有完成，也沒做對。MCAS的系統安全評估工作，在MAX正式通過檢定前五個月，才移交給FAA。飛機適航性檢定的資料浩繁，短時間內完成認證，很可能是倉促認可。檢查軟體設計的代理監督人員把軟體故障的風險列為輕度，但是檔案中的資料顯示，軟體是較早期的設計（C修訂版），而不是後來試飛時加進去的比較厲害的版本（E修訂版）。資料顯示，水平尾翼可以調整飛機升或降的角度只有〇．六度——但是在最後的版本，水平尾翼的可調整角度是資料上的四倍。一位FAA專家說，「他們變更這個設計，就徹底改變了MCAS的潛在能力。沒有人告訴FAA工程師這件事。FAA工程師負責認定波音是否遵守所有的規定，卻根本不知道軟體有這項變更。」[39]

波音的安全審查委員會（Safety Review Board）由工程師和機師組成，會定期審視波音飛機的安全事故。這個委員會十一月初討論獅航的空難，與會者很快就承認軟體的某些缺失。他們原本假定，機師在警示燈亂閃時可以鎮定的理清頭緒，並伸手把水平尾翼關掉，但這個假設問題很大。

即使在這種自己人組成的團體，對飛安意外還是會保持沉默，獅航空難後也不例外。這是一種自我保護：如果有人寫報告指出某項缺失，飛機製造商就可能因為事前知情，而受到額外求償。一九九〇年代，波音客機的兩起空難，是不是因為方向舵設計不良而引起，各方爭吵不休，最後訴訟案附帶了一項說明，標題叫「我們有個問題」，裡面提到工程師承認——其實在第二起空難之前——方向舵的一個閥門可能會卡住。有些機師幾年後都還看到同事，因為必須解釋自己寫過的東西而非常痛苦，於是自己下筆時變得更加小心。

機師不願意反駁波音的說詞，還有一個原因——無關成本，而是膚色。波音機師對膚色相同的同業會有同理心，但這同理心不會擴及蘇內加和哈爾菲諾[40]。座艙通話記錄顯示，哈爾菲諾一度接手操控桿，波音機師於是一直在討論哈爾菲諾怎麼沒有按下拇指下方的開關調整飛機。波音的機師清一色是老白男，長期以來都會私下取笑他們出差海外時，碰到的不適任的飛航組員。有個波音機師就經常說：「他們笨得連737都不會拼。」另一個教官則會誇張地問：「何忠福」會處理某個程序嗎？

安全審查委員會的結論是，波音應該提出一套警示，讓機師在這種情況下能找到正確的檢查表——比較幸運的那架次獅航班機賴以關掉失控水平尾翼的查核表。FAA十一月七日「根據飛機製造商的分析結果」，提出緊急適航性指導，就和波音安全審查委員的結論一致[41]。這個緊急通報告訴機師和航空公司，如果攻角感測器收到錯誤的數據，「飛機的水平尾翼可能會不斷接收到壓低機頭的指令，」也「可能撞擊地面」，後面這句在航空用語上其實是不痛不癢的一句話。這項緊急適航性指導，仍然隻字不提MCAS軟體是飛機失事的罪魁禍首。

用白話文來說，這項適航性指導說的是，波音這款理應配備現代科技設備的新飛機，可能因為一個小小的感測器接收到錯誤的數據而墜毀。這令人非常困惑，如果有一款商用飛機會單點故障，那麼它實在不應該存在才對。等到波音開始私下和航空公司討論MCAS，用力解釋飛航控制軟體如何運作，機師之間的小道消息就爆開了。

機師最不安的是，MCAS的新功能顛覆了波音幾十年的設計理念，這個設計理念也是波音一直聲稱它和空巴最大的不同。因為波音飛機的電腦絕對不會和機師搶奪飛機的主控權，這點讓機師非常放心。現在美國的航空巨擘若無其事的告訴航空公司的機師，MCAS做的，正是波音一直反對的事。

MCAS是為了應付MAX硬體設計的改變，硬塞進飛航控制系統的，而且為了應對這套新軟體，許多機師必須嚴正以待。機師必須在幾秒鐘之內，察覺水平尾翼失控了，然後要像機器人一樣，非常有效率的遵循正確的檢查表。一英寸厚的快速參考手冊（Quick Reference Handbook, QRH）是應對緊急情況的指南（這是從更厚的飛航組員操作手冊〔Flight Crew Operations Manual〕節錄出來的，原書有一千多頁），裡面有幾十種檢查表。機師必須分析許多種機械上的狀況，就像醫師診斷疾病一樣。例如襟翼不正常時，有六種不同的處理程序，每一種處理方式都會使飛機的飛行有些微差異。

而且，MCAS一旦啟動，機師若只是拉起操縱桿想把機頭拉高——這是本能反應——的話，機頭不會有反應。這時候能控制飛機的是那套軟體，而不是機師。在飛航控制系統中加上MCAS，也改變了機師拇指下方的開關，但是最早執飛MAX的機師很少人知道這件事。之前的機型有兩個拇指下的開關——一個用來關掉水平尾翼所有的電源；另一個只用來關閉自動配平功能[42]。自動配平是由飛行控制電腦透過細微的調整，讓飛機配合氣流轉移重心。

MAX只有一個斷流開關。機師如果按照指示，在緊急情況下關掉這個開關，就沒辦法再用拇指下的按鈕，調整電動配平操縱舵，只能靠手動配平操縱舵控制飛機，也就是那個搭便車的機師，在獅航班機失事的前一晚發現、會自己移動的操縱舵。控制手動配平操縱舵不是件容易的事，機師一年只會受訓一次，複習手動操控，但有些機師整個執飛生涯都用不到，特別不會在起飛或降落，這兩個最緊張的時刻用到。波音的記錄顯示，二〇〇一年到二〇一八年，幾億架次的航班中，只有三十次啟動了震桿器，其中有二十七次發生在７３７飛機上[43]。

機師從二〇一八年十一月開始，在ＮＡＳＡ負責維護的匿名飛航安全報告系統（Aviation Safety Reporting System）上表達不安。一位機師寫道：「我認為飛機製造商、ＦＡＡ還有航空公司，讓機師在缺乏適當訓練，甚至不讓他們充分了解這型飛機和前面幾型有什麼差異的情況下執飛，是很沒有良心的一件事。這架飛機需要靠這種應急裝置飛行，本身就是很危險的事。現在我們知道機上配置的系統可能出錯——即使機師不確定那是什麼系統；有哪些冗餘；失效模式是什麼。我能問的只剩下：還有什麼是我不知道的？」[44]

另一位機師說，ＭＡＸ的飛行手冊「資訊不充分，幾乎到了犯罪的程度。」

十一月十三日的《華爾街日報》說，機師、飛安專家還有中階ＦＡＡ官員都指控波音「隱瞞了新系統有潛在危險的資訊。」[45]這則報導引起了波音董事的注意。前美敦力（Medtronic）執行長亞瑟・柯林斯（Arthur Collins）把這則報導轉寄給波音執行長穆倫伯格，並直接了當的說：「我相信你已經看過……也會向董事會簡報。」[46]穆倫伯格和肯・杜伯斯坦還有戴夫・卡爾霍恩都談過話。杜伯斯坦當過雷根的白宮幕僚長，從麥道董事會轉到波音董事會後，長期是波音的首席董事。卡爾霍恩不久前才成為波音的首席董事，這是後來法院審理股東提起的訴訟時，挖出來的內部記錄。

那一天穆倫伯格穿著灰色西裝，配上雪白的襯衫和紫色的領帶，接受福斯財經台的訪問。主持人瑪莉亞・巴蒂洛摩（Maria Bartiromo）鄭重的說，「今天上午對波音的最新質疑，令人非常擔心。」[47]她指的是《華爾街日報》的那篇報導。穆倫伯格立刻以他心中腳本的第一個答案回應，跟他平常的表現一樣，聽起來演練過很多遍。他說：「呃，瑪莉亞，我想我們必須向獅航六一〇班機上的人員表達哀悼，也必須向罹難者家屬致哀。我們從頭到尾都跟調查機構密切配合。」最後說出他的結論：「最重要的是，波音737 MAX安全無虞。安全是波音的核心價值。」

巴蒂洛摩問他到底發生了什麼事，結果他都在怪罪獅航的機師。穆倫伯格說，那款飛機「有能力處理」感測器故障之後的狀況，那也是獅航墜機可能的原因。他強調，波音已經發布公告，要求機師遵循「現行的飛行程序。」畫面上播出救難船隻從海中打撈飛機殘骸的畫面，巴蒂洛摩問他，是否後悔事前沒有告訴機師更多飛航系統的資訊，穆倫伯格再次根據他的腳本答道：「我不後悔。我再次澄清，我們把安全駕駛波音飛機的所有資料都提供給了機師。」巴蒂洛摩追問：但那些資料機師拿得到嗎？穆倫伯格說：「拿得到，就在訓練手冊裡，那是現行的訓練程序。」巴蒂洛摩說：「噢，我了解了。」顯得放心許多。

當然手冊裡沒有MCAS的說明——除非去查詞彙表，表中只定義了這個詞，但沒有解釋它的功能是什麼。（它的定義可能是之前的版本留下來的，後來馬克・福克納說服了FAA的官員刪去了比較完整的描述。）

第二天上午，穆倫伯格登上波音的「挑戰者」商務飛機，降落在愛荷華州一座新的區域性機場，距離他的老家只有一英里多一點，他準備為機場啟用剪綵。當天他還在處理

《華爾街日報》那篇報導的後續效應，並透過電郵向杜伯斯坦保證，他會遞交正式的報告給董事會，這封像商務信件的電郵，主旨是「搞定獅航那檔事」。杜伯斯坦回覆道：「媒體真可怕。」他簡潔又老成的說：「媒體非常兇狠，負面的話說個不停，讓人很不舒服。」[48]穆倫伯格告訴杜伯斯坦，FAA發表了一篇「很有幫助」的聲明，澄清沒有對內部作調查；在華府負責政府關係的提姆．基亭「正處理政治上的事」；機師工會想讓外界起疑，把MAX歸為新機型，要駕駛MAX得需要更多成本[49]。穆倫伯格的結論：「這件事的各個面向都在努力中。」穆倫伯格電郵中六個簡明的句子，意外呈現了波音為什麼看不到自己的過失：因為監管機關自動繳械，波音的政治影響力大到不成比例，公司高層冠冕堂皇的反工會。

愛荷華州鄉下迎接穆倫伯格前來剪綵的銀髮鎮民，不會在意國外發生的一起空難。穆倫伯格和前一天一樣，穿著灰色西裝，打著紫色領帶。他說著自己人才懂的笑話時，大家鼓掌喝采。穆倫伯格提到，他們所在的那一大片土地，過去大家叫它「百萬角落」——「現在價值可不只百萬美元！」[50]穆倫伯格的母親、兩個兄弟還有朋友鄰居全來了，大家爭睹昔日的鄰家男孩如今成了企業名人。之後穆倫伯格和他們親切互動，他笑得很開心，就像是場婚禮。「嗨，老室友，」他向史提夫．海夫曼打招呼，海夫曼是他大學時的室友。讚賞他畫作的蘇森特中學老師泰德．德．胡格也在場。德．胡格提到兒子在達美航空當機師，穆倫伯格說：「噢，太棒了！」活動結束時，他走了幾步路，就來到挑戰者商務飛機旁邊，飛機停在跑道上，所有人都看得見。他上了短短的幾階階梯，轉身向鄉親揮手告別，然後飛機起飛。穆倫伯格的母親阿莉妲（Alyda）和《蘇郡日報》（*Sioux County Journal*）的記者站在一起，看著油光發亮的飛機在家族田地的上空轉彎，她說：「我真是驕傲。」

印尼當地已經有一群人準備為波音和獅航控制損害。這又是一項保護措施，對航空業者來說再平常不過，所以穆倫伯格在他簡短的電郵中連提都沒提。雅加達的一家宜必思（Ibis）飯店成了臨時危機處理中心，茫然的家屬十一月每一天都來等消息，有些人還不切實際的盼望奇蹟。那架ＭＡＸ衝進海裡的速度之快，有些飛機殘骸直接嵌進海底，沒辦法打撈上岸。潛水人員把他們找到的遺骸放進四十九個橡膠袋子裡，送到警方的實驗室，讓鑑識人員比對指紋、牙齒和ＤＮＡ。第一位確認身分的罹難者贊娜敦・辛蒂雅・戴維（Jannatun Cintya Dewi）是個二十四歲的女性，在能源及礦物資源部工作，遺骸放進一具棕色木棺安葬，棺木上印著一組條碼[51]。

十一月五日，莉妮・蘇吉約諾（Rini Soegiyono）帶著兩個剛剛失去雙親的外甥女，一個十一歲，一個七歲，來到宜必思飯店的一個房間找心理諮商師。莉妮的姐姐妮亞・蘇吉約諾（Niar Soegiyono）和姊夫安德利・維拉諾法（Andri Wiranofa）都在那架ＭＡＸ飛機上。剛剛過去的那個夏天，妮亞才買了票，帶妹妹和兩個女兒去聽席琳・狄翁（Celine

Dion）在雅加達的演場會。安德利是高階的國家檢察官，妮亞則跟所有忙碌的家長一樣，努力安排女兒們課後的活動：武術、鋼琴、聖經營。現在兩個女孩一次要哭好幾個小時。同一天，莉妮接到一位公證人的電話，請她到飯店三樓一個房間簽署一些文件。

公證人旁邊有兩位獅航的主管，他們讓她看一份放棄訴訟協議書，如果她簽字，就可以拿到十三億印尼盾，相當於九一六〇〇美元。莉妮說：「我現在不會簽什麼文件。」[52] 莉妮是石油工程師，剛好英語流利。她看了一眼文件的附錄，列了四百多個公司的名字，足足有八頁，分成兩欄，包括波音、獅航，以及全世界主要的航太設備供應商。簽了這份文件，拿了那筆錢，你就不可能在全世界哪個法院控告那些公司。莉妮問，她能不能把文件帶回家研讀，對方說文件不能離開那個房間。莉妮沒有簽字，離開了那個房間。當天晚上，警方的鑑識實驗室有人打電話來說，她姊姊的遺骸確認了。

空難之後短短幾天，獅航這麼一個廉價航空公司，就能有這麼周全的法律應對，讓人很難想像。莉妮和她最後聘請的律師，為了知道是誰在背後主導，費盡了心力。

麥可・殷德拉札那（Michael Indrajana）是印尼裔的美國律師，三十五歲，住在北加州，空難發生後，就從親朋好友那裡聽到各種討論。他是智慧財產權律師，為矽谷的新創公司辯護。殷德拉札那生在舊金山，他還沒週歲，全家人就搬回了印尼，十幾歲才又回到美國。他從加州戴維斯（Davis）的高中畢業後，進了加州大學戴維斯分校主修應用計算物理學，之後在太平洋大學（University fo the Pacific）的麥克喬治法學院（McGeorge

School of Law）取得法學學位。他是個科技能手，喜歡自組電腦、研究XBox遊戲機控制台內部。法學院教授要他們寫一篇報告，談在版權遊戲上裝「改機晶片」的合法性，結果教授給了他最高分，評語中說，他的報告內容就像他真的用過改機晶片。

獅航墜機後一個星期，殷德拉札那和他的良師益友也是合作律師桑吉夫・辛吉（Sanjiv Singh），在百思買（Best Buy）賣場附近的咖啡店碰面，為了他們正在合作的一個案子，把檔案從一台跑不動的筆電，轉到一台新的筆電上。辛吉獨力接案前，在紐約著名的世達律師事務所（Skadden Arps）服務。他其實算是個奇才，不過四十六歲，已經有哈佛大學的學士學位和洛杉磯加州大學的法學學位——然後又完成舊金山加大的醫學學位，並取得醫師執照，在史丹佛大學醫學中心擔任內科住院醫師。（從醫這條路是受到父親的鼓勵，辛吉的父親是洛杉磯加大著名的心臟科專家。一次在中國餐廳吃晚飯，辛吉考慮學醫，父親投下了贊成票。）

辛吉和殷德拉札那在咖啡店時，談到獅航的墜機還有ＦＡＡ剛剛發布的適航指令，指令中提到軟體的瑕疵可能把機頭往下壓。指令的內容看起來很平淡，就像蘋果手機程式瑕疵的通知，用詞中性，含意卻驚天動地。殷德拉札那告訴辛吉，即時通訊應用程式WhatsApp上，他印尼的朋友、親戚和同學有很多討論，還有人替罹難者家屬請教他的意見。雖然媒體報導上，失事可能原因都指向機師操作不當和維修草率，但辛吉直覺沒有這麼簡單。他告訴殷德拉札那，他要控告波音。

原本殷德拉札那計畫一個月之後帶著妻小回印尼度假，當天晚上，殷德拉札那告訴妻子和三歲的兒子，他要提早回去。不到四十八小時之後，他就住進了雅加達哥哥家的客房。

他聽到危機處理中心，有看似官員又沒有充分表明身分的人，和家屬交談。家屬覺得那些是航空公司或政府的人。他得知其中有些其實是當地的律師，正替波音和獅航投保的保險公司，說服家屬簽署放棄訴訟協議書。

一位家屬在群組裡說：「我的老天，這真是太誇張了。」[53]他說有人把他帶進那個房間，告訴他不可以和其他人討論那份協議書，那房間就像中情局的訊問室，角落有支三腳架，上面的攝影機全程錄影。房間中央放著一張帶著金屬腳的折疊桌。殷德拉札那還聽說，有些不識字的家屬被帶進那個房間後，有人向他們口頭說明協議的內容，並催促他們趕快簽字。類似的情況在美國的話，保險公司還必須揭露其他訊息，免得觸犯州法和聯邦法律中禁止詐欺性及疏忽性失實陳述的規定。殷德拉札那和辛吉都是有經驗的律師，但是沒有在西方國家以外的地區處理過航空事故，辛吉形容那有如置身「美國蠻荒大西部」。殷德拉札那在印尼長大，他看到這次業者以欺瞞的方式應對，是出於防賊心態外帶種族歧視，這在美國不可能發生。他有一天打電話給辛吉說：「我覺得這裡面有文章，而且超出了空難的範圍。」

全球航太保險公司（Global Aerospace Underwriting Managers Limited），總部在倫敦，算得上全世界最大的航空業保險業者。最初是一群戴著禮帽的金融界人士在倫敦經營保險公司，一九二四年他們合資為剛剛開始的航空業務承保。長期以來，世界主要的航空公司和飛機製造業者都由全球航太保險公司承保。全球航太保險公司通常會把風險分散到合資的其他保險公司身上。根據公司發布的最新資料，德國慕尼黑再保險公司（Munich Re）和華倫．巴菲特的波克夏—海瑟威公司的一個部門，是全球航太保險公司的控股股東。全球航太保險公司是波音和獅航最主要的承保者，印尼罹難者的理賠會由它負責。

像這樣的空難，有個標準的處理程序，保險業者只要照著做就行了。在危機處理中心替全球航太保險公司跑腿的人，說服了多達七十位罹難者的家屬簽下放棄訴訟協議書。即使以印尼的生活水準，那筆和解金也少得可憐，特別是當作他人過失而慘死的賠償金來說——還不到雅加達專業人士平均年薪兩萬五千美元的四倍。但是對剛剛失去經濟支柱，又有例行開支要付的家庭來說，九萬多美元的補償實在很難拒絕。家屬戴迪．蘇肯達爾（Dedi Sukendar）為了讓死者的兩個孩子繼續上學，簽了協議書。他之後告訴《紐約時報》：「我們想卸下心理上的壓力。」[54]

放棄訴訟協議書上的幾百個公司，在家屬簽了字拿了錢之後，不會再受到法律追訴，其中也包括全球航太保險公司。換取家屬放棄追訴的九萬多美元，幾乎是二〇一一年印尼法律規定的，空難中過失方必須賠償死者家屬的最低金額，法律也沒有限制家屬提告。

（保險公司和波音公司都不願回答這件事的相關提問。）

印尼之前兩次波音７３７的空難，波音和保險公司都採取類似的策略。一次是二〇〇五年，曼達拉航空（Mandala Air）的班機墜毀在住宅區，奪走了一四九條人命。另一次是二〇〇七年，亞當航空（Adam Air）的機師因為忙著處理慣性導航系統的問題導致墜機，一〇二人罹難。這兩次空難之後，博欽律師事務所（Perkins Coie）的律師艾莉森・坎德瑞克（Allison Kendrick），二〇一〇年擔任波音產品責任的首席法律顧問，和協助保險公司說服家屬放棄訴訟的律師合作[55]。坎德瑞克把家屬簽署的放棄訴訟協議書送交美國法院，當作美國法院不再受理家屬後續提告的憑據，然後把後續的案子移交給判賠金額低得多的外國法院。

波音的代理人開始保護波音利益的時候，殷德拉札那也正好看到獅航危機處理中心的真實情況。他和合夥律師辛吉忙著蒐集資料，準備控告波音，同時還得分神勸阻家屬不要簽署放棄訴訟協議書。莉妮也在WhatsApp的群組上叮囑大家不要簽字，但是她聽到有些家屬覺得自己沒有選擇。有些人連來到雅加達危機處理中心的旅費都是借來的。辛吉說：「航空旅客中最弱勢的，就是權利受剝奪的有色人種，他們的待遇，絕對是最差的。」[56]

每一起商用飛機空難都是獨一無二的，通常牽涉很多國家的國民，也牽涉很多不同國家的公司。一百年前訂定的國際條約，嚴格規定損害賠償該如何計算，除非能證明某方有過失，這也是為什麼審判地的裁定非常重要。辛吉認為，波音總是有辦法限縮自身的責任，而且這些策略到目前為止都非常成功，這似乎也是波音高層不重視這類空難的一個原因。辛吉說：「就是相同的錯誤、相同的傲慢，還有相同的想法，認為所有事情都可以按照他們的進度、他們的方向完成，他們還能把過程安排得很巧妙。」

還不到十一月下旬，空難的新聞就已經不再是全球媒體的焦點。機上只有兩個人不是印尼籍——機師蘇內加，他是印度公民，還有義大利的前職業自由車選手安德瑞．曼菲迪。《紐約時報》等媒體開始追究獅航汙點眾多的飛安紀錄。十一月廿三日的《紐時》下了這樣的結論：「訪問過幾十位獅航的管理人員、機師還有地勤人員，以及印尼的調查人員和航空業分析師，讓人了解到這個航空公司太重視成長，以至沒有形成重視安全的文化。」[57]科文（Cowen）投資銀行的分析師凱．馮．儒莫（Cai von Rumohr）描述華爾街的氣氛，大家多半把這次空難看成一時脫離常軌，「因為MAX是衍生機型，我們覺得這個技術問題不至於難以修正。」[58]

穆倫伯格在感恩節前向董事會簡報，出不出席由董事自行決定[59]。他在給員工的信中則保證，「我們會從這次意外記取教訓，改善我們的飛安紀錄。」但是他再次壓制一項質疑，就是波音是否已經告知客戶所有的資訊，「各位可能看到媒體上的報導，說我們故意保留飛機性能的資訊。那不是事實。我們在飛航組員操作手冊中都提到相關的性能，也定期讓客戶了解，如何安全地操作我們的飛機。」[60]

有些機師不願意讓這件事就這麼過去。那個秋天，幾位波音教官在上海碰到美國航空公司的一位機師，對方抨擊波音在印尼「奪走了那麼多人命。」[61]一位教官事後描述了那段不愉快的對話。這位教官當時回答：「欸，你話別說得太早。」提醒對方等更多證據出來再說。這位教官回到西雅圖後，和另外六位波音飛行教官一起參加一項簡報，由派崔克·古斯塔瓦森主講MCAS軟體如何運作。古斯塔瓦森之前是瑞安航空的機師，兩年前才和福克納在簡訊上有過喪氣的討論，現在他是737的首席技術機師。古斯塔瓦森告訴聽簡報的教官，MCAS根據單側攻角感測葉片測得的數據啟動，即使收到的數據是錯的，也會繼續運作。之前要求美航機師不要太早下定論的教官說：「在場的人全都嚇到。」古斯塔瓦森則說，那群教官「全都狀況外。」他們立刻認定那是設計上的瑕疵，一位在場的人說：「獅航的機師全程都在跟飛機奮戰。」

一位波音工程師測試MCAS時，也說過同樣一件事，但是他當時的電郵內容看起來從容不迫，也沒有示警的意思——一派雲淡風輕的口氣。但對機師來說，這風險太清楚了，那是致命的風險。

———

波音派出副總裁麥可·辛奈特（Mike Sinnett）和首席試飛員克雷格·邦本負責消除美

國主要客戶，也就是那些航空公司機師的疑慮。辛奈特主導過夢幻飛機電池起火的危機處理，邦本則是MAX首次試飛的試飛員。十一月廿七日，他們拜訪德州沃斯堡的美航機師工會，工會主席丹．凱瑞（Dan Carey）事前答應屬下，如果波音的代表講話沒有誠意，他會錄下談話內容。結果波音高層只說了幾分鐘話，凱瑞就悄悄按下手機的錄音鍵（這在德州是合法的，只要一造同意就可以錄音。）

辛奈特的聲音柔和而單調，錄音開始時他說，「媒體上我們可以看到的一件事情是，『波音在飛機上安裝了一套系統，卻跟誰也沒說。』」[62]（顯然他用手指在空中打了引號。）接著繼續說：「那只是個小軟體，」印尼發生的故障，在飛機設計和適航檢定時都充分解釋過。媒體稱它「單點故障」是不對的，因為「這項功能和受過訓練的機師共同合作，是這個系統的一部分」——這個說法引起了一位機師的質疑，他是德州西部人，說話慢而且會拖長調子。

美航機師麥可．米基埃勒斯（Michael Michaelis）打斷辛奈特的講話：「抱歉，你是不是說受過訓練的機師？」米基埃勒斯體型像隻鬥牛犬，在美國空軍飛F-16時，代號是Taz。

辛奈特回答：「是的，是的，」並繼續他的講話，但米基埃勒斯不久又打斷他。大家都知道，波音沒有訓練機師熟悉MCAS——如同米基埃勒斯指出的，「我們這些人根本不知道飛機上有這套該死的系統。」他還說，如果這套系統故障，又有一堆彼此衝突的警示，機師很難在一片混亂中判斷問題出在哪裡。

辛奈特承認：「我們正在解決這個問題。」他接著問大家，如果水平尾翼失靈，原因為何有那麼重要嗎？機師難道不能在這種情況下找到檢查表嗎？有些機師認為，這個問題是在挖苦機師的「飛行術」。機師用這個詞彙描述他們天生的飛行操控能力——還可以擴大到他們的男子氣概。美航機師直覺上都知道，像獅航班機那樣攻角感測器故障時，機師會需要時間才判斷得出來。美航機師工會發言人丹尼斯・塔杰爾（Dennis Tajer）答道：「真正的故障原因被很多其他警示訊息遮蔽了。」米基埃勒斯附議：「一點不錯。」

ＭＡＸ對機師來說還是一款新飛機，飛行時數夠多的機師還很少，大多數除了粗略的在iPad上練習過，都沒怎麼執飛。米基埃勒斯從他閱讀的資料上發現，那個軟體會一直把機頭下壓，這讓他憤怒：「你們在動我的操縱桿，你知道嗎？」他繼續飆罵，如果相同的故障發生在從邁阿密起飛的ＭＡＸ飛機上，一架美航班機掉進比斯坎灣（Biscayne Bay），「你們一定被修理得體無完膚。」米基埃勒斯說，「波音的某個高層決定了，機師不需要了解這個軟體在做什麼。」

米基埃勒斯問道，感測器故障時，會有警示燈告訴機師嗎？辛奈特回答：「你的飛機上有。」他沒有說明，波音在其他ＭＡＸ飛機上修改了這項裝置，只說美航買的是有攻角偵測器故障顯示裝置的。但這個裝置獅航的ＭＡＸ沒有。如果事情發生在米基埃勒斯駕駛的美航飛機上，會有一個小旗子跳出來警告他，攻角偵測數據有異，技師會在地面把感測器修好，「所以你不會駕駛那樣的飛機。」

機師繼續向辛奈特提問，最後機師彼此交談。一位機師質疑，MAX的顯示面板差異那麼大，他們為什麼只接受四十分鐘的訓練。另一位機師說，美航為什麼沒有MAX的飛行模擬器？

辛奈特最後向大家喊話：「請大家了解，我們對安全的承諾和你們一樣慎重，真的是這樣。獅航的空難是最糟糕的結果，如果再來一次就更糟糕了，所以我們必須盡一切努力，確定不會再有下一次。」

他說波音正努力更新MCAS，讓整個系統可以駕馭，「不需要一年，只要幾個星期——六個星期左右就可以完成。」

第二天印尼政府公布了初步的調查結果。報告中指出，自動化軟體讓機師感到困惑，也指明維修人員犯了錯。波音的聲明則強調，維修上的錯誤是一連串失誤的開端。[63]

這兩個說法哪一個占上風，從股票市場的反應就可以輕易看出。幾天之內波音的股價漲到三六〇美元，比空難之前還要高。穆倫伯格信心十足的保證穩住大局，即使實際駕駛過MAX的機師滿腹懷疑，罹難者家屬也怒火中燒。蘇內加的母親是印度航空公司的經理，她接受CNN訪問時說：「現在大家對MAX的信心動搖，應該更早有人質疑這件事。」[64]

獅航創辦人魯斯迪．奇拉納打電話給穆倫伯格，隨員都聽得一清二楚。奇拉納帶著髒字破口大罵，指控波音背叛它最好的客戶[65]。奇拉納也公開表達他的憤怒，他告訴記者，波音把過失都推給獅航，這非常缺德，他打算取消未來的訂單[66]。穆倫伯格接受CNBC

訪問時冷靜的答道，波音的合約都是「長期的安排，任何一方都無法單獨取消。」[67]

波音的領導階層沒有明確指出問題所在，公司也就無法快速反應、明確聚焦——雖然部分高層清楚問題的嚴重程度。首席董事戴夫．卡爾霍恩後來說，「邊際條件受到考驗時，機師什麼樣的反應會導致可怕的後果，大家很早就想到了。」[68]福克納待過的部門主管，副總裁奇斯．庫柏（Keith Cooper）要部屬列出客戶名單，這些航空公司的機師需要額外的訓練，因為他們在類似的緊急狀況下可能無法處理MCAS軟體的問題[69]。熟悉這次討論的人說，他們列出的客戶有俄羅斯西伯利亞航空，還有獅航在泰國的子公司。

十二月初，FAA航空器檢定業務處的官員估計，軟體如果不修正，可能還有十五架MAX會掉下來[70]。這是根據機隊未來的規模、預期的飛行時數，和粗估每一百位機師中可能有一位無法處理罕見的感測器故障，計算出來的結果。FAA靠著這些試算表協助風險管理。這些冷酷無情的統計數字，就是航空業界為了擺脫政府監管，長期推動的分析工具[71]。

當然，其實只有四位機師遭遇過這樣的突發狀況，再加上那位坐在摺疊椅上的機師。如果把搭便車的機師也算在內的話，就是每五位機師有一次墜機。即使FAA比較寬的算法是準確的，這麼高的墜機比率也讓人瞠目結舌。還有十五架會墜機，這個機率相當於波音757、767、777、787和最新的747過去三十年出事率的加總[72]。

但是MAX還在飛，辛奈特說的「六個星期左右」，最後也變成了好幾個月。

十一、「死亡飛機」

二〇一九年一月，美航機師丹尼斯．塔杰爾和他的副機師在芝加哥歐海爾國際機場（O'Hare International Airport），坐在一架MAX的控制台前，熱機時兩人一直在討論他們的飛行計畫，這時乘客魚貫進入他們背後的機艙[1]。塔杰爾是美航機師工會的發言人，波斯灣戰爭時在美國空軍飛KC-135加油機，飛前面幾款737客機也有十幾年的經驗。十一月和波音高層辛奈特交手後，這是他第一次飛MAX。他和副機師認為，切掉水平尾翼的電源，讓所有警示燈都關閉，聽起來很驚悚。那一趟飛行，他們想出了自己的檢查清單。他們知道MCAS只會在襟翼抬起的時候啟動，所以決定如果情況失控，就讓襟翼垂下，然後飛回機場。那一趟飛行沒有異狀，順利完成，但是他們會自行想出應對方式，反映出最見多識廣的機師，對波音告訴他們的訊息多麼沒有信心。

二〇一八年的耶誕節，廿四歲的珊雅．司都莫（Samya Stumo）和家人從麻州波克夏

（Berkshires）開著休旅車，到愛荷華州探望祖父母[2]。司都莫一家關係非常緊密，全家同行特別愉快。珊雅的兩個弟弟亞德南（Adnaan）和托爾（Tor）也都是二十出頭，父親麥可・司都莫（Michael Stumo）和母親娜蒂雅・米勒朗（Nadia Milleron）讓三個孩子從小在家自學。家裡的老四——么弟奈爾斯（Nels）——兩歲死於癌症，夫妻倆決定把握家庭生活的分分秒秒，立刻搬到農莊去。孩子們在穀倉裡盡情發揮創意，最後一起演奏吉普賽爵士，珊雅拉大提琴，亞德南負責小提琴，托爾則奏手風琴。

凡事鼓勵的雙親加上無憂無慮的環境，使唯一的女兒珊雅對什麼事都滿懷信心。她四歲就自己學會閱讀，七歲得意的養了一隻自己的豬，十歲駕駛垃圾車，十四歲進入維吉尼亞州斯湯頓（Stauntons）瑪麗鮑德溫大學（Mary Baldwin University）為「資賦特別優異」學生設計的課程[3]。她在麻州大學艾默斯特（Amherst）分校讀西班牙文和人類學，然後在哥本哈根大學公共衛生學院拿到碩士學位。她的碩士論文研究二十五個國家的病毒性肝炎。那趟耶誕節家庭團聚的過程中，她夢寐以求的ThinkWell通知她去上班，這個機構總部在華府，為比爾與梅琳達・蓋茲基金會（Bill & Melinda Gates Foundation）等單位提供衛生政策的諮詢。她準備去肯亞，加入改善婦女就醫機會的工作計畫。一家人開車回麻州的路上，父母親建議她怎麼跟老闆談薪水。

那一個月穆倫伯格也在慶祝波音的新里程碑，這個百年企業年營收超越了一千億美元。二〇一九年一月三十日，波音的股價大漲百分之六，來到三八七美元，穆倫伯格再次受到華爾街的吹捧。CNBC的記者菲爾．勒波（Phil LeBeau）說，「這是偉大的一天，」並提到分析師預測波音股價可能衝上五〇〇美元，這時穆倫伯格靦腆的岔開問題：「我們重視的是可長可久的成長。」[4]（幾個月前，波音的財務長才把內部的股價目標訂在八〇〇到九〇〇美元。）

波音的工程師還在努力更新軟體，兌現辛奈特的承諾。FAA此時由阿里．巴拉米負責飛機的安全檢定，給了波音整整十個月的時間修改軟體，然後重新測試，在此同時，737 MAX可以繼續飛，波音的生產線也全力生產，繼續交付737 MAX飛機給航空公司[5]。

即使波音的軟體更新完畢，FAA也沒有人力可以測試。那一個月大部分的時間，聯邦機關的人員都因為政府關門而放無薪假，那次聯邦政府停擺也是史上時間最長的一次，前後三十五天，從耶誕節前持續到一月底，起因是總統川普在福斯新聞台評論員的刺激下，想強行通過在美國和墨西哥邊界蓋圍牆的預算[6]。

FAA自己的分析都顯示，737 MAX的風險非常高，每兩到三年就可能有一次空難，但沒有人認真考慮要禁飛這型飛機。理由很清楚：這次意外和波士頓羅根國際機場那次電池起火不一樣，沒發生在美國國內，而是發生在印尼；沒有美國人罹難；機師都是外國人；媒體不再關注這件事。波音的高層向FAA作簡報時，始終強調MAX的機師一定可以在十秒鐘之內確認軟體故障，絕對能趕在飛機失控之前。他們對更新後的檢查表有十足的把握[7]。

波音及ＦＡＡ官員也在美國國會監督航空業的委員會面前保證，獅航的空難不值得深究。飛機檢定主管巴拉米二月會晤眾議院運輸暨基礎建設委員會主席彼得・狄法吉歐（Peter DeFazio），還有航空小組委員會負責人瑞克・拉森（Rick Larson），他對兩位國會議員說，獅航空難是機師操作不當的「單一事件」[8]。

ＭＡＸ操作手冊的主責撰寫人馬克・福克納則沒有這麼樂觀。他知道自己之前的作為——還有他在電郵中隨性的說法——可能已經讓他無所隱藏。這次空難的調查有一點跟過去不一樣：司法部詐欺司的兩位檢察官柯瑞・賈科布斯（Cory Jacobs）和卡洛・席波利（Carol Sipperly），這時已經向參與ＭＡＸ計畫的人員發出傳票[9]。獅航空難後不久，一位福克納在波音時的老同事傳訊息給他，這時福克納已經到了西南航空公司[10]。兩人聊了一下海鷹美式足球隊，然後老同事想起他聽過ＭＣＡＳ軟體的爭議，於是在通訊軟體上問——那究竟有什麼問題？這時福克納非常小心，他告訴老同事，不要用文字討論這件事。

這個時候，官方的調查工作是另一件惱人的事。二月，波音已經把福克納的內部通訊錄交給了司法部。福克納除了吹噓「絕地控心術」，也擔心自己可能誤導了ＦＡＡ——這也顯示飛機安全檢定作業已經殘缺不全——只要仔細閱讀福克納的簡訊，誰都可以感覺得到他的憂慮。穆倫伯格之後說，他拿到一份通訊記錄的摘要，然後交給勒提格和他的徒子徒孫處理。

穆倫伯格跟沒事人一樣，繼續演講和開會的巡迴行程，不工作的時候，就騎上他的越野自行車健身去。即使供應商和屬下都建議他讓生產步調慢下來，他還是要求MAX的生產率從原本的每個月五十二架增加到五十七架。獅航空難後，波音董事會從來沒有針對公司的多項警訊質疑過他。波音董事已經是報酬豐厚的職位，也是政治人物和企業菁英覬覦的位子。當時的董事有戴夫・卡爾霍恩，他是麥克納尼在奇異的老戰友；前美國駐日本大使卡洛琳・甘迺迪（Caroline Kennedy），她也是約翰・甘迺迪（John F. Kennedy）唯一還在世的孩子；雷根時期的白宮幕僚長肯尼斯・杜伯斯坦。卡洛琳・甘迺迪光是二〇一七到二〇一九的報酬，就至少有八十萬美元[11]。杜伯斯坦——他從麥道時期就當董事，波音和麥道合併後繼續擔任波音的董事——前前後後總共拿了五三〇萬美元的酬勞。董事會也重金回報穆倫伯格，獅航墜機兩個月之後，穆倫伯格領到執行長任內最高的報酬：三千一百萬美元，其中包括一千三百萬美元的績效獎金[12]。

珊雅・司都莫和弟弟亞德南最後一次通話時，珊雅告訴亞德南，她在華府的美術館碰到一位婦人，對方顯然情緒很差，她決定玩個遊戲，看看自己能不能改變那位婦人的心情。珊雅和她閒聊了幾句，對方先是簡短回答，但很快就給珊雅看自己的全家福照片，還想加珊雅的Instagram[13]。亞德南笑了，這一點都不奇怪，他的姊姊身高六英尺，一頭金髮，沒有人抵擋得住她的魅力。

三月九日週六，珊雅從華府杜勒斯國際機場（Dulles International Airport）出發，準備去肯亞開始那份夢幻工作。她給雙親發簡訊：「剛剛降落阿迪斯阿貝巴，再飛兩個小時就到奈洛比。」[14]週日上午八點半，她搭上衣索比亞航空公司從阿迪斯阿貝巴飛奈洛比的737 MAX 8客機，這個航線一天一班飛機，經常搭載外交人員。珊雅的座位在16 J。

前面一排坐著肯亞的電機工程師喬治．卡波（George Kabau），廿九歲，完成了奇異公司在衣索比亞的工程，準備回肯亞。卡波的前面是一對法國夫婦蘇珊及尚—米歇．巴杭杰（Suzanne and Jean-Michel Barranger），六十六歲，兩人退休後每年都出來旅行。坐在13 L的是廿四歲的丹妮勒．摩爾（Danielle Moore），她要以加拿大青年大使的身分，出席在奈洛比舉行的聯合國環境大會。另一位加拿大的青年大使安潔拉．芮洪恩（Angela Rehhorn）坐在後面幾排，也是廿四歲。還有美國的空氣品質專家麥特．維契瑞（Matt Vecere），他也要出席那場聯合國的會議。另外有一家三代分坐在兩排：三十三歲的卡洛琳．卡蘭加（Caroline Karanja）、她的三個小孩，還有她的母親安．卡蘭加（Ann Karanja）[15]。

衣索比亞航空在非洲的航空公司裡，應該是公認管理得最好的。機師亞芮德．蓋塔丘（Yared Getachew）廿九歲，已經有八千小時以上的飛行時數，兩年前成為公司裡歷來最年輕的機師[16]。副機師阿赫米德努．穆哈莫德（Ahmednur Mohammed）廿五歲，飛行時數只有三百六十小時，但是他非常投入，經常找朋友跟他一起坐在沙發上，演練在駕駛艙裡核對檢查表。

衣航飛機起飛後，MCAS故障的警報立刻亮起；機師手上的操縱桿開始震動，高度和空速的警示也啟動[17]。蓋塔丘向塔台回報「飛行操縱問題」，接著機頭向下。和機師同側的攻角感測葉片送到飛航控制電腦的數據顯示，飛機正以接近垂直的七十五度爬升，比飛機實際的爬升角度多了六十度。攻角感測葉片的電路有問題，也可能是鳥擊把葉片削掉了。這架飛機和獅航的班機一樣，MCAS控制了飛機，因為MCAS根據那項錯誤數據判斷飛機就要失速了，於是極力避免。這時機師能做的只有和飛機奮戰。

正副機師已經從獅航的慘劇了解了軟體的特性，可以猜測問題出在哪裡。兩人同時喊出「左側攻角葉片！」蓋塔丘根據波音指南中的建議，按了一下切斷開關，但是在混亂中，他沒把油門也關上，此時飛機還是全速起飛的速度，但指示空速顯示的不一樣，和獅航班機遇到的狀況相同。蓋塔丘想按照檢查表上說的，使用手動配平操縱舵，但水平尾翼遭遇的風力太大，配平操縱舵很難移動。蓋塔丘對副機師說：「來幫我拉。」

飛機搖晃起來，它還在八千英尺的高度。這個時候乘客應該都坐在位子上，正在翻閱雜誌或假寐。但是他們看到城鎮和田地快速掠過，身體感覺不舒服。卅一歲的豐田汽車技師辛塔亞胡．沙菲（Sintayehu Shafi）準備到奈洛比上考證照的課程，他從機上打電話給姐姐康潔（Konjit）。姐弟倆非常要好，他每天都接姐姐下班。此時他在電話中的聲音非常緊繃。沙菲家的房子剛好在航道下方，辛塔亞胡要姐姐到屋外找一下他搭的那架飛機。康潔一臉困惑走向前門，有幾個孩子正在門口踢足球，她不想為了找天上的飛機，從他們中間穿過去[18]。但康潔能聽到發動機的聲音，所以她對弟弟說：「你說得沒錯。」接著她問，飛機已經升空了，你怎麼還能打電話？辛塔亞胡說：「我也不知道。」接著大叫一聲「毀了！」康潔聽到一個愈來愈響的聲音，讓她的胸口突然一緊，然後通訊就斷了。

衣航的機師如果接受過模擬器訓練，可能演練個兩次就能解決這種不正常的狀況，教官會平靜的停止示範，開始解釋配平操縱舵，以及機師該如何先減速，抵消風力的影響。如果是一九八〇年代，教官可能會說，操作手冊中有個技巧叫「雲霄飛車」——你得違背直覺，先鬆開緊抓的操縱桿，然後放掉配平操縱舵、稍微扭轉，並且重覆這個動作，直到可以輕易的移動它[19]。但是這個技巧後來就不再教了，因為隨著各款７３７飛機問世，愈來愈不需要用配平操縱舵抑制水平尾翼抖動——那是類比時代飛機的鬼魅。

檢查表完全沒有告訴他們上述內容，只教機師把水平尾翼配平操縱舵推到切斷的位置，衣航的機師也照做了。後來波音的公告中提到，切斷電源之前，電動配平開關「可以用來」抵消阻力，語氣聽起來像是事後順帶一提。其實，用力按壓那個開關——獅航機師蘇內加就用拇指按了廿一次——是最重要的步驟，這個步驟可以防止ＭＣＡＳ軟體把飛機推向無法控制的俯衝。

可惜這些機師都沒有機會接受模擬器訓練。他們在無法控制飛機的情況之下，把切斷開關轉了回去，ＭＣＡＳ就像按了搶答器一樣，又啟動了，並把機頭壓得更低。阿迪斯阿貝巴通往東南邊德布雷塞特鎮（Bishoftu，原稱Debre Zeyit）的道路車轍很深，得開三個多小時才能到。小鎮的居民早上醒來，看到那架飛機越過他們的房子又飛了好幾百碼，發出金屬緊繃又震動的恐怖聲響[20]。吃草的牛都嚇得跑開，機尾冒出白色的煙霧，然後他們聽到撞擊聲，並看到火焰跟黑煙。這架幾乎全新的飛機和機上的一五七個人，一頭栽進了暗黃色的苔麩田。苔麩是一種穀物，在德布雷塞特已經種植了好幾百年。天空藍得讓人覺得壓迫，這次飛機從起飛到人員全軍覆沒，歷時六分鐘，只用了幾個月前獅航從起飛到墜毀一半的時間。

珊雅的母親娜蒂雅．米勒朗半夜兩點鐘剛好起床，那是麻州的週日凌晨，幾個小時前她才和女兒互傳過訊息[21]。她在廚房剛剛打開英國廣播公司國際頻道（BBC World Service），就聽到衣索比亞墜機的新聞。衣索比亞航空三〇二航班，和她手機上的航班資訊一模一樣。她開始全身發抖，完全無法控制，腦子裡只想到，只要她不叫醒全家，告訴他們這件事，那麼這件事就不是真的。

波音的危機處理中心二十四小時有人值班，這裡的接線生是第一個通知執行長穆倫伯格的人[22]。不到五個月，掉了兩架飛機，這是所有公司都會害怕的事：大眾對產品安全的恐慌，戳破了向來小心呵護的公司聲譽。一九八二年，嬌生（Johnson & Johnson）公司在芝加哥販售的泰諾止痛藥（Tylenol）因為罐子裡遭人下了氰化物，毒死了七個人，總裁詹姆斯・柏克（James Burke）知道後問了兩個問題：「我們怎麼保護民眾？其次，我們怎們拯救這個產品？」[23]結果這兩個問題的答案殊途同歸：把安全放在第一位，泰諾就能拯救自己。柏克呼籲消費者不要購買泰諾止痛藥；撤下所有的廣告；全面暫停生產，並且把所有產品下架。這對嬌生的財務是個重擊——泰諾止痛藥占嬌生獲利的百分之十九——但是嬌生的快速反應避免了更多人喪命。柏克當時的處置現在成了企業危機管理的經典案例。

穆倫伯格過去在講台上侃侃而談的信仰和領導能力，現在碰到了考驗。這次墜機後不久，他在半夜召開了一項會議，與會的資深高層中有公關主管安妮・涂魯斯（Anne Toulouse）[24]。穆倫伯格和柏克一樣，專注兩個問題，並把安全放在前面，「MAX飛機安全嗎？跟MCAS有沒有關係？」但跟柏克不同的是，他自己已經有了答案——並且把保護產品放在保護人命前面。當天稍晚他寫了一封信給正在起草波音聲明的涂魯斯：「對第一個問題，我們語氣必須堅定，對第二個問題則要明確地說，目前沒有證據顯示跟MCAS有關。」

波音週一發布的聲明，開頭就像訴訟摘要，「波音737 MAX是一款安全的飛機，它從設計到生產都由經驗豐富且本著良知的波音員工負責。」[25]

聲明剩下的內容，和穆倫伯格之前接受福斯財經台主播瑪莉亞・巴蒂洛摩訪問時說的如出一轍，也就是把這起悲慘的意外，歸因於有人沒遵守波音的操作程序。聲明中說，「有一點必須強調，FAA目前沒有下令採取進一步的行動，AD2018-23.51中的規定依然適用。」波音接著說，軟體只會在「操作包線不正常時」啟動——但這是錯誤的說法。MCAS當初是這麼設計的，但是其他零件故障，讓它在例行起飛時啟動，已經至少發生過三次；就像首席董事卡爾霍恩後來說的，機師應該會如何如何反應，這樣的「致命假設」，公司內部已經開始看清了。

各國政府管理單位這次不願意再對波音的講法照單全收，率先反應的是中國，而不是FAA。週一中國政府禁飛737 MAX，是全世界第一個斷然採取措施的國家。穆倫伯格後來說，他和川普通了話，建議川普根據數據自己作決定[26]。歐巴馬時期的運輸部長，共和黨籍眾議員雷伊．拉胡德在第二起夢幻客機起火後，聽到的也是同樣的話。穆倫伯格繼續提到飛航系統安全；系統如何發揮作用；飛機是最安全的交通工具。波音的一份聲明中說，他們對飛機有十足的信心，但是能理解某些政府和客戶「認為怎麼樣對國內市場最好」而作的決定[27]。（言下之意，責怪中國。）

川普選擇讓MAX繼續飛。他的運輸部長趙小蘭（Elaine Chao）說，她要求FAA的副署長「繼續掌握情況，」並向她「本人」報告最新發展[28]。趙小蘭的丈夫是參議院多數黨領袖米契．麥康諾（Mitch McConnell），在共和黨內舉足輕重。她的父親是一家國際航運公司的創辦人，她也有繼承權。週二，趙小蘭在德州奧斯汀的美國南方音樂節（South by Southwest festival）上演講，談她在簡化自駕車核准程序上的努力，然後和幕僚搭乘西南航空的737 MAX 8客機回到華府[29]。

同一天，歐盟、印度、澳大利亞、新加坡還有加拿大，跟隨中國的腳步禁飛MAX。波音還有慢半拍的FAA，在飛航安全的新時代裡顯得異常孤立，因為其他國家不再對美國的指引言聽計從。倫敦傑富瑞公司（Jefferies International）的航空業分析師桑迪・莫里斯（Sandy Morris）說「我們看到的幾乎是一場對FAA的叛變。這也是我第一次看到這種事情。」[30]

FAA主管飛機安全的官員阿里・巴拉米，一直在和國外的飛航安全官員通電話。他事後描述，對方對他說：「『阿里，非常抱歉，部長要求我們禁飛MAX機隊。』」[31]巴拉米還是堅稱，沒有資料證明需要禁飛。週一FAA就拿到了失事飛機衛星詢答器的資料，但是沒有人可以分析那些資料。（巴拉米後來說，「其他單位可能有這樣的專家，但我們沒有。」）[32]FAA把資料交給國家運輸安全委員會（NTSB），NTSB再轉給波音，由波音的工程師解讀。波音工程師要求巴拉米週三上午召開緊急電話會議。

飛機上的衛星詢答器每八秒鐘會記錄一次飛機的位置、高度、方向和速度[33]。波音的主管給巴拉米和他的團隊看一張圖，他們把衣航班機的軌跡和獅航班機的軌跡重疊在一起，結果完全吻合，而且失事現場找到的一片飛機殘骸顯示，襟翼是「打開」的——這是MCAS啟動的先決條件。答案很明顯了，巴拉米走出他的辦公室，告訴他的上司，必須禁飛MAX機隊。

空難後三天，週三，FAA下令禁飛MAX。波音在短短六年內，第二度在新型飛機推出不久就遭遇挫敗，上一次是夢幻客機。這是很可怕的紀錄，當年形象更差的麥道都達不到這個境界，麥道只有DC-10被禁飛過。

空難後第一週，波音的股價下跌了一成，但是投資人多半都覺得還好，華爾街的分析師也不算特別擔心。當時的預估是，禁飛可能維持三個月，就像夢幻客機禁飛時一樣，波音的損失大約十億美元——是相當大的損失，但還不至於傷筋動骨[34]。

墜機後的第一個週五，保羅．紐羅格（Paul Njoroge）在岳父約翰攙扶下，來到墜機現場警方的封鎖線外，封鎖線內那一大片田地，就是他摯愛的妻小葬身的地方。幾天來他除了喝水，什麼東西都沒吃。剛剛挖過的土發出刺鼻的味道。他們到了封鎖線邊上時，保羅倒在地上，雙手抱著頭。他說：「我想聽孩子跟我說話。」[35]

卅三歲的紐羅格，在肯亞的奈洛比大學認識了妻子卡洛琳．卡蘭加。他們和不少肯亞年輕的專業人士一樣，移民到了多倫多，他在那裡擔任投資分析師。那個夏天，卡洛琳在母親陪同下，帶著三個孩子，取道阿迪斯阿貝巴回到肯亞老家，要讓親友看看她的家庭又多了新成員。六歲的萊恩將來想當太空人，四歲的凱莉總是笑嘻嘻的，九個月大的露比喜歡坐在卡洛琳的腿上。保羅替她們安排了行程，買了機票，並準備之後跟她們在肯亞會合。他不停的想，他不在她們身邊的最後那幾分鐘，她們是怎麼度過的：萊恩和凱莉是否哭著叫爸爸？「每個人都告訴我要堅強，」他在檢視殘骸的一群人中間靜靜的說，「我做不到。我要怎麼堅強？我怎麼活得下去？家人是我的一切。」

珊雅的雙親娜蒂雅和麥可，那整個禮拜都在路上，而且一路煎熬。他們沒有護照，也沒打預防針，從紐約中轉卡達，飛到阿迪斯阿貝巴，在美國大使館官員協助下，迅速完成機場通關。破爛的希爾頓飯店只有冷水，然後換到凱悅飯店。一個白目的使館年輕助理告訴娜蒂雅，他們不能帶走珊雅的遺骸，這使她勃然大怒，因為她看到CNN上有屍袋的照片。大使館的人員要求CNN的記者在電話上向娜蒂雅解釋，她不知道屍袋裡裝的是什麼。接著一位紅十字會的工作人員說，他們找到最大的遺骸是股骨。最後家屬搭乘兩輛大使館的汽車前往空難現場，除了麥可和娜蒂雅，還有小兒子托爾跟珊雅的男朋友麥克．斯納夫里（Mike Snavely）。大兒子亞德南原本在紐西蘭，父母要他飛到加州陪伴高齡八十八歲的外祖母羅拉（Laura）。她是加州大學柏克萊分校的人類學教授，非常疼愛珊雅，他們擔心她承受不了這個噩耗。

報社和電視台的攝影記者在隕石坑——沒有更好的形容詞了——般的撞擊點邊上拍攝，罹難者家屬一邊哭泣，一邊試圖遮住自己的臉孔。他們越過封鎖線進入隕石坑，準備放下白色和黃色的玫瑰（沒有紅的；紅玫瑰是給活人的）時，年輕瘦弱的荷槍警衛比了個手勢阻止他們，這時娜蒂雅尖叫：我的女兒在裡面。根本看不到飛機，全不見了。大型挖土機不斷翻掘，只找到金屬、衣物、行李箱和護照的碎片，以及——天空新聞台（Sky

News）一位記者的用語非常恐怖，卻是實情——「正在腐爛的屍骸」[37]。

當時是四旬齋（Lent）期間，娜蒂雅和麥可是東正教徒，衣索比亞多數人口信奉東正教，於是他們每天都去教堂參加禮拜求得慰藉。陌生人會過來握著他們的手，低著頭哭泣。他們向一個穿著緊身T恤的健壯男子買黑石十字架項鍊，對方聽到他們買項鍊的理由時，流下了眼淚。

那個週日，幾百個穿著黑衣或海綠色衣航制服的人，一起行經阿迪斯阿貝巴國會圖書館，走到塞拉西大教堂（Selassie Cathedral），很多人帶著罹難者的照片，現場全然肅靜產生了一種神祕的力量[38]。一位神父在教堂裡大聲誦讀罹難者的名字，一群人把教堂外的空棺材抬到一座墓園去，只聽得到啜泣、嗚咽和聖歌。

接下來幾個月，世界各地有幾千人參加喪禮，向配偶、父母、子女、愛人、朋友和同事道別。

紐約的聯合國大廈，祕書長安東尼奧・古特瑞斯（Antonio Guterres）為罹難的聯合國人員獻上花圈[39]。幾年來，聯合國的同仁若因公殉職，他都會這麼做。通常殉職的多半是戴著藍色鋼盔的聯合國維和部隊，在交戰地區遭遇不測。那一年一一五位殉職的聯合國人員中，廿一位死於衣航空難。

廿四歲的加拿大青年大使丹妮勒・摩爾，為了參加聯合國環境大會而搭上那架飛機。多倫多的追悼會在一座機場附近的航道下方舉行，有兩百人參加，大家唱歌、獻花，並把蠟燭放在一座小池塘上[40]。丹尼勒的母親克拉莉絲・摩爾（Clariss Moore）對在場的群眾說：「我的女兒對大家說，她愛你們。」當時下著雨。

加州的兄弟檔梅爾文和班奈特・瑞佛（Melvin and Bennet Riffel）趁著梅爾文的妻子布蘭妮（Brittney）臨盆前，來趟非洲冒險之旅[41]。兩人的追思彌撒在加州雷丁（Redding）的聖約瑟天主堂（St. Joseph Catholic Chruch）舉行，來了一千人。很多人還參加了在雷丁麋鹿露營休閒區（Elks Lodge）氣氛活潑的守夜。有些人穿著夏威夷衫，就像梅爾文的打扮。一對夫婦的襯衫上印著兩兄弟的照片。兩人的父親艾克・瑞佛（Ike Riffel）對守夜的人說，「我總是對兄弟倆說——人生不會永遠公平，有時候還會狠狠修理你。讓我們開始療傷，讓我們再站起來，準備出拳。」兩個月後，布蘭妮生下小孩，是個女兒。

衣航空難後沒有幾天，波音在邁阿密的訓練中心，至少有一位機師收到聯邦傳票[42]。這讓機師們不寒而慄，表示調查工作升高到前所未有的程度，因為調查人員深入了解波音的運作方式。英國小報為ＭＡＸ取了個名字——「死亡飛機」，這對波音的產品來說，是個很特別的封號。

穆倫伯格和波音公司還是照著稿子說話。他在事先準備好的聲明中堅稱，「安全是我們的最高順位，」每一次意外都是一連串事故的結果，大家應該等調查結果出來再下結論。三月十七日，《西雅圖時報》的一篇報導拆穿了波音的說法，報導中說，FAA的專家私底下已經議論了好幾個月——波音把事情搞砸了。報導引述匿名工程師的話說，波音送交FAA的MCAS軟體評估報告有重大瑕疵，嚴重低估它強迫飛機向下俯衝的威力[43]。

穆倫伯格於是寫了一封信給各航空公司，說「我們對墜機感到心情沉重，」公司馬上會修改軟體。波音的執行長、首席法律顧問勒提格，還有公關人員似乎都還沒有意識到，他們即將面臨大風暴。穆倫伯格對媒體發布簡短的聲明：他會根據規定，在仔細蒐集線索之前，節制對外發言。

一位公關專家說，波音的聲明讀起來，「就像工程師和律師合寫的」——對波音改變後的文化，這是個公允的結論[44]。省略重點的發言只會加深懷疑。波音習慣產業媒體的採訪，也習慣和客氣的主管機關輕聲細語的協商。描述波音過去以魄力和汗水造就榮光的書籍，多到可以放滿整個書架——至少有一本是波音自己委託撰寫的[45]。如今原告律師、記者、聯邦檢察官，還有國會調查人員，都拚命研讀這些書。一位媒體關係顧問就仔細計算了《紐約時報》派了多少記者到西雅圖來。

去年十一月辛奈特承諾的軟體修改終於要完成了，但已經來不及預防衣航空難。波音原本打算四月把最後的詳細規格交給FAA，也就是獅航空難半年之後。和福克納合作的FAA航空器評估主管史黛西．克萊恩連日子都訂好了，三月十三日，要在邁阿密的模擬器上評估修改過的軟體，剛好是衣航墜機三天之後[46]。波音非常有把握，MCAS軟體修好後，需要的訓練時間，會比已經獲准的iPad幾小時模擬訓練還要短。這一次波音要求核准A級訓練，也就是最輕鬆的訓練等級，機師只會拿到幾頁操作指引，上面還畫好重點——不需要測驗，也不必進一步的操作演練。

三月底，波音邀請了全球兩百位機師、顧問和監管官員，到西雅圖了解軟體的變更[47]。因為無法讓所有參觀者都用到系統整合實驗室的工程模擬器，於是波音把實驗室的畫面傳送到一個房間，房間裡的人可以提出各種假設情況，然後觀看工程模擬器的反應。就在這個活動舉行之前，波音用巴士把記者載到實驗室，由辛奈特向媒體解釋軟體升級的詳情。辛奈特說，升級後的軟體會限制機頭下壓的次數；會比較兩側攻角感測器的數據，而不再只採用一側的數據；如果兩側感測器數據不一致，會關掉軟體——獅航空難後，美國航空的機師要求波音改善的，正是這些事情。辛奈特說：「我們強調對話、回饋以及完全的了解。」

波音希望各界以同理心看待，結果徹底失敗。積壓了二十年的怨恨一次爆發——它棄如敝屣的工程師、它不屑一顧的管理單位、它沒有正眼瞧過的航空公司——這股積怨就像飛機起飛時碰到強烈側風，讓它窮於應付。

瑞克・勒德奇和其他被資遣的工程師出面指稱，波音的管理人員要求他們設計MAX飛機時，在安全問題上讓步。

勒德奇的同事寇蒂斯・尤班克二〇一五年提案改進飛機設計未獲採納後，離開波音，二〇一八年十一月又回去設計新版777客機。尤班克向公司投訴管理人員「關心成本和時程甚於安全及品質。」[48]

南卡夢幻飛機製造廠的技師也爆料，飛機的生產過程粗糙，殘礫廢料留在機上，上級還交代，不要提報缺失[49]。

機師們都問，波音還隱瞞了什麼事情。美國航空機師的發言人丹尼斯．塔杰爾列了一張表，上面記了令人難忘的比喻，都是形容MCAS的——得了狂犬病的狗、塔斯馬尼亞惡魔、籠中野獸。塔杰爾說：「每天都有新聞說，波音又犯了另一個錯，或又疏忽了另一件事。」

四月又有驚人的消息。波音承認，獅航空難前一年就有管理人員知道，警告機師一側攻角偵測器故障的**攻角數據不一致警示器**，在大多數航空公司的MAX飛機上都沒有，因為這些航空公司採購的機型不包含這個警示器[50]。波音特別強調，公司裡知道這件事的人，不包括「高層領導人」（例如穆倫伯格和勒提格）。

同一天，芝加哥總部年度股東大會上，罹難者家屬舉著親人的照片和標語。標語上寫著**以殺人罪起訴波音及高層**，還有**波音傲慢致死**[51]。穆倫伯格站在講台前，面對一屋子的記者。有位記者問他會不會辭職；另一個人要他解釋為什麼沒有更早揭露MCAS的問題。《西雅圖時報》專跑波音的記者多明尼克．蓋茲（Dominic Gates），以尖銳的愛爾蘭腔問道，為什麼波音不能承認自己犯了錯。同一年蓋茲因為波音MAX事件的調查報導，贏得普立茲新聞獎。當時他對穆倫伯格說：「不管過程怎麼樣，你們製造出來的飛機有瑕疵，不是嗎？」[52]穆倫伯格的回答，又一次聽起來毫無人性，也缺乏反省能力，「我們設計和認證的過程，完全按照生產安全飛機的步驟。」記者開始發問後十五分鐘，波音的人員就提前結束了記者會。一位記者大喊：「三四六個人喪命，你能回答幾個相關的問題嗎？」穆倫伯格緊閉雙唇，走下講台。

波音的公關團隊開始執行第一時間就該採取的策略，後來的聲明都明顯比較有悔意。照片顯示，穆倫伯格站在第一線主導，他和機師一起坐在駕駛艙裡，測試MAX的最新軟體。錄影畫面中他穿著燙過的藍色牛津襯衫，在工廠裡說：「這是我們特有的。」[53]一個星期後，他在達拉斯附近喬治．W．布希總統中心（George W. Bush Presidential Center）的領導能力論壇中，再次這麼說，「我們在波音就是這麼做，那是我們特有的。波音老兵都知道，你在困境中如何反應，會決定一個組織和國家的未來。」[54]

但是這位執行長的特質和他的使命有衝突。穆倫伯格到西雅圖視察商用飛機部門，波音商用飛機部門總裁凱文．麥卡利斯特（Kevin McAllister）召集了一群飛航控制工程師，並說了一番感傷的話，有個員工聽了還流下眼淚[55]。輪到執行長講話時，他讓五、六個人發問，但是回答都沒有什麼實質內容。這應該是丟掉稿子說真話的時候，甚至可以檢討波音工程之魂淪喪的問題。跟麥道合併後，波音的員工就在擔心這件事；在廠房的走道上，波音童子軍之間的討論，也圍繞著這個話題。結果，就像一位工程師說的，穆倫伯格的談話全是「空心漢堡」。

穆倫伯格一如往常樂觀，並且按表操課，即使風暴不斷擴大，他還是不肯減產。西雅圖東海濱路上，一排排完工的ＭＡＸ飛機，都已經漆上各國航空公司的塗裝——這可是幾十億美元的存貨——卻停在鐵絲網圍欄後面。ＭＡＸ禁飛才一個月，波音就必須賣掉三十五億美元的債券，並向往來銀行申請十五億美元的信用額度，這顯示波音營運的周轉空間有多麼小；為苦日子預作的準備有多麼少。波音把那麼多現金都給了股東——更別提波音董事還有高層拿到的報酬——以至於ＭＡＸ停止交貨，進帳突然斷了，波音根本沒有多餘的現金可以應付。波音的財務長葛瑞格．史密斯甚至開始玩類似奇異的財務手法，因應華爾街每季一次的現金遊戲，答應部分客戶，只要為未來交付的飛機提前付款，之後波音會給予回饋。一位分析師估算，這些胡迪尼逃脫術似的手段讓波音在一年內，獲得了十五億美元的提前付款[56]。

波音持有的股票總值——就像房產，是估算手上債務和資產的一種方法——到二〇一八年底，有四億一千萬美元。一九九七年時是一三〇億美元，之後史東賽弗等領導人為了提高淨資產報酬率，開始把公司挖空。

當然，波音在國會還是有很多盟友，和ＦＡＡ的兄弟感情也還很牢靠。五月的一場國會聽證上，密蘇里州選出的共和黨籍眾議員山姆．葛雷夫（Sam Graves）暗示，這兩起空難，外國機師要負的責任比波音來得大，「你得知道怎麼開飛機！」[57]他本身也是私人飛機的駕駛。葛雷夫還說，衣航的兩位機師「絕對開得太快，這樣的操作程序我從來不曉得，也沒有聽說過。」

ＦＡＡ的代理署長丹尼爾·艾維爾（Daniel Elwell）和巴拉米一樣，都當過航太工業協會的副主席，如今在聽證會上代表ＦＡＡ，和葛雷夫一個鼻孔出氣。之前他在美國航空公司當過多年機師，也處理美航對政府的關係。他擔任過貿易團體美國航空協會（Airlines for America）的資深副總裁，也當過ＦＡＡ航空規則制定諮詢委員會的主席。航空規則制定諮詢委員會的閉門會議，就是頭字語機構的發源地——例如ODA和BASOO——讓飛機製造業者牢牢掌握飛機安全認證的控制權。

「一點不錯，」艾維爾附和葛雷夫對機師的批評，並說他準備「好好了解全球機師的訓練標準。」[58]葛雷夫為波音辯護，就像夢幻飛機電池起火後，那些為波音講話的國會議員。葛雷夫認為，不該改變ＦＡＡ對波音的監管方式。他基本理由中的國家主義色彩幾乎毫無遮掩，他說，「我們在這裡為了另一個國家發生的事情，繼續拆毀自己的體制，這點讓我很不安。」

穆倫伯格告訴分析師還有航空公司，ＭＡＸ幾個月內就可以復飛，ＦＡＡ則沒有公開談過時間表，但是艾維爾那個春天和三家使用ＭＡＸ飛機的美國航空業者——西南航空、美航和聯航——的高層和機師會面時說，ＭＡＸ五月底之前復飛，幾乎是必然的事[59]。這是了解當天談話內容的人透露的。四月，也就是空難後一個月，一位ＦＡＡ人員流出一份

PowerPoint簡報投影片，主題是ＭＡＸ飛機「復飛」[60]。

五月底到了，ＭＡＸ仍然禁飛，巴拉米在內的官員不斷發出正面訊息。他在一次私下的簡報中，告訴蒙特婁國際民航組織（International Civil Aviation Organization）的成員，ＦＡＡ最早六月就會核准ＭＡＸ復飛。

六月在巴黎航空展上，穆倫伯格穿著他的灰色西裝，打著紫色領帶，會見記者。隨著波音內部的實情曝光，穆倫伯格也開始在大眾面前走謙卑路線。他說：「我覺得我們是以謙虛學習的心態參加這次的航空展。」[61]之後，他和艾維爾進入一架軍機的後段，那裡才不會讓勒布爾熱（Le Bourget）機場展廳裡大批業界高層還有記者看到。艾維爾要穆倫伯格少談復飛的進度，並給ＦＡＡ監督的空間（或至少表面上看起來是這樣）[62]。穆倫伯格說：「你說得對，我們不會催你們。」

接下來的週六，依然身強體壯的穆倫伯格騎上他的自行車，參加波音世紀挑戰賽（Boeing Century Challenge），環繞奇蘭湖（Lake Chelan）的山路，總長一〇五英里，沿途可以看到壯觀的果園和葡萄園[63]。華盛頓州中部的奇蘭湖是冰河切割形成的。波音大約有五十名員工參加比賽，參賽總人數則是一千兩百人，穆倫伯格排第廿六名。

十二、血腥鈔票

珊雅，司都莫的家族剛好非常清楚華府的權力遊戲是怎麼運作的。母親娜蒂雅．米勒朗的舅舅是洛夫．奈德（Ralph Nader），奈德是律師出身，是著名的消費者運動先鋒，也代表綠黨參選過美國總統。他一九六五的暢銷書《快慢都不安全》（*Unsafe at Any Speed*）揭露汽車工業的內幕，最後促成乘車繫安全帶立法。這本書讓通用汽車大怒，也使雪佛蘭科維爾（Chevrolet Corvair）這款汽車聲名狼藉，因為它的方向盤轉向柱可能在迎面撞車時刺穿駕駛人。一九七〇年代初期大量消費者保護機構成立——包括國家公路交通安全管理局（National Highway Traffic Safety Administration）、消費品安全委員會（Consumer Prodct Safety Commission）還有環境保護署（Environmental Protection Agency）——奈德應該都是最有力的推手。

一九九〇年代，奈德與人合寫了《衝撞路線》（*Collision Course*），抨擊航空業。書中指出，FAA和它監管的對象走得太近。珊雅罹難後，奈德自責沒有事先警告她別搭MAX飛機。他非常注意獅航空難的報導，對這型飛機有很大的疑慮。空難後他寫了一封非常嚴厲的公開信給穆倫伯格：「你和你的團隊應該繳回你們的酬勞，並且應該辭職。」[1]

娜蒂雅和丈夫麥可・司都莫失去了第二個孩子後，有好幾天連床都下不了，但他們決定不讓珊雅白白犧牲。他們六月下旬舉行了紀念會——一半為了追悼珊雅，另一半為了發起一項運動——地點選在康乃狄克州溫斯特德（Winsted）一棟石砌的新古典主義建築，美國侵權法博物館（American Museum of Tort Law）[2]。奈德在家鄉成立這座博物館，紀念原告委任律師奮鬥的過程，以及他領導的平民反企業運動，一輛桃紅色的科爾維汽車就停在博物館的主廳。才不過半年前，也就是前一年的十二月，奈德聽說甥外孫亞德南全球走透透，從事街頭表演後，說服（其實是指定）亞德南在這裡獨奏小提琴。

如今大家又聚在同一個大廳，追悼亞德南的姐姐。八十五歲的奈德和二十年前參選總統時一樣，弓著背，拖著腳步走上講台。他以律師陳述事實的口吻說明了當天活動的緣由，精緻華麗的用詞讓人感動卻也傷痛，因為他的當事人是他的甥外孫女。「法律必須確保死者和他們的近親能討得公道，同時要讓受實質利益及短期獲利的誘惑，而把這些東西看得比生命及安全更重要的人，受到明確而強烈的嚇阻。」奈德說：「為了我們摯愛的珊雅和其他罹難乘客，還有他們的家屬，我們能不盡力嗎？」

奈德示意他的外甥女娜蒂雅上台。娜蒂雅戴著那條黑石十字項鍊，她從衣索比亞回到美國後就天天戴著它。她哽咽的訴說走在布滿衣服碎屑的墜機現場，感覺有多恐怖，還有她聽到飛機因為波音和FAA都放行嚴重的設計錯誤，導致飛機栽進地裡，而百思不解。娜蒂雅說，「機師是兩位成年男性，兩個人合力拉配平操作舵都拉不動，因為他們把軟體設計成可以壓過機師的控制。這種設計可以通過FAA的檢定，而抓不出來？太不可思議了。這表示FAA沒有制度，沒有專業，沒有監督，根本不能保障我們的安全。」

雖然奈德的政治影響力已經消退，他在華府激發改革熱情的年代也早已過去，但他還是可以打動人心。康乃狄克州選出來的民主黨籍參議員李察．布魯門索（Richard Blumenthal），特地前來致意。瓊安．克雷布魯克（Joan Claybrook）在卡特總統時期，主管過國家公路交通安全管理局，是奈德的長期戰友。她一站上講台就開始拭淚，她說，「龍女哭了。」她當公路交通安全管理局局長時，汽車業界替她取了個「龍女」的外號，因為她絕不屈服。克雷布魯克告訴在場的聽眾，珊雅有一回到她華府的家裡參加晚宴，當時下著雪，有位賓客的車卡在雪堆裡，珊雅跑到屋外，用雙手把輪胎邊上的雪挖開，即使當時她穿著一雙漂亮的紅色麂皮鞋。「她是我這輩子見過最討人喜歡的人。」

接下來克雷布魯克談到波音。空難當天奈德就打電話給克雷布魯克，告訴她珊雅罹難了。克雷布魯克想起來，她的理財顧問三年前拿她的退休金買了三萬五千美元的波音股票。她和奈德講完電話後，打給理財顧問，詢問那筆投資現在值多少錢，結果已經從三萬五千漲到了十萬美元。克雷布魯克告訴現場的聽眾，「這正顯示這個公司沒有把錢投資在飛機和飛航安全上，而是拿錢去賺更多的錢——當然，執行董事等人也都賺到了錢。」她說那根本是沾了血的鈔票。於是她把股票賣了，然後把收益以珊雅的名義捐給奈德的博物館。

麥可・司都莫是貿易遊說團體繁榮美國聯盟（Coalition for a Prosperous America）的負責人，對華府的遊戲規則也不陌生。他領導的這個團體為農民、製造業和工會服務。麥可重新打起精神後，最先聯絡的人裡，有前波音工程師史坦・索爾謝。索爾謝是二〇〇〇年波音勞工罷工的要角，也剛好是繁榮美國聯盟的董事。司都莫和索爾謝已經認識好幾年。索爾謝收到聯盟董事會簡訊時，就知道了珊雅罹難的消息，當時感覺腹部受到重擊。他記得當時腦子裡想到的是，「好人應該過好日子。」[3]麥可打電話給他時，索爾謝立刻指出，法規鬆綁使ＦＡＡ派駐波音的檢查員，改成向波音的主管報告，而不向ＦＡＡ的主管報告。他告訴麥可，舊的制度可以阻擋不當的影響力，新制度則歡迎不當的影響力。

麥可和娜蒂雅見到了保羅・紐羅格。紐羅格就是住在多倫多，因空難失去全部家人的那位年輕父親。他們透過WhatsApp上罹難者家屬的群組聯絡，也都是在阿迪斯阿貝巴衣索比亞雲天飯店（Ethiopian Skylight Hotel）的大廳得知有這樣的群組。當時罹難者家屬都坐在大廳的紫色沙發上哭泣。紐羅格在無邊的絕望和清楚的聚焦之間擺盪，他拚命閱讀波音的資料——媒體報導、新聞稿、年度報告、每季財務報表。他是投資分析師，消化資料就是他工作的一部分。

他完成研究之後，問題變得非常清楚：獅航空難已經透露出危險的瑕疵，波音為了犒賞股東和公司高層而吝於投資，ＦＡＡ自我閹割。這使他更為沮喪，因為只要他當初花更多心思，就可以拯救他的家人。美國眾議員山姆．葛雷夫在五月的聽證會上，把墜機怪罪到機師頭上，讓他更加忿恨。他說，「我覺得我的家人會喪命，是因為二〇一八年十月第一起空難發生在印尼，而不在人命比較值錢的美國或加拿大或英國。印尼人命不值錢，這也是為什麼波音從來不覺得必須禁飛ＭＡＸ。」[4]

紐羅格開始陪同麥可、娜蒂雅還有其他家屬拜訪國會議員。他們走在眾院大樓和參院大樓冰冷的大理石地板上，身邊總是有一群目標清楚的年輕幕僚和遊說人員。有時候他們只見得到議員的助理，但也經常有議員本人坐下來和他們談話。他們拜訪了五十個議員的辦公室，最後娜蒂雅因為承受不了情緒上的痛苦而退出。

運輸部也是他們拜訪的單位。趙小蘭和幕僚邊聽邊哭，他們還得遞上衛生紙。ＦＡＡ首度設立了家屬聯絡處，處理家屬安排見面或索取資料的要求，主管名叫麥可．歐唐納。司都莫說：「他們不習慣面對他們本該保護的人。」[5]

娜蒂雅的弟弟泰瑞克．米勒朗（Tarek Milleron）住在加州柏克萊，是生態學博士，負責南美洲森林保育的計畫，也參與為ＭＡＸ罹難者請命的運動。他協助舅舅奈德競選總統時，有和媒體打交道的經驗。他製作大幅海報，上面是罹難者的照片，由娜蒂雅舉著讓攝影記者拍照。他還請教風險模型專家，了解FAA的分析工作究竟缺少了什麼。前一年珊雅因為男朋友在舊金山加大當住院醫師，而在舅舅泰瑞克家住了好幾個月，和舅舅家的兩個小朋友玩在一起。最讓泰瑞克難過的是，珊雅的未來從所有人的生命中消失——每逢感恩節她會分享她最新完成的事情，還有旅途中的點滴，她本來有機會帶她的孩子和表兄弟姊妹同桌吃飯。這一切都不可能了。

泰瑞克認為，FAA的主管是一群沒有腦袋的人，漫不經心的重覆波音告訴他們的話，並推銷不成熟的統計分析法，例如本來要計算讓MAX繼續飛會有多大風險的試算表。FAA把非常粗略的估算，當成可靠的數字，也就是設想每一百位機師中會有一位搞不定新的檢查表，這讓泰瑞克難以置信。他寫電郵向FAA官員提出他的疑問，結果石沉大海。「他們說都是『根據數據』，但他們根本不知道那是什麼意思。」[6]泰瑞克說，「那些人滿嘴科學，好像科學是種魔力，撒在什麼東西上，那東西就能成事。」他想了解波音究竟出了什麼問題，腦子裡不斷浮現父親一個工程師同事，那位同事懷孕的妻子抱怨，開車時肚子一直碰到方向盤，於是他把方向盤鋸掉一半，他忘了太太開車有時候還是需要回轉。有時候過度自信會使聰明人幹蠢事。

泰瑞克有一次陪同家人參加和FAA的會議，他一直覺得，那些官員只是假裝在聽，其實心裡的盤算和獅航空難後想做的事一模一樣：替波音更新後的軟體背書，繼續向前走。

娜蒂雅有一次問ＦＡＡ的家屬聯絡官麥可．歐唐納，能不能找一位航空工程師參加ＭＡＸ的技術簡報會。歐唐納說不行，只有家屬能參加。她於是詢問其他罹難者家屬，有沒有人有航太專長，結果和麻省理工學院的講師賈維耶．德．路易斯（Javier de Luis）接上頭。德．路易斯的姊姊葛瑞齊拉．德．路易斯—龐斯（Graziella de Luis y Ponce）是聯合國的翻譯員，也在衣航空難中喪生。ＦＡＡ官員在簡報會上解釋，將來修改過的ＭＣＡＳ軟體會採取兩次的攻角數據，而不是單側。只要兩側的感測數據不一致，ＭＣＡＳ就會關閉。德．路易斯不敢相信自己的耳朵。即使是一九七〇年代發展出來的太空梭，都有五部冗餘電腦；空巴飛機基本都有三個感測器。波音的解決方法感覺非常拙劣：既然某些情況下，必須靠這套軟體壓低上仰的機頭，萬一碰到那種很罕見的情況，ＭＣＡＳ卻關閉了，那麼飛機會發生什麼事？

德．路易斯對ＦＡＡ的官員說：「如果有學生交這種設計給我，我不會讓他過的。」[7]

雖然官員私底下一直在暗示ＭＡＸ很快就能復飛，波音機場附近的系統整合實驗室那個夏天都還在做各種狀況的測試。第一版ＭＣＡＳ軟體沒有考慮到的所有意外事故，ＦＡＡ都要模擬，包括發生機率非常低的事故[8]。例如飛機的微處理器受到宇宙射線干擾，同時ＭＣＡＳ又失靈，機師會怎麼反應。

有一項測試由一位ＦＡＡ機師，和一位ＦＡＡ轄下飛機評估組的機師一起參與。第二位機師在航空公司待過，因為原本要參加的第二位FAA機師去不了，才由他上陣。一位波音主管提醒兩位機師，「切記，要馬上按下配平開關，」他指的是獅航機師蘇內加試圖控制飛機時使用的拇指下按鈕。兩位機師輪流接受這項測試，他們握住手動操縱盤平穩飛行時，震桿器會突然軋軋作響，故障警示器也開始閃，表示功能故障[9]。波音的手冊上說，如果機師不能在十秒鐘之內，完成正確的核對，飛機可能開始俯衝，而且無法扭轉。

FAA的機師只用了四秒就發現配平操縱舵在移動，然後按下切斷按鈕，也就是按照波音主管提醒的，馬上按下配平開關。這位機師這些年在FAA測試過各種假設狀況，應該操作過幾百次這個動作。那位前航空公司的資深機師即使有波音的人事先指導，還是用了十六秒。他若真的碰到狀況，應該早就沒命了。

測試的結果完全是機率問題，這也證明了泰瑞克說的，FAA的決策應該要非常嚴謹，結果它根據小得離譜的受試樣本，還有直覺反應來作決定。因此有了截然不同的結果。

一位FAA派駐達拉斯西南航空公司的檢查員，利用在西南航空的飛行模擬器自己作測試[10]。他找的三位機師分別花了四十九秒、五十三秒和六十二秒完成類似的程序。這個非正式的測試結果，連FAA代理署長丹尼爾．艾維爾都大吃一驚[11]。

那個夏天，主管機關為了解決問題，下令波音為737上的兩部飛航控制電腦全面重新配線，好讓兩部電腦可以不間斷地比對任兩個感測器的數據。這會讓任一感測器故障

——不只攻角感測葉片，還有高度和空速的感測器——導致水平尾翼失控的機率低很多。這是讓ＭＡＸ更安全的一項附帶要求。

但這無法幫助穆倫伯格讓ＭＡＸ復飛的努力。波音看似擋不住的衝力，最後也被迫慢了下來。穆倫伯格則走向垮台。

二〇一九年七月十七日，保羅．紐羅格來到美國眾議院運輸暨基礎建設委員會，他兩眼無神，流露出一個失去了一切的人會感受到的痛苦。但他說起話來鏗鏘有力。雖然談到「家人的血肉在衣索比亞和泥土、煙氣還有飛機碎片混在一起」時，聲音變得沙啞，但他要求徹底調查ＭＡＸ兩起空難時，表達清楚而強烈[12]。他說，國會應該讓ＦＡＡ回到監督的位子，也就是飛機製造業者將它收編之前的角色。他要求刑事起訴波音公司和它的管理高層，因為這些人「是主要的受益者，他們利用這套策略從波音公司汲取財富。」

運輸暨基礎建設委員會主席，民主黨籍眾議員彼得．狄法吉歐一直是ＦＡＡ和華爾街的肉中刺。他身材矮小但熱情十足，在眾院代表奧瑞岡州的選區已經長達三十幾年。一九九六年瓦盧傑航空（ValuJet）空難的調查，發現ＦＡＡ沒有按照ＮＴＳＢ建議改善易燃材料的存放方式後，狄法吉歐推動一項法案，把ＦＡＡ的任務從「促進」航空業發展，改成只是「支持」航空業[13]。二〇〇九年，他提案課徵千分之二點五的證交稅，引起了避險基金經理人羅伯・默瑟（Robert Mercer）的注意。默瑟後來支持川普，並資助一位認為氣候變遷是騙局的化學家，在之後的選舉中挑戰狄法吉歐，而且都構成很大的威脅。

狄法吉歐對FAA本來就多所質疑，他二月聽到FAA主管安全的巴拉米向他保證，不必擔心MAX的安全之後，更是惱火。運輸暨基礎建設委員會除了舉行聽證會，也追著波音和FAA要資料，最後迫使他們釋出幾十萬頁的文件。這個調查小組由兩個人領導，一位是前國家廣播公司（NBC）調查報導製作人道格・帕斯特納克（Doug Pasternak），另一位是曾經負責聯合航空法遵的律師艾力克斯・伯基特（Alex Burkett）。

紐羅格旁邊坐的是麥可・司都莫，他很精簡的把索爾謝告訴他的事說了一遍，也就是波音不再由工程師主導之後，FAA的監管就失效了。他告訴委員會裡的議員，「那樣的安全文化很難阻止什麼事情，反而團體迷思大行其道。」

就在證人開始作證前幾分鐘，波音宣布，要委託律師肯・范柏格（Ken Feinberg）發放五千萬美元的「短期財務援助給家屬」[14]。范柏格因為負責支付補償金給九一一恐怖攻擊罹難者的家屬而成名，之後就成了處理企業醜聞的最佳中間人，從英國石油公司（BP）鑽油平台漏油到福斯汽車（Volkswagen）柴油車排放造假的醜聞，都由他出面。家屬——還有很多媒體——都認為這是波音拙劣的公關操作。每個罹難者可以分到十四萬四千五百美元。那筆錢來自波音七月稍早成立的一億美元基金，這項基金除了協助罹難者家屬，還要挹注社區經濟發展計畫[15]。波音七月三日的聲明特別強調，它「在美國國慶日之前」成立這項基金。以一個牽涉世界上眾多國家的悲劇來說，只著眼美國的說法十分奇怪。紐羅格在國會聽證上說，他七月一日已經慶祝了加拿大國慶，但他的家人一個都不在。

七月卅一日，FAA的阿里．巴拉米出席參議院的聽證。他說話有老官僚的習氣，一個字可以說清楚的東西，總要用兩、三個字，或五、六個字。他喜歡談複雜的過程，感覺很享受解釋事情。他說的每一句話，幾乎都帶有難懂的縮寫，但是談話中有股自信跟男子氣概。有人問他，第一起墜機之後，FAA為什麼沒有禁飛MAX，他的回答就像出自他監管的大公司之口：「老實說，我拿那份薪水，就是要做這件事。那是主管的職責，要根據事實作決策。」[16]

最後，有人要巴拉米直接了當的回答，為什麼FAA內部評估，MAX再一次出事的機率很高，卻只向航空公司機師發出民航通告，並給波音好幾個月的時間修正MCAS軟體。這次他的回答比較完整，並娓娓道來，直到進入聽證的下一個階段。他說，「我們知道最終的解決辦法是修正軟體。根據我們的風險評估，我們認為有足夠的時間修正，呃，你知道，並作最後校準，意思通常指的是『最後的步驟。』」

娜蒂雅當時人在麻州，她不敢相信她聽到的話，把逐字稿一讀再讀。巴拉米剛剛漠不關心的說明了FAA殺害她女兒的「作業程序」。這種可惡的煤氣燈操縱，類似白宮每天都會使用的手法。她的腦子沒有問題，巴拉米確實承認了，FAA拿她女兒的性命賭博。娜蒂雅和二兒子托爾於是衣服都沒換，半夜就開車上路，要趕在第二天中午，在華府

FAA總部外面召開記者會[17]。

FAA的家屬聯絡官歐唐納建議她和巴拉米見面談談，而不要開記者會。娜蒂雅記得，歐唐納當時說，「我們」——意思是FAA和波音——希望夏天結束之前讓MAX復飛，口氣聽起來充滿渴望。娜蒂雅和托爾按照原定計畫，跟記者會面，並舉著一個標語說，**繼續禁飛波音737 MAX 8；巴拉米和波音高層應該坐牢**。歐唐納帶著母子二人去見巴拉米，雙方的對話起初很有禮貌。巴拉米說他也有個女兒，他無法設想失去女兒的後果。托爾問他，他有沒有從這兩起空難了解什麼事情，或有沒有什麼事情他希望曾有不同的作法。巴拉米說，他想不出來有這樣的事情。他們離開巴拉米辦公室時，感覺到從來沒有過的憤怒。

波音的客戶也很憤怒。這些航空公司被耍了好幾個月，波音一直向他們保證，MAX很快就會拿到適航許可。MAX禁飛使航空公司航班大亂。（例如美國航空公司的乘客要從西雅圖直飛紐約，結果會意外降落在北卡的夏洛特。）每天換掉每一架次的MAX，都會讓西南航空公司損失六萬七千美元[18]。波音商用飛機部門主管凱文．麥卡利斯特試圖以各種補償安撫客戶。瑞安航空的執行長麥可．歐黎瑞十年前向吉姆．艾爾巴提出過低於成本的採購價，而在這次禁飛危機的溝通上，波音跟歐黎瑞的對話也特別緊張。歐黎瑞即使心情好，講話也很唐突而苛刻。他九月時公開表達沮喪，他告訴《紐約時報》，他對波音和客戶的溝通方式，感到「非常失望」[19]。

九月初，勞動節前的週末，一九三〇年代成立的航空界祕密社團「天空征服者」（Conquistadores del Cielo）在懷俄明州的牧場聚會，來參加的都是航空業界的頭頭，穆倫伯格也在其中。他們擲飛刀、喝啤酒，透過這些行之有年的聯誼活動交流感情。（他們還有自己的飲酒歌，改編自一九四四年動畫片《三騎士》〔*The Three Caballeros*〕中的歌曲，影片說的是三個「總是形影不離的快樂朋友」。）[20]穆倫伯格在這麼大的爭議之下，行為舉止還是非常平和，與會者都覺得很困惑。他也還是經常騎長途自行車[21]。

西雅圖附近停放出廠ＭＡＸ飛機的地方都爆滿，波音於是把新飛機送到華盛頓州東部的高地沙漠停放。飛機在一座地區機場，翼尖對翼尖排成一列一列，就像航空網站上巨型航空母艦的空照圖片。那座地區機場最後放了二五〇架剛剛出廠的ＭＡＸ飛機，總價值相當於一次登月任務的花費[22]。維修人員每個星期要讓這些飛機發動一次，還要在航空煤油中採樣，化驗看有沒有細菌。他們很快發現了另一個問題——燃油箱裡有抹布和其他垃圾，這是倉促增加產量的結果。到了十月，波音公布第三季獲利減少百分之五十一；ＭＡＸ延後復飛的成本加上給航空公司的補償，已經達到九十二億美元，是二〇一九年稍早分析師估算的九倍[23]。

華府國家廣場（National Mall）上的榆樹葉子已經轉紅，議員狄法吉歐調查小組的兩頭猛犬，前ＮＢＣ新聞製作人道格．帕斯特納克和律師艾力克斯．伯基特，那個秋天終於找到了可以讓人細細思量的東西。

狄法吉歐這位奧瑞岡州的民主黨籍議員，代表眾議院運輸暨基礎建設委員會，向波音公司要資料[25]，幾個月後波音才開始列印交付[24]。不過之後波音的律師就定期交付大疊的資料。十月的一個早上，帕斯特納克接到波音一個人的電話，對方建議他們看一下最上面一疊資料。那是福克納跟古斯塔瓦森，在即時通訊軟體上聊飛行模擬器的對話，波音二月就已經把這份資料交給了司法部。對話內容包括福克納抱怨，ＭＣＡＳ啟動後，他沒辦法在模擬器上控制飛機，以及他在不知情下沒有告訴ＦＡＡ的人，那個系統是怎麼運作的。波音也把同一批資料送給了ＦＡＡ的新任署長史蒂芬．狄克森（Stephen Dickson），狄克森也是航空公司機師出身。狄法吉歐說：「這就是確鑿的證據。」[26]

波音和ＦＡＡ之間終於有了嫌隙，在此之前他們緊密結合，麻吉得不得了。

狄克森寫了一封信：「親愛的穆倫伯格先生，昨晚我看了一份波音公司昨天送到運輸部的文件，了解到波音公司幾個月前在檔案中發現這份文件。我希望你即刻向我解釋這份文件的內容，以及波音為什麼延後向ＦＡＡ揭露這份文件。」[27]狄克森在一次對話中，說得更直接。他告訴穆倫伯格，波音其實自己招來更嚴格的監管，「你們逼我動手。」[28]波音的發言人聲稱，資料延遲提供給ＦＡＡ，是因為波音和ＦＡＡ同時是司法部調查飛機認證作業的對象。

律師和國會的調查人員為了取得資料，跟波音吵了好幾個月。他們有理由懷疑波音為什麼突然坦白了起來。不太像是出於懊悔，比較像是波音又在執行首席法律顧問勒提格的立體西洋棋策略，讓外界把注意力放在相對低階的機師身上，而不要放在下令機師這麼做的管理階層身上。狄法吉歐說：「真奇怪，五十萬頁的資料中，沒有一封電郵或一份文件上達穆倫伯格或其他管理高層。」[29]

即使這個策略保護了波音，卻仍然無法讓社會大眾閉嘴，也擋不住波音財務狀況的惡化，波音於是得再犧牲更高階的主管。商用飛機部門總裁兼執行長麥卡利斯特二〇一六年才進波音，妻小都還沒有搬到西雅圖。十月分一次董事會上，他被解雇。（他短短將近三年的任期，至少拿到兩千八百萬美元。）[30]穆倫伯格也受到社會的斥責；失去波音董事長的位子，由首席董事戴夫．卡爾霍恩接任。但穆倫伯格還是波音的執行長。最後波音同意讓高層出席十月下旬的參眾院聽證，這些聽證都有電視直播。聽證舉行的時間正好是獅航空難一週年。

經過狄法吉歐、國會人員還有罹難者家屬的努力，穆倫伯格——波音的但以理——很快就要進獅子坑了。

十三、「回你的農場去！」

娜蒂雅和麥可在華府逗留的時間太長，於是在市區西南一片扇形坡地租了一間公寓，下方就是潮汐湖（Tidal Basin）和傑佛遜紀念堂（Jefferson Memorial）。十月的國會聽證，兩人安排了廿一位家屬參加，有些人住在霍華德大學（Howard University）附近的一棟房子裡，是夫妻倆上Airbnb網站租的[1]。能和有同樣傷痛的人聚在一起，對家屬來說是個安慰，如今他們更有了相同的目標。但是要維持家屬抗爭的韌性和耐力，十分困難，因為過程中不斷提醒著他們失去親人的痛楚。就像因一九八九年DC-10空難失去女兒的歐瑪拉之前說的：墜機只是家屬遇到的第一次搶劫，之後還會有其他打擊。歐瑪拉是在為飛機製造業者利益服務的公聽會上，聽到令人憤怒的發言後，說出這樣的話。

十月分，娜蒂雅和兒子又去了一次衣索比亞的墜機現場，他們看到因為不久前下雨沖刷而露出來的人骨。衣索比亞航空委託倫敦的布雷克急難服務公司（Blake Emergency

Services），記錄遺骸的分布。（布雷克公司在官網上告訴客戶，「成本意識高漲的時代，我們的營業模式很直接：刪掉多餘的成本，為客戶提供最多的專業服務，不論客戶在世界上哪個角落。」）[2]布雷克公司設立了一個網站，讓家屬指認並取回親人的私人物品。麻省理工學院講師賈維耶・德・路易斯的姐姐葛瑞齊拉死於衣航空難，他瀏覽這個網站，心懷恐懼。罹難者的私人物品分成「玩具」、「衣服」和「照片」等類別，要找到親人的東西，只能從頭看到尾[3]。遺物中有一張葛瑞齊拉護照大小的照片，她聽從旅行專家的建議，多帶一張護照照片，以備不時之需。

鑑識科學很精確，但也會傷害人的尊嚴。娜蒂雅和麥可一度收到一二二個泡在甲醛裡的樣本，標籤上寫著「手臂」「毛髮」等[4]。其他家屬收到燒剩的護照或文件，上面帶有燒過的味道。

也是那年十月，印尼海軍載著獅航空難的家屬到海上獻花、追悼親人。船艦回到碼頭時，電視台記者和家屬圍在獅航執行長艾德華・席拉伊（Edward Sirait）四周，席拉伊向大家介紹站在他身邊的兩個人，稱他們是「波音來的兩位朋友」，並說他們要告訴大家一個消息[5]。兩人中的一位說：「我們波音公司成立了一個財務援助基金，並表達最深的哀悼。」這位來賓提供了一個電話號碼，家屬可以跟他聯絡，領取每位罹難者十四萬四千五百美元，「另外還有獎學金。」

桑吉夫・辛吉和麥可・殷德拉札那聽了目瞪口呆，這兩位是發現業者強迫家屬簽下放棄訴訟聲明書的原告律師。和獅航執行長站在一起的是雅加達企業委託的律師，其中一人號稱專長是「法律情報」。兩人都沒有提到接受波音委託管理基金的肯・范柏格，而那筆基金本來應該獨立運用。至少還有十二個罹難者家庭完全沒有提告，這些家屬如果聽到電視上的談話，跑去找波音，可能就不會雇請殷德拉札那和辛吉這種強悍的律師，為他們爭取更高額的和解金。辛吉說，「在我看來，這像精心設計過的對策，讓律師出面說服還沒有放棄向波音求償的家屬。他們不是在作慈善。」[6]

辛吉發電郵給范柏格，問他那兩位律師的來歷，以及他和波音、獅航還有兩家企業承保公司的溝通細節——外加他個人的薪酬。范柏格回覆說，那兩位律師是他聘請的，不是波音找的，「你信中提到的其他問題，都不需要質疑。」（范柏格在一次訪談中說，波音付給他固定費用，處理家屬的申領，和解成了則有另外的報酬。）[7]

對家屬來說，波音提供的錢不是慰問，而是撕裂。罹難者的父母為了誰該領和解金，跟女婿、媳婦爭吵不休，久不聯絡的親戚也跑來要分一杯羹。

十月廿九日，全世界都等著聽波音大當家穆倫伯格會說什麼。此時距離衣航空難已經七個月，在參議院商業委員會的聽證上，波音執行長穆倫伯格（幾天前還身兼董事長）和主管工程的副總裁約翰・漢米爾頓（John Hamilton）坐在會場正中央，攝影記者跪坐在他

們周圍，其他波音高層一整排坐在他們的正後方，娜蒂雅、麥可等罹難者家屬則坐在另外一排。

康乃狄克州選出的參議員李察．布魯門索曾在珊雅的追悼會上誓言，不讓她白白喪命。他在聽證會上先請家屬起立，委員會主席，密西西比州選出的參議員羅傑．維克（Roger Wicker）要家屬舉起原本放在腿上的親人放大照片。穆倫伯格坐在位子上，伸著脖子看了一圈。波音代表團中的首席法律顧問布萊特．蓋瑞（Brett Gerry）等人可能也注意到，這是為了新聞畫面設計的，於是也看了看，但保持原本的姿勢。負責政府關係的主管提姆．基亭嘴裡嚼著口香糖，稍微轉頭看了家屬幾眼，但大部分時間都直視前方，背對著家屬。這是攝影記者拍到的基亭，照片也傳遍了全世界[8]。

布魯門索先說：「穆倫伯格先生，我看到這些家屬站著，過去一週我再次閱讀過這個檔案之後，老實說，我今天坐在這裡，憤怒有增無減。他們的至親因為一起意外失去生命，就像參議院商業委員會主席一開始說的，這起意外可以避免，而且它還牽涉到蓄意隱瞞。兩次墜機後，都有波音的人立刻到我的辦公室來，說失事是機師的錯。那些機師沒有機會辯解，那些罹難者也不可能再說話。波音決定不讓機師了解ＭＣＡＳ的特性，結果所有人都搭上了空中棺木。」[9]

穆倫伯格眼睛泛淚，五官糾結。基亭坐在他正後方，還在嚼口香糖，表情像是在看一部特別有趣的電影。布魯門索問穆倫伯格：「你什麼時候知道飛航手冊裡不會提到

ＭＣＡＳ？」這是個致命的問題——獅航空難後他在福斯電視台上撒謊，說飛航手冊上有ＭＣＡＳ的內容。穆倫伯格看著桌面說，「首先，可否容我表達最深的慰問……」布魯門索是老練的訴訟律師出身，他打斷了穆倫伯格：「我的時間有限，很抱歉打斷你。我想知道你什麼時候了解，飛航手冊上不會有ＭＣＡＳ的內容？」穆倫伯格又開始假裝不知情，「參議員，我找不到那封電郵，我不確定。」

布魯門索自問自答。他說，在一六〇〇頁的飛航手冊中，ＭＣＡＳ只出現過一次，在語彙表中。這就是標準的刻意隱瞞。「波音的人來找我們，說都是機師操作錯誤的時候，你也在對我們說謊。你同不同意政府的監管系統已經全面失效，這就是後果，不是嗎？波音遊說國會，讓政府把更多委任工程師的權力移交給波音，如今我們難道不必再移轉回去嗎？」

坐在穆倫伯格後面的波音首席法律顧問蓋瑞，看到布魯門索想從穆倫伯格嘴裡挖出答案，眼睛睜得好大。「我要請你承諾，因為你有機會導正錯誤——你能不能承諾支持這個委員會中眾多委員主張的改革？」穆倫伯格回答：「參議員，我願意承諾……」他後面的蓋瑞搖著頭，差點說出，「不行。」但是穆倫伯格繼續說：「……參與那些改革，並投入資源。」布魯門索嘆了口氣。

代表伊利諾州的參議員譚美．達克沃絲帶著飛行員的權威——還有她對國家毫無保留的奉獻——發問。她曾是美國陸軍的直升機飛行員，在伊拉克戰爭中失去雙腿。她說，

「波音又一次不肯告訴這個委員會還有家屬全部的真相。」她的聲音愈來愈大，接近吼叫：「對飛行員和機師來說，最重要的是時間和高度。飛機起飛時沒有高度可言，他又沒有時間應變。你們在陷害這些機師。」

穆倫伯格的聲音變得非常尖細，議員如很多現場聽眾所願，輪番斥責波音時，他的眼神不時透著膽怯。共和黨籍德州參議員泰德．克魯茲原本熱中限縮政府權力，他對穆倫伯格的盤問，特別令人驚訝，可能也最具殺傷力。

克魯茲開場說，「穆倫伯格先生，我必須說，今天你在這裡的證詞讓人非常喪氣。」聽起來像律師在刑事庭上的結辯。他拿起福克納在即時通訊軟體上的內容，手邊的咖啡紙杯顯示，他喝過咖啡，精神大振。他說，「這段通訊內容很驚人，它描述了獅航和衣航墜機究竟是怎麼回事。罹難者的家屬今天在這裡集合。三四六個人因為機師『惡劣』且『愚蠢』而喪命──這是他們的用詞，是波音內部的用詞。」聽眾中有一位婦人擦著眼淚，她的丈夫拍著她的背。

克魯茲繼續說：「而我發現真正驚人的是，今年二月，波音把這段通訊內容交給司法部，我三月主持航空小組委員會一場討論兩起空難的聽證。波音當時不覺得應該把這段對話提供給我們──也沒提供給ＦＡＡ。你今天作證說，你幾個星期前才知道有這段對話。我當過律師很多年。墜機之後，你的律師讀到你的資深員工說，他們對ＦＡＡ的人說謊。真是見鬼了，二月你們把這個對話內容交給司法部時，怎麼會沒有人告訴你這件事？你怎麼可能幾週前才看到這個內容？」

穆倫伯格說，那年年初的調查，都是下面的人告訴他，有些什麼新發現，然後交給律師處理。克魯茲打斷他，並學他講話：「『都是別人告訴我的，』語氣這麼溫柔，為了撇清責任。你是執行長，必須負最後的責任。你的團隊怎麼可能不讓你過目？怎麼可能不十萬火急地跑來對你說：『我們麻煩大了』？怎麼可能？如果真的沒有人拿給你看，你也真的無法在看了之後說：『我要知道究竟發生了什麼事！』那麼波音的文化到底怎麼了？你二月為什麼不示警，說我們必須搞清楚來龍去脈？聽證都結束了也不說，壓力來了還不說，如今因為死了三四六個人，你們不想再讓更多人喪命才說嗎？」

穆倫伯格很虛偽的答道，「我們不太確定福克納先生真正的意思——他的律師覺得，他指的是還在開發中的一款飛行模擬器。」

直到不久前外界才知道，ＭＡＸ飛航手冊的前任撰寫人福克納找了鼎鼎大名的休士頓律師大衛．葛爾格（David Gerger），他的客戶包括安隆的前財務長，和因為深水地平線油井爆炸而被控殺人罪的英國石油公司工程師。報導談論模擬器通話內容的報紙，引述了葛爾格為福克納辯解的談話。福克納的前同事都納悶，那個愛穿海鷹隊球衣的傢伙，怎麼請得起這麼厲害的律師。記者都等著福克納哪天會「翻供」——供出他的上司，並接受《六十分鐘》的訪問。

熟悉內情的人士說，那位大律師其實是波音花錢請的，經費來自波音董事及高層的訴訟保險，這些努力都是為了讓各方的調查能在波音的控制之內[10]。就像克魯茲假設的，如果穆倫伯格當初想挖掘飛機到底出了什麼問題，是可以好好了解的。

葛爾格在網路上的自傳說，「最大的勝利是默默終止一個案子。」波音的前首席法律顧問麥可．勒提格，五月就以董事會「資深顧問」的名義，為波音處理空難的調查。政府部門裡到處都是「勒提格幫」，也就是勒提格的子弟兵，當過他的書記官。聯邦調查局局長克里斯多福．芮伊（Christopher Wray）就是其中一員。而且司法部好幾位高階官員——包括刑事部門的主管；司法部副部長；還有司法部長威廉．巴爾——都曾經待過芝加哥的凱易律師事務所，這正是波音委託的事務所。巴爾本人跟勒提格是老朋友，兩人一九九〇年代曾在司法部共事。巴爾獲川普提名為司法部長後，勒提格還寫信給參議院，極盡吹捧，為巴爾拉票，說「他會是美國歷史上最傑出的司法部長。」

了解內情的人士說，第二次墜機之後，巴爾告訴屬下，他覺得對波音作刑事調查，理由不夠充分[11]。他也向司法部詐欺部門的承辦檢察官轉達多項質疑，那些檢察官都很擔心巴爾會下令他們停止調查。不過，到了七月，巴爾自己迴避了波音的調查工作，因為他之前服務過的凱易律師事務所現在代表波音公司。（司法部的一位發言人不願意評論此事。）

但是這些對此刻的穆倫伯格都毫無幫助，克魯茲一直問他為什麼沒去了解福克納對模擬器的憂慮，他在克魯茲的詰問下一直扭動身體，然後解釋說，福克納已經不是波音的員工，好像這樣就無法取得他想要的資訊。這個理由特別沒有說服力，因為和福克納即時通訊的機師派崔克·古斯塔瓦森還在波音——負責福克納原本的工作。克魯茲立刻發現穆倫伯格自相矛盾，於是追問：「你找他談過話嗎？」克魯茲指的是古斯塔瓦森。穆倫伯格只能承認：沒有。

克魯茲一結束問話，理個大平頭的蒙大拿州參議員強·泰斯特（Jon Tester）接著說，「那個清晨可能讓你痛苦，但更更痛苦的，其實是坐在你後面的那些人。」泰斯特的話聽起來就像一首鄉村歌曲中提到的，難以接受的真相。然後他再補一刀：「與其搭737 MAX，我寧願走路。我絕不搭那款飛機，我寧可走路。」

經過兩個半小時的拷問，穆倫伯格起身準備離開，眼睛向下看。娜蒂雅·米勒朗距離他幾英尺，突然衝口而出：「你要轉身看著人說抱歉。」穆倫伯格停下來，轉身，身體保持挺直，因為知道攝影機還在拍，然後凝視著娜蒂雅，清楚地對她說：「對不起。」

聽證之前波音答應，穆倫伯格要會見罹難者家屬。這已經成了波音的公關災難，家屬經常說，穆倫伯格和其他波音高層拖太久才和家屬直接溝通。於是穆倫伯格作證結束後，臉色蒼白的波音高層和悲痛的家屬，分批走進國家廣場對面的國會舊辦公大樓（Cannon House Office Building）。會議室裡一張大木桌旁擺了一排椅子，像是聽眾席。麥可·司都莫進來看到後，跟幾位早到的家屬把桌子推到旁邊，然後把椅子排成環狀，這樣波音的執行長就無法對家屬訓話[12]。穆倫伯格和華府主管基亭還有副總裁珍妮佛·羅威一起走進會議室。才不過一年前，羅威和穆倫伯格一起坐在川普國家高爾夫球俱樂部裡，當時的氣氛要比現在好多了。

很多家屬拿著親人的照片。他們輪流訴說家人因為波音的貪婪和麻木不仁而遇難。保羅．紐羅格帶來的不是妻子和三個小孩的照片，而是四口棺木的照片。他告訴穆倫伯格：你明知飛機有瑕疵，卻還推說是外國機師的錯；你不把衣航和獅航的罹難者當成人，你把他們跟你自己的孩子差別對待。紐羅格說，「他們在你眼裡不是人，所以你只配看到他們的棺木。」[13]紐羅格想看到穆倫伯格崩潰，想讓這個沉著的工程師感到罪惡。但是紐羅格訴說自己每天的椎心之痛，說著波音帶給他的苦楚，他自己先崩潰了。穆倫伯格給他的只有深感憐憫的一瞥，但這完全不是紐羅格想要的。

聽證會第二天，輪到狄法吉歐和他領導的眾院委員會盤問波音高層。狄法吉歐公布更多波音內部的電郵通訊，顯示部分工程師擔心MCAS只靠單側感測器的數據，會不會有問題，但是上級完全沒當回事。有多位眾議員要求穆倫伯格辭職。「你是這艘船的船長，」伊利諾州選出的眾議員傑蘇斯．賈西亞（Jesús García）說，「輕忽的文化、無能或腐敗從高層開始，也就是從你開始。」[14]

穆倫伯格繼續訴諸他在愛荷華州的農場學到的價值觀，娜蒂雅和其他家屬聽不下去，紛紛在聽眾席上發出不耐的聲音，有些人身體靠向彼此，或是緊握雙手。娜蒂雅的農場是貨真價實的農場，她在那裡把孩子養大。穆倫伯格的農場則只是個標誌，用來彰顯自己的道德和人品，甚至跟早就沒人提及的波音傳奇董事長兼執行長桑頓．威爾遜有所連結，威爾遜也是愛荷華州立大學的校友。但是穆倫伯格的所作所為都找不到這些印記。

狄法吉歐也批評這件事：「你已經不是愛荷華州農場裡的小男孩，你是全球最大飛機製造商的執行長，你賺的錢可不是普通的多。」

之後，娜蒂雅再次靠近穆倫伯格，他的保鑣上前擋住娜蒂雅，但是他身體向前傾，想聽娜蒂雅說什麼。娜蒂雅抓住這個機會問MCAS軟體的問題：波音完成修改後，飛機就真的安全了嗎？穆倫伯格向她保證絕對安全。然後娜蒂雅為穆倫伯格的表現打了分數：「你提到太多次愛荷華州，我們所有人異口同聲：『回你的農場去吧，回愛荷華州去吧！』你回去吧！」

穆倫伯格的表現——含著淚、滿身汗、充滿悔意，但仍然機械式的為波音辯護——成了全球網路和iPhone即時新聞的頭條。不論面對泰德．克魯茲等共和黨議員或黛比．穆卡索—鮑爾（Debbie Mucarsel-Powell）等民主黨議員的猛烈抨擊，穆倫伯格的回應基本都一樣，都是第一次墜機後，基於波音利益考量的同一套說詞。代表佛州的穆卡索—鮑爾作了這樣的結語：「這是一個公司在抄捷徑、走近路，為了最大獲利犧牲安全。」穆倫伯格曾經是個滿腔熱血的波音實習生，後來成為犯下致命大錯的技術官僚。呼籲他下台的還有他母校愛荷華州立大學的學生報紙，《愛荷華州大日報》（*Iowa State Daily*）寫道：「身為學生，我們當然希望傑出校友有更好的表現。」[15]

退休多年的艾倫．穆勒利，因為使福特汽車轉虧為盈，聲望高漲。此時有人呼籲找他回波音救亡圖存[16]。但是穆勒利已經七十四歲，快跟拜登一樣老了。一個穆勒利也在的退休群組中，有人開玩笑慫恿他挺身而出，穆勒利答道：「如果有人開口，我願意出馬。」

但是穆倫伯格還沒被迫下台，也還有事情要忙，何況還沒交付的737 MAX飛機愈來愈多，得設法處理。幾週後他打了個電話給FAA署長狄克森，詢問對方可否考慮在核准737 MAX復飛之前，讓波音交付新飛機給客戶。以此時波音和FAA關係緊張，穆倫伯格聲望又大降，他還敢提出這樣的要求，可見他承受的壓力有多大。737 MAX禁飛的成本已經累計到一八〇億美元，能交付新飛機的話，至少能有些貨款進帳，並把存貨成本轉移給客戶。

狄克森說他會研究一下，但什麼也沒有承諾[17]。穆倫伯格把狄克森的說法當成開了綠燈，波音於是發了一份聲明說，波音「可能」十二月會重啟737 MAX交付[18]。狄克森覺得自己被耍了，於是下了條子給飛行安全主管阿里．巴拉米，要他的團隊「該審多久就審多久」[19]。狄克森還另外錄了一段影音給FAA全體員工，向他們精神講話，這段影片很快就有人上傳到了YouTube。這段罕見的影片中，他坐在華府的辦公室裡，背景是經過柔焦的華盛頓紀念碑：「我知道有人希望737 MAX趕快復飛，這給了你們很大的壓力，但我是你們的後盾。」

阿甘終於敢向他的教育班長大聲說話。到了下個月，狄克森把穆倫伯格找到辦公室來，提醒穆倫伯格，審核ＭＡＸ適航與否，是ＦＡＡ的權責[20]。狄克森說，「波音該專注的是品質，並且要及時把資料送交ＦＡＡ審查。」狄克森在另一封轉交給國會調查小組的電郵中提到兩人會面的過程，內容很快就見了報。

最後穆倫伯格在十二月十六日說，波音會暫時停產737 MAX[21]。他一直堅信ＭＡＸ年底前就可以復飛，結果跳票，徹底摧毀了投資人對他的信心，這些人是他最後也最重要的一批擁護者。四天之後，波音為了載運國際太空站上的太空人而開發的星際航線太空船（Starliner），未載人試射失敗，沒有進入地球軌道，又上了新聞頭條，也成了壓垮穆倫伯格的最後一根稻草。接下來的週日，十二月廿二日，波音召開董事會，董事投票決定撤換穆倫伯格。

勒提格也跟著離開了波音，在耶誕節次日退休，領走了五九〇〇萬美元[22]。他在波音賺到的錢絕對夠他供兩個孩子讀大學。他二〇〇六年辭去聯邦法官時的辭呈，就提到為孩子的大學學費發愁。

波音炒了穆倫伯格魷魚，讓卡爾霍恩接任執行長。卡爾霍恩從二〇〇九年開始擔任波音董事，賺走三四〇萬美元，ＭＡＸ開發過程中每個令人擔心的狂亂階段，他也都經歷過[23]。他是吉姆．麥克納尼的老朋友，也是奇異執行長威爾許打高爾夫四人一球賽的固定搭檔。

也就是說，波音高層可能換了人，但是企業方針沒變。

十四、「最像威爾許的傢伙」

一位八十三歲的老先生，戴著附有小麥克風的耳機，就像流行樂男團的歌手，中氣十足聲音清亮地解釋飛航控制，這種場景實在不多見。講者是彼得．摩頓，波音的卜格．亨利，也是波音美德的守護者。二〇一九年的年底，摩頓在西雅圖的波音退休人員之家，向一屋子的聽眾演講——有幾位年紀比他還大，有些人還跟著薩特本人開發過波音７４７。（會計幫他們核算退休金時，可能會覺得心痛。）摩頓播放舊影片——有強斯頓駕駛Dash 80施展翻滾特技；布萊恩，威格爾談７３７推力反向器的煞車功能；哈林籃球隊在７４７寬敞的機艙裡花式表演。這些是摩頓和昔日同事合作的一系列推廣活動，那位前同事當年就讀波音機場對面的高中，剛剛拿到私人飛機駕照，正希望成為波音的第三代員工。

像薩特那樣的嚴父型人物曾經全程看管波音設計的飛機，但時至今日驅動波音獨霸噴射機時代的團結默契，已經耗損殆盡。過去一年，摩頓花很多時間寫信給穆倫伯格和其他波音高層，談波音內部「失能的孤島心態」、「溝通線斷裂」還有「誤解和困惑」，但是從來沒有收到過回信。波音和麥道合併之前，員工從來不敢不甩ＦＡＡ，這些老波音人在報紙上看到相關報導，都覺得不可思議。更不可思議的是，波音竟設計出會因單點故障導致危險的飛航控制系統。參與過波音７７７開發的工程師法蘭克・麥柯米克（Frank McCormick）說，若有人在退休人員聯誼會上說波音設計了這麼一款飛機，那一定是個很爛的笑話[1]。

二〇一九年，司法單位把若干離職工程師找到一處租來的辦公室，位於好必來（Hobby Lobby）零售店附近的一個帶狀商場裡，離埃弗里特的波音工廠不遠[2]。聯邦調查局幹員和司法部的律師詢問工程師一些問題，評估能不能以詐欺主管機關的罪名起訴波音。至少有一位波音的經理告訴家人，可能會有聯邦調查局的人突然敲門，進來搜索。

到了二〇二〇年，實際情況更糟。

三月的第一個週日，波音召集所有的副總裁開了一次緊急電話會議，ＭＡＸ飛機突然變成了小問題，因為一種可怕的病毒正橫掃整個西雅圖地區[3]。無情的調查進行了將近一年，穆倫伯格被開除，ＭＡＸ停產更是代價高昂，經過這一切，電話會議中說的事情，令部分與會者覺得難以置信，好像聖經中描述的大疫病降臨了。航空公司（當然還有飛機製造業者）名列率先受疫情重擊的產業。波音已經受了重傷，現在剩下的選擇也都不好。一個選擇是，關閉華盛頓州埃弗里特市的超大型工廠，波音商用飛機部門只剩下幾個運作健全的單位，這間工廠是其中一個，前一年夢幻飛機的產量還創下紀錄。

幾個星期前，波音首席市場預測專家還在新加坡的一場會議上說，新型冠狀病毒對旅行的影響可能是暫時的，衝擊也能控制，類似二〇〇二年的SARS疫情[4]。但是疫情在中國造成醫院癱瘓之後，接著伊朗和義大利也先後遭殃，二月底疫情重創西雅圖郊區的養老院（距離摩頓不久前演講的場地沒有多遠），救護車接走幾十位重症垂死的老人，驚恐的家屬只能在檢疫設施外從窗戶往裡看。情況危險又令人困惑，更讓人迷惘的是，連科學家都不知道怎麼辦。附近公寓的一位住戶戴著手套遛狗，並讓愛犬穿上塑膠鞋[5]。波音在埃弗里特的工廠繼續運作，清潔人員定期擦拭扶手，並設置手部消毒站。

新冠疫情很快會變成新任經理人卡爾霍恩面臨的重大危機。他接任執行長後，就為了處理福克納和同事即時通訊內容的後續效應而焦頭爛額。卡爾霍恩幾乎對穆倫伯格的所有作為極力辯護，狄法吉歐等眾議員認為卡爾霍恩和穆倫伯格根本是同謀。這些眾議員想知道，波音對福克納的即時通訊內容祕而不宣，這個決定卡爾霍恩知道多少：他什麼時候看到這些即時通訊的內容？

一月廿九日CNBC訪問卡爾霍恩時，問到了這個問題，結果他回答得很含糊：「我們發現得太晚了。」[6]當天參與電話訪談的還有分析師。卡爾霍恩暗示，穆倫伯格除了欺騙大眾，也欺騙了他還有其他董事。他說，「媒體上都說，我其實是知情人士，如果我稍微改變一下這個說法呢？如果我說，我們看到的是同樣的事，只是我的位子比你們更接近而已呢？」[7]

一個月之後，曾經和福克納共事的三位機師——包括曾對福克納操作MAX模擬器的恐怖經驗表達同情的派崔克．古斯塔瓦森——被叫進經理辦公室，閱讀一份事先準備好的聲明，然後開始休假[8]。聯邦機構的調查還在持續，波音這個舉動顯然是個自保策略，要讓那些機師的交談看起來像獨立事件，趕快和那些蠢事切割。（卡爾霍恩在一次記者會上說，機師之間即時通訊談到的，是波音小眾文化的一部分，不能反映波音公司的實際狀況。）[9]麥可．提爾和奇斯．里佛肯等負責開發MAX的經理，絲毫沒有受到墜機和屬下即時通訊內容的影響，照樣升官發財。提爾已經從波音拿到不少獎金紅利，如今升任波音下一款新飛機，也就是777衍生款的總工程師。里佛肯則在退休前，升到了主管噴射推進部門的副總裁。

卡爾霍恩不但是傑克．威爾許眾多徒弟中，最新擔任要職的一位，長期幫威爾許寫演講稿的比爾．藍恩（Bill Lane）也說，「卡爾霍恩其實最像威爾許。」[10]卡爾霍恩在賓州阿倫鎮（Allentown）長大，父親是水泥業務員。他在維吉尼亞理工學院（Virginia Tech）取得會計學士學位，一九七九年進入奇異公司。他以爭強好勝聞名——他有一次說，他做每一件事的「出發點」都是為了競爭[11]。一九九〇年代末，威爾許本來把他列為接班的可能

人選。（他們參加高爾夫四人二球賽時，經常一天就打卅六洞或五十四洞。）[12]藍恩說，卡爾霍恩在接班人競賽中的劣勢是有糖尿病，雖然糖尿病現在很普通，但當時是個不利的條件，因為「奇異執行長可能要幹二十年」[13]。

後來卡爾霍恩當上奇異的副董事長，但是在波音執行長的競爭上，敗給了前同事麥克納尼。二〇〇六年卡爾霍恩跳槽，外界都覺得，他的決定很不尋常。他成了一家隸屬私募股權公司的荷蘭出版商的掌門人，大家對這個出版商都不太了解。對方出價一億美元，並且讓他全權改造公司[14]。後來這個集團囊括了《好萊塢報導》（*Hollywood Reporter*）、《告示牌》（*Billboard*）等媒體，還有著名的電視收視率調查業者尼爾森公司（Nielsen）。

卡爾霍恩找了三位他在奇異的副手擔任尼爾森的管理高層。二〇〇七年，尼爾森以十二億美元和印度的外包業者塔塔資訊服務公司（Tata Consultancy Services）簽訂合約，這是當時金額最高的外包委託案，讓尼爾森可以雇用較便宜的人力，蒐集美國市場的資料[15]。這項協議在佛州奧茲馬爾（Oldsmar）引起爭議，因為尼爾森在當地享受租稅減免，興建了客服中心。結果尼爾森要求客服中心的員工訓練塔塔資訊服務公司的人員，然後開始資遣奧茲馬爾的幾百名員工。當時尼爾森公司是坦帕灣郊區最大的雇主，一位市議員指控尼爾森公司「開了租稅優惠方案一個大玩笑。」還有一位市議員說，尼爾森是個惡質的企業[16]。（尼爾森同意放棄它享受的租稅減免。）接下來一段時間，卡爾霍恩賣掉了公司旗下多數的印刷媒體，同時擴大在網路廣告和網路市調的投資。

尼爾森公司二〇一一年公開上市，三年後卡爾霍恩主管起私募股權基金百仕通集團（Blackstone）的投資組合業務。有多個私募基金在背後支持尼爾森公司，百仕通也是其中之一。二〇一四年六月，百仕通投資人大會上，卡爾霍恩在百仕通董事長史提夫．史瓦茲曼（Steve Schwarzman，或譯蘇世民）前面一位發言。史瓦茲曼在紐約曼哈頓公園大道軍械庫（Park Avenue Armory）舉行的六十大壽豪華派對，成了華爾街金融危機的豪奢象徵。（二〇〇七年那場壽宴到處撒滿蘭花，佩蒂．拉貝爾〔Patti LaBelle〕帶領著川普夫婦在內的幾百位賓客高唱生日快樂歌。）[17]卡爾霍恩說，領導尼爾森可算是他事業生涯中，最有成就感的一段時間。

他說：「尼爾森公司開上市前那五年，完全是私人公司的模式，我可以做所有我想做的事，以我想要的速度跟規模。」[18]

卡爾霍恩的一位副手史提夫．哈斯克（Steve Hasker）後來盛讚他，為尼爾森創造了「巨大的生產力引擎。」[19]哈斯克在麥肯錫公司的一份刊物上說，卡爾霍恩在二〇〇六到二〇一三年間，為尼爾森降低了二成五到三成的成本，尼爾森「特別著重內部成本，尤其是需要耗費大量人力的工作。有一段時間，我們從事大量的勞動力套利（labor arbitrage），把很多業務轉移到成本較低的地方。這樣能帶來很高的生產力，我們也能將因此產生的現金，真正『投資』到新產品上。」

二〇一六年九月，就在川普勝選之前，也是737 MAX研發最後的幾個月，卡爾霍恩參加福斯財經台主播瑪莉亞・巴蒂洛摩的訪談，與談者盛讚私募股權基金投資人創造工作機會。（沒有人提到勞動力套利或工作外包，這也是私募股權投資的結果。）螢幕下方的標題寫著：「哪裡有成長？」巴蒂洛摩問道，監管和稅賦是不是對經濟的兩大傷害。

卡爾霍恩說：「確實是。我們每天都能感覺到，而且完全沒有改善。很難清楚地描述每一個擋在你前面的阻礙，但那真的迫使每個人都得慢下腳步。」[20]巴蒂洛摩舉例說明：「官僚系統、監管體系……」卡爾霍恩點著頭說：「噢，官僚系統真是驚人。」另一位來賓說：「如果省掉那些繁瑣的手續，我們會看到更多精彩的新創公司。」卡爾霍恩接腔：「絕對是的。在我眼裡，政府監管只會拖慢公司營運的每一個面向，不論對公開市場還是私募市場，都沒有幫助。」（就在政府的這種阻礙之下，美國國內生產總值前一年還是成長了將近百分之三，是二〇〇五年之後的最大漲幅。）

卡爾霍恩受訪哀嘆之後的兩個月，波音的工程師就把MCAS軟體不完整的安全分析資料送交FAA。美國政府之後說，如果FAA自己的飛航安全專家知道MCAS的運作詳情，一定會有所質疑。

卡爾霍恩訪談時大肆批評官僚體系和監管程序繁瑣耗時，但其實波音交付第一架MAX客機的時間，比原先預估的提早了三個月。

新冠疫情全面肆虐之前，波音有些人正在煩惱二〇二〇年三月十日，衣航空難週年紀念就要到了。這個日子勢必又成為全球的新聞焦點，也可能再度變成波音的公關災難。波音和罹難者家屬之間，為了週年紀念活動，有種很不舒服的合作關係。波音同意撥一筆錢舉行紀念儀式，但是參與規畫的家屬覺得，就像英國石油深水地平線鑽油平台爆炸事件的紀念活動，由英國石油公司幕後策畫一樣，衣航空難週年紀念也由波音一手操縱。

一月底的一個週五，波音負責政府公關的基亭和他的副手羅威，在阿迪斯阿貝巴機場附近的衣索比亞航空公司總部，會見罹難者家屬和代表。衣航總部就像大使館一樣，一片灰褐色，了無生氣，只有他們會面的會議室，牆壁漆成藍綠色，稍微好一點。基亭讀過天主教耶穌會的大學，和賓州的斯克蘭頓大學（University of Scranton），說起話來像牧師，讓人感覺慷慨大方。他說，波音願意竭盡所能，讓家屬覺得紀念活動有意義。

但是很快的，基亭就宣布了波音贊助活動的原則。波音只會支付每個家庭兩位代表的費用，包括三個晚上的住宿還有伙食。三月十日是週二，他要求所有家屬週日飛到，週三離開，沒有例外。在他慷慨的開場白後面，這些限制顯得格格不入。家屬開始提出反對意見。例如他們必須決定該由父母或是手足參加。如果罹難者父母離了婚，繼父母能不能都來？如果加拿大的家屬想週六就到怎麼辦？波音承諾提供一億美元協助家屬還有社區，現在卻像管理企業的收益一樣，設下各種限制。

現場一位目擊者說，基亭會決定所有的細節，主要是為了盡量降低波音出醜的機會，

「他有天主教徒那種對悲傷的敏感，但公司交給他的任務是，用最少的成本主辦這次紀念活動，而且媒體採訪愈少愈好。」基亭回答每一個問題時都強調，誰可以參加紀念活動由波音決定，不是由家屬決定。有一位家屬要求帶一位心理治療師去，基亭說，波音已經聘請了業者，到時候會有心理治療師在現場。他也不准無法到場的家屬找攝影師在現場拍攝，因為波音會負責活動的攝影。媒體採訪則完全禁止。

協調會談到紀念儀式的規畫時，氣氛特別火爆。既然已經像是凶手在策畫葬禮，很多家屬希望，致悼詞的時候，波音的人不要待在帳篷裡。基亭對這個要求感到驚訝，他說：「如果是我們付錢，我們就要在場。」[21]

波音承諾的財務補助該如何使用，協商的氣氛也很差。一月三十日，珊雅的父親麥可．司都莫和負責發放波音補助基金的律師肯．范柏格，在華府的維拉德飯店（Willard Hotel）共進午餐。這是他們初次見面，開場卻非常尷尬。兩人走向電梯時，司都莫提到，其實女兒在二〇一七年麻州大學的校友活動上見過范柏格。范柏格整理了一下自己的儀容，反射式地說，「噢，對，我記得那場演講——你女兒好嗎？」司都莫簡短地回覆：「她埋在阿迪斯阿貝巴地下五十英尺。」[22]

這表示范柏格沒有先了解一下司都莫的家庭狀況，但是他表現得像沒事一樣，對自己的失態完全無感。兩人一坐定，他就開始盛讚司都莫和妻子娜蒂雅・米勒朗把家屬組織起來。范柏格男中音的音色配上波士頓口音，不管說什麼，聽起來都很慈祥。他說想聽聽司都莫對基金運用的建議。在這之前，麥可和娜蒂雅已經和基亭談過，希望波音支持他們發起的一個非營利組織：ET302家屬基金會，基亭要求他們提出預算提案。范柏格和司都莫則同意繼續討論。

到了二月十四日情人節，麥可和娜蒂雅來到范柏格在維拉德飯店旁邊的辦公室，和范柏格還有他的同事卡蜜兒・畢洛斯（Camille Biros）坐在一起。辦公室裡掛滿了學位證書，還有范柏格和多位美國總統握手的照片。

有一部以范柏格為主角的紀錄片《扮演上帝》（*Playing God*），記錄他處理九一一恐怖攻擊事件受害求償之後，又主導了英國石油、福斯汽車和天主教會的求償和解。紀錄片把他描繪成現代所羅門王，因為他為每一位悲劇受害者的生命都訂了價格。麥可和娜蒂雅提到他們之前和基亭討論過的基金會，范柏格說，他的工作完全獨立於波音之外，而且他只負責發放財務補助給罹難者家庭，不涉及團體基金會。但是他認為麥可和娜蒂雅做的事情很重要，他會代為向波音爭取資金挹注。

二月十七日波音發布新聞稿說，范柏格的工作增加了，他要負責發放整體一億美元的基金，不只是原先的五千萬美元[23]。但是拒絕挹注基金會四十萬美元請求的是基亭，而不是范柏格。基亭對基金會主任說，他聽到「很多團體」的反應，不確定這個基金會是不是多數人同意成立的。一位參與雙方協商的人說，「這就像華府的權力角力。不過事後看起來，波音從頭開始就不打算接受我們的提案。」[24]（范柏格說，「整體而言，我會告訴你，我們還沒有碰過真正有人批評我們的工作，說我們發放補助受到波音的左右。」）[25]

三月十日週年紀念前幾天，波音執行長卡爾霍恩接受《紐約時報》訪問時的談話，又讓家屬心痛一次[26]。他把波音一連串的麻煩，歸罪前任執行長穆倫伯格，這個他曾經極力迴護的人。卡爾霍恩說，「老實說，情況比我之前想像的要嚴重得多，這也顯示了波音領導階層的弱點。」卡爾霍恩和《紐時》的記者在聖路易附近的波音領導力訓練中心碰面，這是麥道和波音合併後，史東賽弗堅持要完工的設施。訓練中心牆上仍掛著穆倫伯格的照片。卡爾霍恩談到誘因時，再次傷害他的前任執行長，「如果有人追逐股價像追天邊的彩虹，那一定是他了。」這句話出自卡爾霍恩嘴裡，實在非常虛偽，因為他也靠著私募基金發大財，並且把財富傳給孫輩。

卡爾霍恩在訪談中也暗指，印尼和衣索比亞的機師，確實也有問題，因為這些地方的機師，「和美國的機師在經驗上，相差不可以道里計。」記者問他是否認為，美國的機師一定可以解決MCAS軟體故障產生的問題，卡爾霍恩要求，他的答案只能當作私下談話，不能公開，記者拒絕後，他說：「算了，你可以猜到我的答案。」他的態度顯示，波音還是沒能從飛機設計缺失中汲取教訓，這讓人更加痛心。至於波音內部文化透露了什麼更重要的訊息，他說，「我看到兩個人寫了可怕的電郵。」

三月十日，衣索比亞雲天大飯店的三七三間客房，住滿了前來憑弔的罹難者家屬，這間飯店正是一年前空難後的那幾天，家屬聚集的地方[27]。之後，家屬透過訴求行動、無數的電郵，還有通訊軟體上的群組串聯起來。週年紀念這一天，他們從廿六個國家齊聚到阿迪斯阿貝巴。紀念儀式在三小時車程外、墜機現場的一座帳篷裡舉行，泥土地上鋪了一百多朵玫瑰花的花瓣。最後如家屬所願，紀念儀式沒有波音的人員參加。他們向罹難者致敬；刻意不提波音公司在這次活動中的角色；然後默哀六分四十二秒——正是衣航那架班機從起飛到墜毀經歷的時間。每一位罹難者有一個木箱子，每個木箱上有個黃赭土燒成的花盆，家屬在盆中種下種子。唯一刺眼的東西是墜機現場周圍豎起的鐵絲網圍欄。波音聘請的活動策畫人告訴珊雅的母親娜蒂雅：「他們很怕你們會看到人骨。」[28]

這些家屬回國之後，發現世界已經改頭換面：三月十一日，美國職籃NBA取消了剩下的賽季，演員湯姆．漢克斯說，他和妻子都感染了新冠病毒，這些消息使在媒體轟炸下見怪不怪的民眾，終於意識到病毒肆虐的嚴重。戲院、音樂場所、酒吧、餐廳都唱空城。醫院的加護病房開始滿房，政府第一次下達「居家令」，這也是大家記憶中破天荒的事。科學家幫大家緊急惡補什麼叫「呼吸道飛沫」和「拉平曲線」。經歷過珊雅的死還有之後的各種抗爭，麥可和娜蒂雅變得無所畏懼，因為他們已經碰過最恐怖的事情，現在反而可

以鬆口氣，有更多時間待在家裡和兩個兒子在一起。

波音的股價此時開始大跌。一年前第二起墜機之後，股價已經下跌了百分之二十，這個三月又跌了百分之五十，最低跌到八十九美元，因為各地的機場和市區的購物中心都空無一人。三月初，波音普吉特海灣廠區的經理讓員工待在家裡，但是埃弗里特工廠的生產繼續，員工也照常上班[29]。技師們小心翼翼地看著彼此，有些人戴了口罩，有些人沒戴。愈來愈多人請休假待在家裡躲避疫情，其他人則湧進會議室，和在家工作的同事開電話會議，同時納悶自己為什麼還在公司。

救護車至少開進偌大的埃弗里特工廠兩次，載走生病的員工，他們工作的區域經過清潔消毒，繼續生產。底特律的汽車製造廠三月十八日關閉，埃弗里特工廠還在運作。最後波音說五天後會關閉工廠，因為一天前一名五十七歲的員工染疫死亡，家屬在臉書上請求波音關閉工廠[30]。

到了四月，世界各國正值封城高峰，航空客運量比上一年同期暴跌百分之九十五，各航空公司的全球機隊有三分之二都停飛。塗裝鮮豔的新飛機在加州沙漠一處停機場整齊排列，長達好幾英里。航空業其實有景氣循環，不可能像穆倫伯格描繪的會永無止境的成長——這是他一連串錯誤判斷的最後一項。

這對波音和卡爾霍恩當然都是很棘手的事。波音必須動用一筆一三八億美元的銀行貸款，以維持運作[31]。卡爾霍恩甚至考慮接受聯邦紓困，討論慎重到波音之前在南卡的盟友，也是共和黨二〇二四年總統大選的可能人選妮琪．海莉，甚至辭去波音董事一職，並發表聲明表示，她堅守自由市場的原則[32]。波音不但沒有新訂單，還不斷有客戶取消訂單——二〇二〇年就有一千多架。波音儲存廠裡的四百架MAX飛機即使現在獲准復飛——此時禁飛已經滿一年，FAA准許復飛的時間仍然不確定——極缺現金的航空公司也沒錢支付飛機的貨款。

從另一個角度看，就像卡爾霍恩自己承認的，新冠病毒全球大流行也開創了新的機會。波音MAX的醜聞退出了報紙的頭版。廿一世紀企業管理的暗黑算計，也把全球大疫看作新的機會，外界對卡爾霍恩領導下的波音重新有了期待。波音管理失當導致巨大的人命損失，但是在疫情之下，波音不再是不入流的企業，反而成了國家危難中，保住十幾萬人生計的瀕絕美國製造業者。美國總統川普就說：「我們不能沒有波音。」

最後波音向民間放款人借到二五〇億美元，不必接受聯邦政府紓困[33]。這些貸方看待美國最後一個商用飛機製造商、第二大國防承包商的角度，和川普一模一樣：波音大到不能倒。同時波音還因為國會的一項授權而受惠，就是國會撥款幾百億美元，協助美國的航空公司支付員工薪水，而這些航空業者都是波音的大客戶。波音的忠實老主顧美國空軍也默默伸出援手：四月份空軍同意釋出八億八千兩百萬美元的扣款給波音，這筆錢因為卅三架KC-46空中加油機有瑕疵而扣在空軍手裡[34]。波音那批空中加油機的瑕疵，嚴重到軟體、攝影機還有電腦都得重新設計。

卡爾霍恩在奇異的各個部門歷練了廿八年，又在私募基金支持的公司待了十幾年，如今重回熟悉的戰場。這次他有機會把波音砍掉重練，恢復波音舊有的形象。他七月時說，「我們從來沒有現在這種機會，可以同時評估短程和中程的目標。」[35]當時他宣布，要從波音十六萬個員工中裁掉一萬九千名，並且把大型客機的生產整併到華盛頓州埃弗里特或南卡羅萊納州的工廠。

美國參議院商業委員表達過各種憤怒之後，兩位資深參議員，密西西比州的羅傑・威克和華盛頓州的瑪麗亞・肯威爾（Maria Cantwell）在那年夏天跨黨派提出了FAA改革法案，聽起來非常強硬，但是在部分波音工程師和MAX空難罹難者家屬眼中，還是無法撼動FAA屈從波音的現況。FAA改革法案沒有要求恢復以前的制度，讓代行檢查的工程師正式向FAA報告，而是讓波音「球員兼裁判」，繼續主導FAA監管波音飛機安全的工作。最突兀的是，他們保留了巴拉米創設的單位BASOO，也就是FAA下轄的波音飛航安全監督辦公室，FAA只在這個辦公室配置了四十人，要抗衡波音的一千五百名工程師。

參議院確實把指派代行檢查工程師的權力還給了FAA。但是六月，FAA署長史提夫・狄克森在威克及肯威爾舉行的商業委員會聽證上說，他原本想繼續讓波音指派代行檢查的工程師。如果不是麥可．司都莫還有其他罹難者家屬抗議，狄克森會是聽證會上唯一出席的證人。這表示新冠疫情使各界放鬆了對這件事的監督力道，ＦＡＡ幾乎從浪頭上全身而退。麥可獨自坐在幾乎沒人的聽證會場，妻子娜蒂雅戴著口罩站在他背後，舉著那張大型海報，上面有罹難者的照片。雖然德州參議員克魯茲又有一番強調道德的講話——他提醒狄克森：「你領的不是波音的薪水。」——但這場聽證會幾乎沒有引起什麼注意。

多數波音工程師和ＦＡＡ的主管都在家工作，ＭＣＡＳ軟體修改完成後，他們為了ＭＡＸ復飛交換文件、舉行電話會議。雖然疫情使復飛後的作業變得複雜——飛機每趟飛完都要徹底消毒並封存——但是努力讓ＭＡＸ復飛的人員都很高興，全球對ＭＡＸ的窮追猛打已經消失殆盡。

ＭＡＸ飛機如果有第三次事故（即使不是波音的錯），這款飛機可能就再也無法翻身——就像麥道的DC-10一樣。DC-10在巴黎的空難也奪走三百四十六條人命，這是令人汗毛直立的巧合。之後的再一樁空難，便使DC-10的商業前景徹底終結。

卡爾霍恩在波音的機師群裡引起騷動，他告訴由他任命、負責提高客戶飛機維修和機師訓練標準的高層麥克．佛萊明（Mike Fleming）說，如果波音再把飛機賣給不安全的航空公司，他一定會炒佛萊明魷魚[36]。這個說法再次顯示，波音還是無法接受，自己也必須去除導致不安全的作為。

福克納曾經待過的技術機師組，併入了試飛員的單位，防止再發生像ＭＡＸ那樣溝通斷鏈的事情。波音的工程師也開始直接向一位主管工程的副總報告，這位副總再向卡爾霍恩報告，而不是向業務主管報告——以免再有人像ＭＡＸ的總工程師麥可．提爾那樣，手下沒有部屬，而且得向主管業務的副總報告。

一位知情人士說，波音執行長和董事會考慮在跟客戶的合約裡，加上最低安全標準這一項[37]。教官訓練航空公司機師時如果發現安全隱憂，會有個正式的機制讓他們上報。董事會裡設了安全委員會，由一位退休海軍上將負責這項新政策。這方面的努力因為考慮到法律責任而進展緩慢，例如該收集多少資料、如何共享這些資料——以及要和誰共享。連卡爾霍恩和董事會成員也不會知道完整資訊，因為他們拿到的資料，都已經把能辨認當事人身分的資訊消除了。

波音為了充實「全球輔導機師」的陣容，雇用了一六〇位機師，陪同重新啟用ＭＡＸ的航空公司機師，一起執飛復航後頭三十五天的飛行任務，待遇相當於年薪廿萬美元[38]。這些機師來自機師派遣業者劍橋運輸公司，也就是之前的「流浪教官」。當時雇用「流浪教官」訓練航空公司的機師，引起波音機師的憤怒，也使工作氣氛惡化，溝通嚴重受阻，最後使波音陷入一團混亂。如今公司卻雇用更多「流浪教官」，在全球訓練機師。

雇請「流浪教官」一事由福克納的前主管卡爾．戴維斯主導，他為了不再讓有工會支持的波音教官訓練客戶的機師而下猛藥，找「流浪教官」替代，最後七位波音自己的教官在九月份遭到資遣[39]。工程師工會執行長芮伊．葛佛斯（Ray Goforth）說：「設計生產飛機的波音人員和實際執飛的航空公司飛航組員之間的關鍵協調角色因此消失，損失難以估計。航空公司和監管機關都以為波音派了自己的教官來訓練機師，但其實是派遣人員頂替的。」[40]

十月，卡爾霍恩決定由南卡的工廠負責生產廣體客機，完成波音長達十年的遷移計畫，把生產挪到工會力量薄弱的南方。波音二〇二〇年虧損了一一九億美元。（哈利．史東賽弗一九九七年為了一億七千八百萬美元的虧損羞辱波音員工，相比之下，那筆錢根本是小兒科。）波音每一季要燒掉四十億美元，卡爾霍恩關掉了領導力訓練中心，還有裡面的「哈利角落」餐廳。東海濱路（East Marginal Way）的製造研發中心也歇業了，那條路的路名中的Marginal有邊界的意思，正反映了波音發展一百年後，會碰到的成長瓶頸。「超凡的一群」在喬．薩特當家的埃弗里特製造廠做出來的波音747飛機，二〇二二年會生產最後一批產品。朗埃克斯賽馬場的建築最終也要出售——那裡不只是彼得．摩頓在管絃樂助陣下啟用的飛行模擬器停駐點，也是波音商用飛機辦公室的所在地，更是《攜手合作》座右銘懸掛的地方。

「最像威爾許的人」現在管理的已經不是私募基金，但是他必須以史上最快的速度、最強的力道，完成每一件事情。

後記

他們呼吸的空氣就很不安全。二〇二〇年十二月底，耶誕節後四天，美國航空公司總裁羅伯・伊索姆（Robert Isom）站在邁阿密國際機場的大廳，戴著口罩，跟周圍的記者保持著距離，記者也都戴著口罩。他們前來採訪波音ＭＡＸ飛機復飛。八卦小報上形容的「死亡飛機」，果然像辛勞的波音工程師在廠房裡私下議論時擔心的，不但要了人命，還毀了波音的名聲。當然，新冠疫情改變了大家對風險的看法。

伊索姆在機場大廳說，美國航空公司對波音改良軟體，有十足的信心。大家到了機艙門，宣布這是架ＭＡＸ航班，也沒有人開溜。（其實有些喜歡刺激的人還特別訂了這個航班。）伊索姆坐在機艙的前排座位，飛機上午十點三十分起飛，兩個半小時後，降落紐約拉瓜地亞機場（LaGuardia），又成了例行航班[1]。

巴西的廉價航空高爾航空公司（ＧＯＬ）幾個星期前，已經率先讓ＭＡＸ復飛。到了二〇二一年年中，從全美航空到瑞安航空再到加拿大航空，全球大多數業者都復飛了MAX。忙著讓MAX重新取得檢定許可的波音人員抱怨，加拿大的監管單位在最後的變更設計上刁難波音，加航的機師卻可以為了保住MAX的飛行執照，獲得特許，繼續駕駛未載客的MAX飛行，因為加航沒有其他737系列的飛機。但這麼做其實有風險[2]。

很多航空業界的人——特別是波音的人——還是認為禁飛MAX二十個月是過度反應，波音不過是國外遜咖機師和假清高告密者的替罪羊。FAA最後的適航指引出來後，一位美航機師的評論最能凸顯那種心態：「美國三大航空公司都沒覺得MCAS有問題，這真是件有趣的事。讓我們帶著它回到空中！」[3]

所有的航空公司都因為疫情面臨生存危機，MAX雖然聲名狼藉，卻能幫航空公司賺錢。兩具大型發動機——不再像可樂罐，倒更像重量杯——能讓每趟航程都省下百分之十五的燃料成本。MAX不像737次世代那樣，翼尖各翹起一隻小翅膀，而是有一對八字形的小翅膀，像兩把阿拉伯短刀，一把向上斜一把向下斜，化解氣流殘留的最後一點阻力。

美國航空二〇二〇年最後幾天，會成為美國第一家復飛MAX的業者，還有一個沒有公開的原因：銀行貸款的條件和那一年是否在付費航線上使用那型飛機有關[4]。和銀行重新協商貸款的成本，比率先復飛MAX付出的公關輿論成本要高。結果外界對復飛沒有太多批評，對成本很敏感的航空業者也覺得，繼續停用MAX困擾太多。即使疫情還很嚴重，ＭＡＸ復飛的第一週，載客率就高過九成，大家自動相信了航空界的安全記錄[5]。

波音機師喜歡對彼此說（就像麥道員工當年談論DC-10一樣），只要ＭＡＸ又有一天沒有出事，就能再增加一點ＭＡＸ的信譽。

佛洛伊德．威斯納（Floyd Wisner）是芝加哥的律師，處理空難的案子有廿五年的經驗，也接受了幾個印尼和衣索比亞罹難者家屬的委託。他說，他開始研究波音工程師的書面證詞之前，以為那些人是火箭科學家，「結果根本不是，他們就是普通人。他們只是把７３７的設計做了一些修改。我擔心他們考慮得不夠，我甚至認為他根本不知道全貌：到底誰在監督他們？」[6]

國會在罹難者家屬的敦促下決定，ＦＡＡ不能再像只會答「是」的阿甘。深受挫折的ＦＡＡ專家李德看到國會議員剝奪他的職權時，覺得自己就像這個電影角色。二〇二〇年底，國會兩黨難得意見一致，通過一項法案，取消兩年前才立法、讓ＦＡＡ權力完全下放的規定[7]。新的法案規定，ＦＡＡ的安全顧問，直接和派駐波音的檢查員合作，也就是接近最早的作業模式。此後飛機所有的設計要通過審核，都必須經過另外一道查核，確認人為因素的影響。新法案也規定，企業主管如果向ＦＡＡ代行檢查人員施壓，得處以民事處罰。ＦＡＡ主管也不得接受企業為了趕上生產進度而給予的餽贈。

ＦＡＡ這些新職權能否落實，還是得看它的實際作為[8]。二〇二一年，麥可・司都莫收到ＦＡＡ內部人員的一封爆料信，這封信本來是寄給新任運輸部長彼得・布塔朱吉（Pete Buttigieg）的。寫信的人是ＦＡＡ的員工，他說主管告訴工程師，新的法律不會帶來多大的改變。飛機安全認證的主管厄爾・勞倫斯（Earl Lawrence）曾經在部門會議上，這麼形容國會議員的質問：「那不過是在攝影機前作秀罷了。」勞倫斯和巴拉米一樣，來自產業協會（美國實驗飛機協會，Experimental Aircraft Association）。爆料者寫道：「顯然，把核可權下放給業者，不讓ＦＡＡ指派的工程師參與認證過程，『協助』航空業者，其實是『愛之適足以害之』。」

有些印尼空難罹難者家屬簽名放棄了所有訴訟權利，後來這些罹難者每人獲賠一百多萬美元，家屬也算出了一口氣[9]。這個金額是大家印象中，印尼意外事件的最高賠償金。辛吉和殷德拉札那這兩位律師，曾經因為看到波音基於種族因素，要求某些家屬簽下放棄訴訟協議書，而非常憤怒，這時他們還是不準備善罷甘休。兩位律師認為，罹難者家屬沒有得到應得的賠償，讓他們受害的體系認為，印尼和其他發展中國家的人命比較不值錢。一月，他們寫電郵給司法部詐欺部門的檢察官柯瑞・賈科布斯，要求對方對波音展開第二階段的刑事調查，釐清遊說家屬簽下放棄訴訟協議書，是誰安排的。他們在信中說，「我們知道過去一再有大型航空公司和飛機製造商，從這項操作上獲利（雖然他們否認是他們安排的），必須遏止這項操作。」

沒人疼愛的小孩也有表現傑出的時候。即使訂單大量取消，ＭＡＸ的訂單數量還是有三千多架，未來幾年很可能會是航空公司機隊的大宗。瑞安航空和阿拉斯加航空還增加訂單表達支持，當然一定有非常大的折扣。

最了解ＭＡＸ、對整個系統瞭若指掌的工程師認為，波音修正可能的錯誤，做得還不夠。一位波音員工不急於讓ＭＡＸ復飛，他在寫給ＦＡＡ的意見中說，「７３７因為系統設計獨特，跟先進的飛機比起來，在某些狀況下，運作的安全範圍比較小。」[10]

這個人是寇蒂斯．尤班克，就是曾經想把對ＭＡＸ設計的顧慮告訴主管的那位年輕工程師。他因為覺得挫折而離職，最後又重新加入波音。尤班克的意見指出了ＭＡＸ無法應付哪些狀況，例如舵索萬一碰到發動機碎片會不堪一擊，這個問題曾經有十三位ＦＡＡ的專家要求修正，但是主管否決了。他說，升降舵要是出問題，飛航組員得「在忙亂中」閱讀檢查表上的提示，才能得知——機師沒有機會在模擬器上熟悉這件事。尤班克還說，駕駛艙裡的警示，有些得由機師自己解讀，還要處理錯誤的訊息，不像更先進的設計，會自動消除錯誤資訊；ＭＡＸ仍然是大型商用飛機中，唯一沒用電子檢查表引導機師的機型。

一九八六年挑戰者號太空梭爆炸，出事禍首是泰爾克公司設計的墊圈。慘案三十年之後，泰爾克公司一位工程師打電話給他的一位前主管[11]。鮑伯．艾博林（Bob Ebeling）

那時已經高齡八十九，住在安寧病房。當年他跟主管在太空梭發射之前，都曾試圖警告ＮＡＳＡ，挑戰者號面臨的風險，但徒勞無功。艾博林死前告訴前主管艾倫．麥唐諾（Allen McDonald），這些年他腦中不斷重現太空梭爆炸的畫面，他希望當初能提出更清楚的警告，他也問上帝，為什麼選他這麼一個魯蛇，擔任那麼重要的工作。

麥唐納回憶說，「我說，『鮑伯，魯蛇指的是什麼事也沒幹的人，』你是做了事的，而且你真的在乎。」[12]

麥唐納寫了一本書《真相、謊言與墊圈》（*Truth, Lies, and O-Rings*），記錄太空梭爆炸的教訓。他也在大學演講，力促工學院把倫理課程列為必修。

從各方的報導和訊息可以判斷，ＭＡＸ出事後，波音和ＦＡＡ從來沒有像挑戰者號慘劇後相關單位那樣，有過文化上的反省。

ＦＡＡ主管飛航安全的巴拉米，在眾議院交通暨基礎建設委員會調查人員的詢問下說，他不清楚獅航空難後，ＦＡＡ對ＭＡＸ後續空難機率的評估細節；他沒有看過後來波音通報機師注意的緊急狀況檢查表；他不記得兩起空難之間的五個月裡面，和波音的人談過話[13]。不過他的電郵往來顯示，他至少和一位波音高層通過電話。調查人員向他問起最愛引用《星際大戰》（*Star Wars*）中「絕地控心術」的馬克．福克納時，他甚至說錯了電影的名字。巴拉米回答：「我想我不是《星艦迷航記》（*Star Trek*）或什麼東東的劇迷。」[14]

開發ＭＡＸ的專案經理奇斯．里佛肯告訴眾議院的調查人員，他認為ＭＡＸ是個成功的產品[15]。

波音為了不想失去市場，倉促孕育出737 MAX，結果讓波音墜入歷來最深的深淵。美國的這個外銷霸主二〇二〇年交付一五七架飛機，空巴則交付五六六架。即使從波音的設計野心——免除飛行模擬器訓練——觀察，MAX都是個失敗的案例。之前飛過737的機師，現在都必須經過模擬器訓練，才能飛MAX，這個新要求對飛航安全有幫助，但是有損MAX的商業前景。波音的競爭者不只空巴，還包括野心勃勃的中國商用飛機公司（Comac）。中國政府直到二〇二一年的年中，都還沒有核准MAX復飛。【譯註：二〇二一年十二月中國民航局發給MAX適航許可，但尚未正式復飛。】

波音開發MAX，花了廿五億美元——這只是個737的衍生款，737從一九六〇年代推出以來，已經更新了十二次——但最後的累計成本，遠遠超過了設計全新飛機需要的二〇〇億美元。直接成本就有二一〇億美元，包括賠償航空客戶、飛機存放費用、機師訓練，還有跟罹難者家屬的和解金[16]。到二〇二〇年年底，有六百多架MAX訂單取消，以標準售價計算的話，這又損失三三〇億美元。如果買主不回頭的話，波音MAX大潰敗的損失，可能直逼英國石油公司深水地平線爆炸損失的六五〇億美元。英國石油虧掉的這筆錢，也是企業歷來因災難事故承受的最高損失。

但是為波音訂出最可怕決策、提出最離譜要求的人，繼續高升，還一路到頂。波音步上威爾許掌舵的奇異公司後塵，企業變成資產的集合，任由經理人挪來移去，為股東謀取最大的利益，而不是為客戶或員工謀求最大利益。威爾許二〇二〇年因為腎衰竭，以八十四歲高齡去世，但是他的MBA網路課程還在賣，一套四萬八千六百九十五美元。「勝利的感覺真好，」他沙啞的嗓音還是那麼耳熟，「勝利的感覺真妙，勝利真是有趣。」[17]

受到威爾許啟發的幾任波音領導人，為公司創造了巨大的財富——更為了他們自己的家人。麥克納尼是天生的領袖，他從波音退休後，獲選為美國馬術隊基金會（U.S. Equestrian Team Foundation）執行長，然後在佛州威靈頓（Wellington）兩棟相連的豪宅享受退休生活[18]。

康迪特當年決定和麥道合併，還在林中莊園主辦過公司理念研討會，如今他跟第四任老婆又建了一座新的莊園[19]。

前麥道總裁兼執行長史東賽弗，還在與人為敵——最近的一樁官司是在北卡的阿什維爾（Asheville），他和第二任妻子控告那個城鎮，因為鎮上有一條法令，不准他們在六千七百平方英尺【譯註：約一八八坪】的家裡養十二隻貓[20]。（貝比、但丁、女爵跟其他貓咪有牠們專屬的廚房。）

穆倫伯格確實像娜蒂雅．米勒朗敦促他的，回到了農場。他投資君王拖拉機公司（Monarch Tractor），並擔任顧問。這個公司生產電動拖拉機，一輛要價五萬美元，目標是成為農業界的特斯拉[21]。

司法部經過將近兩年的調查，裁罰波音廿五億美元，並同意暫緩起訴一件獨立的刑事共謀詐欺案，也就是兩位波音機師向FAA錯誤陳述MCAS軟體功能的犯行。結果那筆罰款包含十七億七千萬美元的客戶賠償金，還有五億美元的罹難者家屬和解金——大部分波音本來就得支付。刑事罰款只有兩億四千三百六十萬美元，根據訴狀內容，就是波音如果一開始就提供航空公司MAX機師模擬器訓練，會需要的經費[22]。

政府和卡爾霍恩一樣，看到了兩位機師寫的可怕電郵，訴狀中只引述了這兩位737技術機師的電郵，但是沒有指出福克納及古斯塔瓦森這兩人的名字。波音的高階管理人員——那群向下施壓、獲取個人利益、事情曝光後全身而退的人——完全不需要付出代價，福克納和古斯塔瓦森的同事都對此百思不得其解。

兩人的一位同事看到司法部的新聞稿說，司法部就「737 MAX共謀詐欺美國政府案」跟波音和解後，建議新聞稿換一個標題，應該叫：波音逃過了謀殺罪[23]。

鳴謝

我要感謝很多人慷慨奉獻時間和智慧，協助我完成這本書，特別是獅航六一〇班機及衣航三〇二班機罹難者的家屬。他們透露自身傷痛的勇氣，還有對事故原因追根究柢的毅力，對我都是啟發。我要特別謝謝娜蒂雅・米勒朗、麥可・司都莫、塔瑞克・米勒朗、保羅・紐羅格、莉妮・蘇吉約諾、康潔・沙菲還有賈維耶・德・路易斯。

這項計畫如果沒有波音和ＦＡＡ很多人的協助，也不可能完成。他們認為記者的獨立調查最終會幫助他們的單位從悲劇中學到教訓，而不會傷害他們服務的機構。他們很多人跟我多次談話，非常信任我，也非常坦率。我要特別感謝李察・阿布拉菲亞，他是我廿五年前開始報導航太業時，認識的第一批分析師，他指導我用什麼角度觀察航太業的各種勢力和重要人物。我也訪問了航太業分析師、企業高層、機師、工程師、技師、律師，還有很多我不能透露名字的人，他們大力幫助我了解這個複雜卻不可或缺的產業。

我大學時在學校的就業輔導中心看到一冊三環活頁夾裡，有當時人稱彭博財經新聞社（Bloomberg Business News）的徵才廣告，徵求倫敦、巴黎、哥本哈根和其他歐洲據點的記者——這是我投身新聞業的起點，期間我周遊各國，並學習如何嚴格精準又公平的報導企業。雖然很多新聞機構都在縮編，約翰．麥克列威特（John Micklethwait）、瑞托．葛瑞格里（Reto Gregori）還有奧蒂斯．畢洛杜（Otis Bilodeau）仍然堅守對新聞工作的嚴肅承諾。羅伯．布勞（Robert Blau）靠著一貫的直覺和高標準，領導彭博的調查報導團隊。我感謝他們給我空間，讓我執行這項計畫。

我們的737 MAX沙皇弗林．麥克羅伯茲（Flynn McRoberts）領導空難的採訪，在初稿上提供周到的建議，是很重要的指導者。《彭博商業周刊》（*Bloomberg Businessweek*）的丹．費拉拉（Dan Ferrara）精巧的編輯多篇專題報導，豐富了我對這本書的構想。喬．魏伯（Joel Weber）、克莉絲汀．鮑爾斯（Kristin Powers）、吉姆．艾里（Jim Aley）還有周刊的團隊，從一開始就支持我的計畫。我一直欽佩茱莉．姜森（Julie Johnsson）和艾倫．列文（Alan Levin）對波音和FAA的報導，他們的作品也多次出現在本書的注釋中。安德瑞．羅瑟曼（Andrea Rothman）、安東尼．艾芬格（Anthony Effinger）、約翰．卡帕克（John Coppock）、里德．藍伯格（Reed Landberg）、瑞秋．雷恩（Rachel Layne）、吉姆．岡薩勒斯（Jim Gunsalus）、蘇珊娜．雷伊（Susanna Ray）、梵維．阮（Pham-Duy Nguyen）還有狄娜．巴斯（Dina Bass）都提供了想法和協助。記者轉任作家的連恩．沃恩（Liam

Vaughan）、蘇珊・柏菲德（Susan Berfield）以及布萊恩・古利（Bryan Gruley）各有十八般武藝，也都在我探索的過程中，大方的協助我。

跑航太新聞特別需要專業知識，這條採訪路線優秀記者的比例也最多——傑夫・柯爾（Jeff Cole）、史丹利・荷姆斯（Stanley Holmes）、雷夫・瓦塔畢迪恩（Ralph Vartabedian）、拜倫・阿科西多（Byron Acohido）、安迪・帕斯特（Andy Pasztor）、多明尼克・蓋茲（Dominic Gates）還有強・奧斯托爾（Jon Ostrower）——他們公認的優質報導，總是引起廣大讀者的共鳴，我從他們身上獲益良多。如果傑夫沒有意外早逝，他可能已經寫了一本這樣的書。

西雅圖歷史與工業博物館的亞當・里昂（Adam Lyon）和安娜・伊蘭姆（Anna Elam），熟練的協助我提出的諸多請求。華盛頓大學在聖胡安島上的星期五港實驗室（Friday Harbor Laboratories），有座非常恬靜的懷特利中心（Whiteley Center），在疫情期間顯得格外重要，謝謝凱西・柯威爾（Kathy Cowell）協助我順利入住。

很多人認為需要以一本書的篇幅探討這個主題，他們也是這本書的推手。我發現雙日（Doubleday）出版社一絲不苟的編輯雅尼夫・蘇哈（Yaniv Soha），和我氣味相投，真是一大樂事。他幫我把原稿整理成出版的格式，眼光精準，態度親切又幽默。卡拉・芮利（Cara Reilly）會提出敏銳又獨到的見解，讓我看到這本書更多的可能性。諾拉・瑞卡德（Nora Reichard）則一路協助這本書完成。感謝史考特・魏克斯曼（Scott Waxman）和安德魯・史都華（Andrew Stuart），把書交給了一家很棒的出版社。約翰・方坦納（John Fontana）和麥特・朵夫曼（Matt Dorfman）則給了這本書讓人震撼又難忘的封面。

我寫作期間，家人精神上全程相伴。他們在充滿高低起伏的過程中不變的支持，對我意義重大。我的母親康絲坦・羅比遜（Constance Robison）始終給我無條件的愛。我開始寫書時，兩個兒子艾米特（Emmett）和史賓賽（Spencer）還在堆積木，現在已經開始他們自己的探索計畫——戲劇、故事、詩歌、城堡史，這帶給我莫大的喜悅。新冠疫情期間，他們無法獲得父親完整的關愛，我希望這本書的出版，他們能覺得與有榮焉。最後，我要謝謝萊絲莉（Leslie），是她無盡的能量、幽默、智慧、愛、慈悲還有耐心，成就了這一切。

資料來源

這本書根據幾百小時的訪談、還有幾千頁的出版物內容寫成。訪談對象有現任及前任的波音及ＦＡＡ員工、業界高層及分析師、還有空難罹難者的家屬。出版物則包括法庭記錄、會議記錄、電子郵件、即時通訊內容、新聞報導、國會調查人員公布的文件，以及官方的事故報告。我還用到口述歷史和主要人物公開露面的活動，以及我在麥道併入波音和工程師罷工時期，採訪波音新聞的經驗所得。

每一段引號裡的內容，都來自我自己的採訪、已經刊印的報導，或公開談話的錄音。雖然我盡可能具名引述，但有些人要求匿名引述，因為他們擔心，如果波音或ＦＡＡ認為他們的談話是批評，可能危及他們的工作，或讓他們受到懲處。波音公司和ＦＡＡ都拒絕了我的採訪要求。我向波音提交詳細的問題，波音除了為它的會計作業辯護，沒有提供可以公開的回應。ＦＡＡ不願意回答我的問題，其他關鍵人物也一樣。

《西雅圖時報》、《華爾街日報》、《紐約時報》，還有我彭博社同事的同步報導，都讓我獲益良多，我也都在注釋中註明出處。如果沒有約翰·紐豪斯極具開創性的飛行器工業史《漫不經心的賭局》，我一定會失去方向。「德克斯」·強斯頓和喬·薩特的回憶錄，對我掌握噴射機時代早期的歷史特別有幫助。最後，西南航空機師丹·德恩瑟夫（Dan Dornseif）的《波音737：全球的噴射客機》（*Boeing 737: The World's Jetliner*），也是我仰賴的優秀技術專論。

注釋

前言

1 拍下一段抖動得很厲害的畫面，透過通訊軟體WhatsApp傳送給家人：布魯克．羅爾夫（Brooke Rolf），「遇劫乘客最後的時光」，每日郵報網站（*DailyMail.com*），2018年10月31日。

2 傳了一張自拍照：佛格斯．菅森（Fergus Jensen），「印尼的新飛機起飛後隨即晴空墜落」，路透社（Reuters），2018年10月29日。

3 兩人坐在一起：安潔拉，戴萬（Angela Dewan），「獅航飛機在印尼失事」，CNN，2018年10月31日。

4 還有一家人是為了奔喪：「獅航空難：印度籍機師及神祕伴侶之夫罹難」，BBC新聞，2018年10月30日。

5 二十人是印尼財政部的工作人員：「獅航空難」。

6 才三十一歲，就已經有六千小時的飛行時數：我對獅航610班機機師及全機最後時光的描述，取材自航空器意外調查總結報告，印尼運輸安全委員會（KNKT），印尼雅加達運輸大樓，2019年10月。

7 附近海域的漁船船員驚恐的看著：佛格斯．菅森，「印尼的新飛機」。

8 「我確定我爸爸一定可以自己游出來」：瑞斯卡．拉赫曼（Riska Rahman），「獅航墜機：『我確定我爸爸一定可以自己游出來，他一定能倖存。』」《雅加達郵報》（*Jakarta Post*），2018年11月1日。

9 「MCAS是什麼？」：安德魯．譚吉爾（Andrew Tangel）、安迪．帕斯特（Andy Pasztor）及馬克．麥瑞蒙（Mark Maremont），「四秒鐘的災難：波音如何毀掉737 MAX」，《華爾街日報》，2019年8月16日。

10 美國航空公司在德州的幾位機師：作者訪問美航機師工會發言人丹尼斯・塔杰爾，2020年5月。

11 一位波音的經理要求機師提供，哪些航空公司還搞不懂那份最新的檢查表：作者訪問匿名消息來源，January 2020。

12 機上的一五七個人：艾里亞斯・梅瑟瑞特（Elias Meseret），「衣索比亞客機空難，35國共157人罹難」，美聯社（Associated Press），2019年3月10日。

13 美國國會調查小組收到一些驚人的電子郵件：「絕地控心術」等波音員工的談話內容，引述自眾院運輸暨基礎建設委員會2020年1月公布的電郵內容。在非營利網路檔案館（https://archive.org）搜尋模式下，可以“Boeing Emails Handed Over to Congress in January 2020”（「2020年1月波音提交國會的電郵」）尋獲。

14 穆倫伯格當波音執行長四年半期間，賺了至少一億美元：波音執行長的酬勞詳列於海員退休計畫（Seafarers Pension Plan）在伊利諾州北區地方法院控告波音、穆倫伯格及其他高層的案子中，案號19-cv-08095，2019年12月11日。

15 商業圓桌會議宣稱企業最重要的任務就是向股東負責：商業圓桌會議，「企業治理宣言」，1997年9月，https://www.rivistaianus.it/。

16 「如果全美國繼續把肉品工廠的檢查工作」：摩根・瑞德福（Morgan Radford）及亞倫・法蘭科（Aaron Franco），「檢查員警告，川普改變規則後，不安全豬肉可能進入消費者廚房」，NBC新聞，2019年12月16日。

17 「你運氣要有多差才會死在空難裡？」：作者訪問賈維耶・德・路易斯，2019年11月。

18 波音737到現在還是大型商用飛機中，唯一沒有電子檢查表的機型：波音737 MAX設計、開發及認證總結報告，眾院運輸暨基礎建設委員會，2020年9月，https://transportation.house.gov，p. 17。

19　處理能力只相當於一九九〇年代的任天堂遊戲主機：戴若·坎貝爾（Darryl Campbell），「波音737 Max的骨董電腦始終沒有進展」，科技新聞網站《邊際》（*The Verge*），2020年4月9日。

20　每三百萬架次的航程中，有一次致命的意外：大衛·夏帕森（David Shepardson），「2018年商用飛機死亡人數增加」，路透社，2019年1月1日。

21　但是波音自己的統計資料顯示，同一年全球總共有四十一次意外：2018年的意外事件分析取材自《2018波音統計摘要》，2019年9月出版。

22　一位波音的前任高層幫國會的委員會蒐集波音的事故報告：愛德華·皮爾森，「愛德華·皮爾森在眾院運輸暨基礎建設委員會的聲明」，2019年12月11日，https://www.whistleblowers.org/whistleblowers/edward-pierson/。

一、超凡的一群

1　一座龐大的廠房二戰期間還偽裝成：柯林·迪茨（Colin Diltz），「波音二戰期間假造整片社區以保護它的轟炸機免受空襲」，《西雅圖時報》，2016年6月9日。

2　德國投降後幾天：波音利用納粹航空研究的描述，取材自羅伯·J·賽林（Robert J. Serling），《傳奇與遺緒：波音及波音人的故事》（*Legend and Legacy: The Story of Boeing and Its People*），84，及尤金·羅吉斯（Eugene Rodgers），《高飛：波音與噴射機產業崛起》（*Flying High: The Story of Boeing and the Rise of the Jetliner Industry*），99。

3　一架三百萬美元：賽林，95。

4　他出差時一定會帶：賽林，251。

5 「考慮同事的看法」：羅吉斯，《高飛》，78。

6 飛機內部就沒那麼體面了：喬．薩特，《747：創造全球首架巨無霸飛機及飛行生涯中的其他冒險》（*747: Creating the World's First Jumbo Jet and Other Adventures from a Life in Aviation*），26。

7 「那架飛機實在太簡陋了」：哈洛德．曼斯菲爾德（Harold Mansfield），《遠見：空中傳奇》（*Vision: A Saga of the Sky*），10。

8 他駕著水上飛機飛越西雅圖市：曼斯菲爾德，13。

9 波音自己把它開出來：華特．克勞利（Walt Crowley），「波音自己造的飛機B&W號1916年6月15日從西雅圖聯合湖展開處女航」，華盛頓州史線上百科全書（*HistoryLink.org*），1998年11月23日。

10 到一九二八年，波音空中運輸公司承攬了：羅吉斯，《高飛》，43。

11 波音本人還在參議院接受阿拉巴馬州參議員雨果．布雷克六個小時的拷問：聽證會文字記錄出自《美國參院特別調查委員會就航空及海運郵件合約調查舉行聽證》（*Investigation of Air Mail and Ocean Mail Contracts, Hearings Before a Special Committee on Investigation, United States Senate*），美國政府出版局，1934年。

12 也跟大家一樣：1935至1944年波音房地產開發契約附加種族限制公約中載明，「不論何時，上開房地產皆不能全部或部分出售、轉讓、出租予非白種人或非高加索人種。只有白種人或高加索人種得獲准使用上開房地產之部分，僅使用此房地產之白種人或高加索人種雇請之幫傭不在此限。」凱瑟琳．席瓦（Catherine Silva），西雅圖民權及勞工史計畫，華盛頓大學，https://depts.washington.edu。

13 波音總裁艾倫跟公司其他高層：賽林，《傳奇與遺緒》，123。

14 波音董事會一九五二年四月同意投資：尤金．E．波爾（Eugene E. Bauer），《波音：第一個百年》（*Boeing: The First Century*），138。

15 波音董事會同意投資之後十天：艾爾文．「德克斯」．強斯頓，《「德克斯」．強斯頓：噴射時代試飛員》（*Tex Johnston: Jet-Age Test*

Pilot)，172。

16　這個新的旅程：英國新聞檔案（British Movietone），「王太后及公主由羅德西亞返國—1953年」，https://www.youtube.com/watch?v=rWMql0FA4XY。

17　一架外型優雅的彗星客機：羅伯・普許卡（Robert G. Pushkar），「彗星的故事：首批噴射客機乘客五十年前經歷快捷平穩的航程，但致命的結構性缺陷熄滅了彗星的光芒」，《史密桑博物館月刊》（*Smithsonian*），2002年6月。

18　一九五四年，兩架彗星客機墜入海中：普許卡。

19　「德克斯」這個綽號的起源：強斯頓，《「德克斯」・強斯頓》，1。

20　影片中展示鋼製的巨大槳葉：賽林，《傳奇與遺緒》，127，及《「德克斯」・強斯頓》，191。

21　但是一九五九年十月的一個晚上：強斯頓，《「德克斯」・強斯頓》，251。

22　幾天前一架由教官駕駛的波音707：達洛・麥克拉利（Daryl McClary），「波音707在史諾霍米許郡奧索附近墜毀，四名機組員死亡，四名乘客受傷」，華盛頓州史線上百科全書，2017年7月23日。

23　「顯然訓練和訂定規範無法解決」：強斯頓，《「德克斯」・強斯頓》，252。

24　「一款飛機出了問題」：賽林，《傳奇與遺緒》，91。

25　當時航空客運量每年成長：約翰・紐豪斯，《漫不經心的賭局》，110。

26　一九四四年波音公司的員工：吉姆・寇許納（Jim Kershner），「波音及華盛頓州的航空工業，1934-2015年」，華盛頓州史線上百科全書，2015年9月8日。

27　「我們要聘工程師」：紐豪斯，《漫不經心的賭局》，137。

28　早期的推進工程師格蘭維爾・佛雷瑟：格蘭維爾・佛雷瑟在個人網站

上講述，www.grannyfrazier.com。

29 波音的設計人員在製圖桌上工作：作者訪問佛瑞德．米契爾，2020年3月。

30 「老爹」：作者訪問彼得．摩頓，2020年1月。

31 「薩特暴衝」：傑夫．柯爾，「波音的祕密武器是高齡七十九的工程師」《華爾街日報》，2001年1月10日。

32 「噴射機知識學院」：「波音與道格拉斯：客戶服務的歷史」，波音公司，西雅圖，華盛頓州，1998年。可在此網站尋獲https://www.boeing.com。

33 波音把技師派駐在：波爾，《波音：第一個百年》，242。

34 「那不是鞭長莫及的大西部」：作者訪問彼得．摩頓，2019年12月。

35 道格拉斯下令全力賣飛機：強納森．李歐納多（Jonathan S. Leonard）及亞當．皮拉斯基（Adam Pilarski），「讓成功沖昏了頭：道格拉斯飛機公司的衰亡」（工作底稿，柏克萊加大哈斯商學院，2018年）。

36 一九六五年的一項內部研究估計：賽林，《傳奇與遺緒》，253。

37 波音公司寄了一個木箱到科隆：賽林，253。

38 「波音737就像個破爛的貨卡」：作者訪問戈登．貝修恩，2019年12月。

39 公司派了兩組工程師互相挑戰：對飛機設計的描述取自喬．薩特的《747》（pp. 76-79）以及尤金．波爾的《波音：第一個百年》（p. 183）。

40 「還在半空中的美式足球」：薩特，《747》，76。

41 地板上的兩個把手：波音737最早的描述多半取自丹．德恩瑟夫的《波音737：全球的噴射客機》。我也取材自西雅圖飛行博物館1988年對試飛員的一系列訪問，這些訪談由波音公司及飛行博物館編輯後製成光碟，名叫《波音早期的飛行：噴射時代》（*Boeing First Flights: The Jet Age*）。

42 「我說『我知道那是一大筆錢』」：布萊恩．威格爾訪談，《波音早期的飛行：噴射時代》，飛行博物館，1988年5月3日。

43 訂單吞不下去，還噎住了：引述李歐納多及皮拉斯基，「讓成功沖昏了頭」。

44 他自稱「務實的蘇格蘭人」：雷夫．瓦塔畢迪恩，「約翰．麥克唐納的顛簸之路：國防合約大減、數千人資遣、競爭壓力大增，老麥克的繼承人能帶領麥道度過風暴嗎？」《洛杉磯時報》，1991年12月1日。

45 「比爾，你知道嗎」：賽林，《傳奇與遺緒》，285。

46 「薩特，你知道你的工程師」：這幾頁對747預算會議的描述取自薩特，《747》，143-48。

47 第一架波音747就造好了，並開始試飛：杜懷特．貝茨（Dwight Bates），「『超凡』世家故事」，2016年3月，https://www.boeing.com。

48 「我直接了當告訴他們」：薩特，《747》，115。

49 公司發現再過兩個月，現金就用光了：羅吉斯，《高飛》，293。

50 「大家經過時會說」：作者訪問佛瑞德．米契爾，2020年3月。

51 波音希望把整個生產線賣給日本：《波音早期的飛行》，1988年5月3日。

52 一九七二年波音737只賣掉十四架：波爾，《波音：第一個百年》，186。

二、都是我的錯

1 飛機殘骸散布在方圓半英里：茉拉．強斯頓，《最後的九分鐘：981航班的故事》（*The Last Nine Minutes: The Story of Flight 981*），100。

2 麥道公司高層在股東會上責怪：哈洛德．伊凡斯（Harold Evans），《好壞泰晤士報》（*Good Times, Bad Times*），31；強斯頓，《最後的九分鐘》，199。

3 「當時是盛夏」：格蘭．葛拉伯（Glenn C. Graber）及克里斯多夫．皮安卡（Christopher D. Pionke），「DC-10的問題：誰該負責？」田納西大學（University of Tennessee）。

4 「媒體的報導也使這裡看起來」：強斯頓，《最後的九分鐘》，220。

5 一位聯邦法院法官審理後：道格拉斯・菲佛（Douglas B. Feaver），「可能的設計瑕疵使全美DC-10飛機禁飛」，《華盛頓郵報》（*Washington Post*），1979年6月7日。

6 這是第一款使用電子檢查表的飛機：彼得・摩頓的投影片，「757/767的駕駛艙進化」，2017年11月。

7 在快樂男孩餐廳午餐時：作者訪問彼得・摩頓，2020年1月。

8 「你們的EICAS是個不錯的玩具」：摩頓的投影片。

9 「我知道你幾兩重」：作者訪問匿名前波音高層，2020年3月。

10 慶祝機棚「紅色穀倉」翻新的派對上：艾瑞克・佛洛姆（Eric L. Flom），「桑頓・威爾遜（1921-1999）」，華盛頓州史線上百科全書，2006年4月30日。

11 波音的執行長待遇很好：「一九七八年有十二位企業高層拿到百萬美元」《紐約時報》，1979年5月5日。

12 但是威爾遜不太使用企業領導人的福利：威爾遜人格特質的描述取自作者與前波音高層的訪談，以及安德魯・波拉克（Andrew Pollack），「波音自成一格」，《紐約時報》，1985年9月8日。

13 波音公司讓日本空難調查人員大吃一驚：李察・魏特金（Richard Witkin），「波音說在日本失事的747維修有誤」，《紐約時報》，1985年9月8日。

14 「最誠實、最有信譽、最好的雇主」：作者訪問戈登・貝修恩，2019年12月。

15 「我們為了孩子奮鬥」：引述自馬克・羅瑞爾（Mark A. Lorell），「各國大型飛機的發展：歐洲經驗」，蘭德公司（Rand Corporation），1980年7月。

16 「外國企業入侵美國航空市場規模最大的一次」：李察・魏特金，「東方航空以七億七千八百萬美元購得廿三架空巴客機」，《紐約時報》，1978年4月7日。

17 一位麥道公司的高層：紐豪斯，《漫不經心的賭局》，206。

18 「他當時立刻跑到白宮」：作者訪問C・佛瑞德・伯格斯坦，2017年12月。

19 之前航空票價漲不停：小湯瑪斯・佩辛格（Thomas Petzinger Jr.），《重落地：對權力及利潤的空前競爭使航空業陷入混亂》（*Hard Landing: The Epic Contest for Power and Profits That Plunged the Airlines into Chaos*），65。

20 看起來像扁掉的輪胎：丹・德恩瑟夫，《波音737：全球的噴射客機》，111。

21 波音內部估計：德恩瑟夫，121。

22 聯合航空已經縮減它的737機隊：羅伯・賽林（Robert J. Serling），《傳奇與遺緒：波音及波音人的故事》，402。

23 但是A320直接：凱文・麥寇斯（Kevin Michaels），《空氣動力：高風險的全球噴射客機業》（*Aerodynamic: Inside the High-Stakes Global Jetliner Ecosystem*），217；克里斯・克利菲爾德（Chris Clearfield）與安德拉斯・提爾奇克（Andras Tilcsik），《大潰敗：墜機、漏油及愚蠢的企業決策教我們如何事業家庭兩得意》（*Meltdown: What Plane Crashes, Oil Spills, and Dumb Business Decisions Can Teach Us About How to Succeed at Work and Home*），89。

24 空巴統計，到二〇一九年為止：「飛行中失控（LOC-1）出事率」，《1958-2019年商用飛行事故統計分析》（*A Statistical Analysis of Commercial Aviation Accidents 1958–2019*），空中巴士，2019年，https://accidentstats.airbus.com。

25 「如果757只有一五〇個座位」：彼得・芮尼爾森（Peter Rinearson），

「讓它飛吧：波音757」，《西雅圖時報》，1983年6月19-26日。

26 「薩特憎惡空巴」：作者訪問匿名前波音高層，2020年2月。

27 第一次是接受總統：薩特，《747》，247。

28 「航空業者每十年」：引述自波拉克，「波音自成一格」。

29 一九八八年春天：《波音早期的飛行：噴射時代》，飛行博物館，1988年5月3日。

30 波音機隊裡的最小咖：賽林，《傳奇與遺緒》，401。

31 這個舵少了一個裝置：拜倫．阿科西多，「安全存疑：波音737」《西雅圖時報》，1996年10月27日。

32 「我們認為飛機本身」：引述自強．希爾科維奇（Jon Hilkevitch），「美國調查小組質疑737的安全」，《芝加哥論壇報》（*Chicago Tribune*），1999年3月24日。

三、「威爾許，注意了！」

1 他是家裡的獨生子：我對康迪特的描寫來自以下資料：凱倫．威斯特（Karen West），「菲爾．康迪特為波音操盤」，《西雅圖郵訊報》（*Seattle Post-Intelligencer*），1993年11月11日；帕莉．藍恩（Polly Lane），「菲爾．康迪特：掌管波音」。《西雅圖時報》，1996年4月28日；史丹利．荷姆斯，「波音：究竟發生了什麼事」，《商業周刊》，2003年12月14日；以及訪問前波音高層。

2 「人際溝通技巧很好」：引述自尤金．羅吉斯，《高飛：波音與噴射機產業崛起》，420。

3 波音直到一九九二年才有第一位女性董事：帕莉．藍恩，「波音的女性高層辭職」，《西雅圖時報》，1992年6月19日。

4 一九七〇年代工程師中：史提夫．威爾漢（Steve Wilhelm），「新書指出：男性掌理波音百年且尚未結束」，《普吉特灣商業日報》（*Puget*

Sound Business Journal），2015年10月16日。

5 重頭戲都是週二晚上：作者訪問匿名前波音高層，2020年2月；藍恩，「菲爾・康迪特：掌管波音」。

6 一九九〇年代中期，一份波音內部的分析：約翰・紐豪斯，《波音對上空巴：國際最大商業競爭的內幕》，（*Boeing Versus Airbus: The Inside Story of the Greatest International Competition in Business*），126。

7 「我痛恨這種新文化」：作者訪問史坦・索爾謝，2019年11月。

8 律師群和業務人員：卡爾・沙巴格（Karl Sabbagh），《21世紀噴射機：波音777的製造與行銷》（*Twenty-First-Century Jet: The Making and Marketing of the Boeing 777*），53。

9 「為了準時啟用非常優異的新飛機」：羅吉斯，《高飛》，423。

10 公司專機上已經沒有座位：作者訪問匿名前波音高層，2020年6月。

11 穆勒利隨時都展現十足的熱情：沙巴格，《21世紀噴射機》，161。

12 他發脾氣時：作者訪問匿名前波音高層，2019年11月。

13 「他覺得有人可以問責很重要」：作者訪問匿名前波音高層，2020年5月。

14 「沒有哪一項開銷是多餘的」：作者訪問阿克謝・夏馬，2019年7月。

15 介紹每一位參與組裝的人員：作者訪問保羅・羅素，2019年12月。

16 「我的第一個專案就是777」：作者訪問肯・蕭爾，2019年3月。

17 貝修恩向西南航空保證：對波音737次世代機型的描述取自丹・德恩瑟夫的《波音737：全球的噴射客機》（pp. 141-43）以及作者訪問佛瑞德・米契爾，2020年3月。

18 詭異的遺傳：柯林・萊恩斯特（Colin Leinster），「麥道公司裡的哥倆好」，《財星》，1987年6月22日。

19 「自我更新的五大關鍵」：瓦塔畢迪恩，「約翰・麥克唐納的顛簸之路」，《洛杉磯時報》，1991年12月1日。

20 「我繳回問卷時」：瓦塔畢迪恩。

21 「我們的投資金額只有」：史蒂芬・葛林豪斯（Steven Greenhouse），「在麥道的冒險歲月」，《紐約時報》，1987年2月22日。

22 有員工惡作劇：李察・史蒂文森（Richard W. Stevenson），「麥道可以喘口氣」，《紐約時報》，1991年9月29日。

23 有些人真的身體力行：作者訪問匿名前波音高層，2020年3月。

24 新課程要求學員角色扮演：瓦塔畢迪恩，「約翰・麥克唐納的顛簸之路」。

25 「我們被幹掉了」：瓦塔畢迪恩。

26 九位最高階的副總：大衛・林區（David J. Lynch），「飛出亂局——麥道開始從劇烈變動中復原，但前方仍有挑戰」，《橘郡紀事報》（*Orange County Register*），1991年8月4日。

27 「人都到哪兒去了」：作者訪問瑞克・寇威爾，2019年10月。

28 試著商議併購的事：紐豪斯，《波音對上空巴》，134。

29 當時五十八歲的史東賽弗：作者訪問匿名消息來源，2020年6月。

30 家族的推手：我對史東賽弗的描述取自強納森・萊恩（Jonathan R. Laing），「起飛：務實的執行長與7E7夢幻飛機讓波音再次爬升」，《華爾街日報》，2004年7月5日；派翠西亞・凱拉漢（Patricia Callahan），「史東賽弗怎麼會認為他可以翻轉波音？」《芝加哥論壇報》（*Chicago Tribune*），2004年2月29日；以及作者訪問前波音高層與其他匿名消息來源。

31 「純益率是多少你知道嗎？」：凱拉漢，「史東賽弗怎麼會認為他可以翻轉波音？」

32 「雖然飛機產量下滑」：引述自愛德華・韋特（Edward Wyatt），「勝利方程式：忘掉時間、忘掉科技」，《紐約時報》，1995年5月28日。

33 一九九六年，史東賽弗派出：紐豪斯，《波音對上空巴》，136。

34 他們寫下四件不能妥協的事情：凱拉漢，「史東賽弗怎麼會認為他可以翻轉波音？」

35 「像兩隻貓」：尤金・波爾，《波音：第一個百年》，325。

36 「傲慢得有理啊」：傑瑞・烏辛（Jerry Useem），「波音對上波音」《財星》，2000年10月2日。

37 奇異每一季的表現不是符合華爾街的期待，就是超過市場預期：大衛・亨利（David Henry），「證券交易委員會因會計不當行為罰奇異五千萬美元」，彭博社，2009年8月4日。

38 威爾許在「盈餘管理」上很有一套，總是有新玩法：布萊恩・古利（Bryan Gruley）、瑞克・克勞夫（Rick Clough）及帕莉・摩桑茲（Polly Mosendz），「奇異的賴瑞・卡爾普為了拯救偉大的公司，面對執行長的終極考驗」，《彭博商業周刊》，2019年6月12日。

39 他們可能在季尾出售：湯瑪斯・葛瑞塔（Thomas Gryta）及泰德・曼恩（Ted Mann），「奇異推動了美國的世紀——然後燒盡」《華爾街日報》，2018年12月14日。

40 奇異的員工完成一具汽輪發電機：比爾・藍恩，《失敗在望！摧毀職業生涯的行為與心態：如何不犯可避免的錯誤》（*Losing It! Behaviors and Mindsets That Ruin Careers: Lessons on Protecting Yourself from Avoidable Mistakes*），40。

41 「對會計法規曲解到失控的程度」：奇異付了五千萬美元罰款，但沒承認也沒否認證券交易委員會的指控。證券交易委員會提到四項違法作為：「2003年1月開始，在奇異的商業票據融資計畫中，不當引用會計準則，規避不利的揭露，並在稅前盈餘中扣除約兩億美元；2003年未修正在某些奇異利率交換上錯誤引用財務會計準則；2002及2003年，為增加三億七千萬以上營收，年終申報尚未實現的火車頭銷售；以及2002年，不當變更奇異商用飛機發動機備用零件銷售會計項目，此項變更使奇異2002年淨利增加五億八千五百萬美元。」美國證券交易委員會，「正券交易委員會指控奇異公司作假帳」，2009年8月4日。

42 「暈頭轉向的青少年」：波爾，《波音：第一個百年》，325。

43 「天啊，我想我們可以握手了」：波爾，325。

44 伍達德對其他人說：他的談話引述自2016年8月11日的訪問，波音百週年口述歷史輯，歷史與工業博物館，西雅圖。

45 「如果和波音的合併沒成」：紐豪斯，《波音對上空巴》，135。

46 「麥道用波音的錢買下了波音」：作者訪問賴瑞．克拉克森，2020年2月。

47 威爾遜至少對兩位前任副手說過：作者訪問匿名前波音高層，2020年。

四、刺客任務

1 「大概一半」：紐特．伯格（Knute Berger），「787的重擔」，網路媒體《横切面》（*Crosscut*），2011年1月18。

2 「波音的管理結構」：里昂．古朗伯格（Leon Grunberg）與莎拉．摩爾（Sarah Moore），《從亂流而生：波音與今日美國職場》（*Emerging from Turbulence: Boeing and Stories of the American Workplace Today*），33。

3 在波音機場附近的停車場：作者訪問前波音工程師辛西亞．柯爾，2021年3月。

4 波音資訊部門：我取得1998年1月9日一封電郵的副本，此電郵概述了一場由業務資源部資通訊系統經理蓋瑞．哈特（Gary Hart）主持的部門會議，哈特「分享了麥克唐納使用過的『五／十五原則』（五分鐘閱讀，最多十五分鐘書寫），他要求屬下使用這個方法……」

5 史東賽弗一直有個怪癖：作者訪問彼得．摩頓，2020年1月。

6 他弄了一張：傑夫．柯爾，「波音飛行機組減為兩人」，《華爾街日報》，1999年12月1日。根據之後的描述，記事卡是四吋乘六吋，而且放在他的公事包裡（凱拉漢，「史東賽弗怎麼會認為他可以翻轉波音？」《芝加哥論壇報》，2004年2月29日）。

7 史東賽弗拿到的錢：凱拉漢。

8 「迪士尼執行長麥可．艾斯納」：李察．阿布拉菲亞，新聞信，2005年4月，http://www.richardaboulafia.com。

9 合併後雙方花了好幾個月：約翰．紐豪斯，《波音對上空巴》，137。

10 主管總認為這是個優勢：作者訪問佛瑞德．米契爾，2020年3月。

11 史東賽弗第一次參加：作者訪問匿名前波音高層。

12 那天傑克．威爾許在波卡拉頓：羅伯．史雷特（Robert Slater），《傑克．威爾許與奇異模式：這位傳奇執行長的管理眼光及領導祕訣》（*Jack Welch and the GE Way: Management Insights and Leadership Secrets of the Legendary CEO*），289。

13 「他會先幹掉這個傢伙」：作者訪問戈登．貝修恩，2019年12月。

14 每次他說「該是時候了」：作者訪問匿名消息來源，2020年6月。

15 「菲爾膽小如鼠」：作者訪問匿名前波音高層，2020年2月。

16 康迪特果然言聽計從：這一段描述的消息來源有作者訪問匿名前波音高層；傑瑞．烏辛，「波音對上波音」，《財星》，2000年10月2日；傑夫．柯爾，「波音的文化大革命——顫慄的巨人為盈虧捨棄夢想」，《西雅圖時報》，1998年12月13日。

17 「告訴他們別擔心」：烏辛，「波音對上波音」。

18 「財務長？？？」洛伊．哈里斯（Roy Harris），「新任波音財務長：勇闖西雅圖」，《*CFO*雜誌》，1999年4月1日。

19 「那是什麼感覺你明白嗎」：作者訪問匿名消息來源，2020年6月。

20 「你看過會計師造飛機嗎」：彼得．羅比遜（Peter Robison），「新的成本大刀震撼波音」，彭博社，2000年1月24日。

21 管理階層度假會議：彼得．羅比遜，「康迪特警告波音主管，業界恐有購併」彭博社，1999年2月5日；傑夫．柯爾，「波音新執行長的任務：快速釋出翻轉訊號」，《華爾街日報》，1999年1月26日。

22 「我對史東賽弗很放心」：作者訪問李察・葛拉斯布魯克，2021年4月。

23 「我們只能認賠殺出」：取材自1999年5月4日資深財務經理會議的謄打稿，之後謄打稿發給員工。

24 「你這蠢蛋」：作者訪問匿名前波音高層，2020年3月。

25 重要的是不要：引述自羅比遜，「新的成本大刀震撼波音」。

26 康迪特原本想：作者訪問前波音高層賴瑞・克拉克森，2020年2月。

27 算是拿到安慰獎：作者訪問「懶惰波音」機師協會理事長韋恩・萊德諾爾（Wayne Ridenour），2020年12月。

28 起初波音飛行安全公司的工程師：作者訪問前波音員工。

29 訊息誤傳使不少航空公司多所抱怨：彼得・羅比遜，「波音—巴菲特合資的機師訓練機構引發抱怨」，彭博社，1999年1月24日。

30 波音為了省下二五〇〇萬美元：作者訪問SPEEA前理事長辛西亞・柯爾，2019年5月。

31 這顯然對公司內部的氣氛沒有幫助：這起「行為矯正通知」爭議的描述，取自作者2019年11月訪問史坦・索爾謝，，以及美國勞工關係委員會第19區申訴記錄，波音與SPEEA，案號19-CA-26679，之前案號27-CA-16562-1。

32 一九九九年靠近年底了：摩頓2020年1月接受作者訪問時，描述這段他與戴格南的對話。摩頓在西雅圖歷史與工業博物館波音百週年口述歷史輯中，也與另一位前駕駛艙工程師戴爾瑪・法登（Delmar Fadden）討論過此事，2016年5月16日。

33 索爾謝一早：比爾・杜格維奇（Bill Dugovich），「工會中堅分子索爾謝退休」，西雅圖專業工程雇員協會（SPEEA）／國際專業技術工程師聯合會（IFPTE）2001地區，月刊，2019年12月。

34 工程師要求的福利差額：彼得・羅比遜，「波音工程師離開糾察線跳槽微軟」，彭博社，2000年3月3日。

35 「波音的前途堪慮」：羅比遜。

36 還有工程師寫信給大學教授：羅比遜，「波音的穆勒利呼籲罷工者停止『惡意』攻擊」，彭博社，2000年3月15日。

37 三位調解員：作者訪問辛西亞・柯爾，2019年5月。

38 穆勒利二月底：SPEEA在希爾維拉多度假酒店套房的描述，取自作者訪問史坦・索爾謝（2019年11月）、拜倫・凱藍（2020年8月），喬・坎貝爾（2020年10月）、查爾斯・波佛汀（2021年3月），及李察・葛拉斯布魯克（2021年4月）。

39 「我們會鎖定」：這個措辭得自索爾謝的回憶。波佛汀的印象中，他提到失去生產許可會有的損失，如果罷工的員工不趕快回去工作，這是自然的結果：「如果罷工繼續下去，波音可能失去生產許可。」

40 這一連串事件讓波音付出了：作者訪問史坦・索爾謝、辛西亞・柯爾、及查爾斯・波佛汀，2019年及2021年。

五、「每個人都覺得自己與眾不同」

1 「我們所有人都因此更了解」：山姆・豪威・沃賀維克（Sam Howe Verhovek），「結束波音談判的試行方案」，《紐約時報》，2000年3月18日。

2 其實私底下，他有不同的看法：作者訪問匿名前波音高層，2020年5月。

3 拿冰上曲棍球名將：克雷頓・克里斯汀森（Clayton M. Christensen）、麥可・雷諾爾（Michael Raynor）及馬修・范林登（Matthew Verlinden），「滑向生財處」，HBR OnPoint雜誌，《哈佛商業評論》（*Harvard Business Review*），2001年11月1日。

4 點綴了五十四朵白玫瑰：烏辛，「波音對上波音」，《財星》，2000年10月2日。

5　康迪特也開始把「五年五倍」掛在嘴上：作者訪問匿名前波音高層，2020年6月。

6　「那就是個愛情故事」：布萊恩・柯勒斯（Bryan Corliss），「波音的主秀」，《埃弗里特先驅報》（*HeraldNet*），2000年11月14日。

7　機上有個主臥室：山迪・安格斯（Sandy Angers），「波音商務飛機訂單達三位數」，波音刊物《前沿》（*Frontiers*），2005年12月—2006年1月，https://www.boeing.com。

8　「波音商務機讓我們的管理團隊」：「波音商務機在2000年法茵堡航空展首次露面」，2000年7月24日，https://boeing.mediaroom.com。

9　波音的合作夥伴：傑夫・柯爾，「機上可淋浴，但乘客願意用回收水嗎？」《華爾街日報》，2000年8月4日；湯姆・布爾克（Tom Buerkle），「波音支持新創計畫：機上淋浴：終極奢華？」《國際前鋒論壇報》（International Herald Tribune），2000年7月31日。

10　這個新創公司：知識訓練有限責任公司的名稱，登錄在華盛頓州務卿辦公室，公司與慈善機構處，https://ccfs.sos.wa.gov。

11　「我唯一遺憾的是」：作者訪問匿名前波音高層，2020年6月。

12　「那是黃金遮羞費」：作者訪問匿名前波音高層，2020年6月。

13　「我得到的所有獎勵」：作者訪問格蘭維爾・佛雷瑟，2020年5月及2021年4月。

14　二〇〇〇年夏末：彼得・羅比遜，「波音告別西雅圖落腳芝加哥」，彭博社，2001年5月10日。

15　「挑選企業總部地點應該」：史提夫・威爾漢，「把波音搬到芝加哥，康迪特反思遷移總部對企業的影響」，《普吉特灣商業日報》，2011年6月17日。

16　波音事前守口如瓶：Kyung M. Song，「波音新職測試西雅圖前官員重建企業形象的能力」，《西雅圖時報》，2002年2月10日。

17　康迪特把另一位高層：西雅圖歷史與工業博物館波音百週年口述歷史

輯中，訪問吉姆·強森，2016年5月24日。

18　「菲爾人呢」：傑夫·柯爾，「波音的文化大革命——顫慄的巨人為盈虧捨棄夢想」，《西雅圖時報》，1998年12月13日。

19　加起來有七十天：彼得·羅比遜，「波音要將企業總部搬離西雅圖」，彭博社，2001年3月21日。

20　「只要我們緊緊抓住」：羅比遜。

21　「我們要去芝加哥」：「波音高層降落芝加哥」，《芝加哥論壇報》，2001年5月10日。

22　波音的全球總部：史丹利·金巴（Stanley Ziemba），「泰爾克總部要搬到西洛普區」，《芝加哥論壇報》，1988年9月14日。

23　芝加哥的新總部說好的「比較簡約」：波音，《波音全球總部：我們在芝加哥的家》（*Boeing World Headquarters: Our Home in Chicago*），2003。

24　「龐大、刺激、大膽的目標」：詹姆斯·柯林斯及傑瑞·波拉斯，《為長久計》（*Built to Last*），91。

25　「如果最後真是反向併購」：烏辛，「波音對上波音」。

26　有些奇怪的缺失：彼得·羅比遜，「波音推銷新飛機，分析師問：窗戶呢？」彭博社，2001年5月31日。

27　「我們變成老二了」：作者訪問匿名前波音高層，2020年6月。

28　「不知道波音會不會步麥道的後塵」：引述自J·琳恩·朗斯佛（J. Lynn Lunsford），「落後空巴：波音面臨重要抉擇」，《華爾街日報》，2003年4月21日。

29　結果發現：約翰·紐豪斯，《波音對上空巴》，200。

30　領導力訓練中心也深受他的影響：卡洛琳·柯爾（Caroline Cole），「在波音的領導力訓練中心即興發揮」，勞動力管理公司（Workforce.com），2000年9月29日。

31　「把有的沒有的」：引述自彼得·羅比遜，「史東賽弗離職，正好檢驗波音的新文化」，彭博社，2002年5月31日。

32 「非常實用」：彼得・羅比遜，「飛機起飛之外，股價起飛也使波音財務長大為興奮」，彭博社，2000年8月28日。

33 「數學人」：羅比遜。

34 他們告訴董事會其他成員：朗斯佛，「落後空巴」。

35 員工自己也取了幾個名字：史丹利・荷姆斯，「加入飛機命名活動」，《商業周刊》，2003年6月1日。

36 反對波音政策的員工：L・J・哈特—史密斯（L. J. Hart-Smith），「外包的利潤——轉包成功的基石」，波音第三屆年度技術卓越論壇，2001年2月14-15日。

37 一位管理人員舉手：作者訪問匿名前波音高層，2020年6月。

38 德魯雲在空軍時：喬治・卡林克（George Cahlink），「隕落之星：著名聯邦官員栽跟頭的警世故事」，《政府決策》雜誌（*Government Executive*），2004年2月1日。

39 「麥道雇我就是為了贏得訂單」：安・瑪莉・史奎爾（Anne Marie Squeo）及安迪・帕斯特（Andy Pasztor），「政府調查波音是否濫用對手資料」，《華爾街日報》，2003年5月5日。

40 他寄了一封電郵：美國政府訴麥可・席爾斯案，美國維吉尼亞州東區地方法院，刑事案號04-310-A。

41 德魯雲最後向調查人員承認：美國政府訴達琳・德魯雲案，美國維吉尼亞州東區地方法院，刑事案號04-150-A。

42 「她立刻衝到康迪特的辦公室」：史丹利・荷姆斯，「波音：究竟發生了什麼事」，《商業周刊》，2003年12月14日。

43 有一項內部分析：多明尼克・蓋茲，「波音慶祝波音787交付，總值320億美元」，《西雅圖時報》，2011年9月24日。

44 「大家說我改變了波音的文化」：派翠西亞・凱拉漢，「史東賽弗怎麼會認為他可以翻轉波音？」《芝加哥論壇報》，2004年2月29日。

45　波音加緊開發夢幻飛機時：美中經濟與安全檢討委員會遞交國會的報告，2005年11月，http://www.uscc.gov。

46　「以前你會到董事會」：莫琳・特卡契克（Maureen Tkacik），「速成班：波音的管理變革如何創造出787災難」，《新共和周刊》（*New Republic*），2019年9月18日。

47　他們走到經濟艙時：卡爾・沙巴格，《二十一世紀噴射機：波音777的製造與行銷》，162。

48　布勞爾失望焦慮卻無計可施：克勞斯・布勞爾在西雅圖歷史與工業博物館波音百週年口述歷史輯中說的故事，一路說到充氣大猩猩的事，2016年5月31日。

49　兩人的關係太明顯了：作者訪問匿名前波音高層，2020年6月。

50　「艾爾巴的團隊」：作者訪問匿名前波音高層，2020年6月。

51　他二〇〇一年開始擔任波音公司的董事：作者訪問匿名消息來源，2020年6月。

52　這次波音董事會給了他：茱莉・克萊斯威爾（Julie Creswell），「薪酬福利降低企業高層跳槽的風險」，《紐約時報》，2006年12月29日。

53　「其實當時勝負早就定了」：作者訪問匿名前董事，2020年6月。

54　獵人頭公司的台柱：彼得・羅比遜及詹姆斯・甘瑟勒斯（James Gunsalus），「麥克納尼為錯誤決策奮戰時，波音股價及訂單都飆升」，彭博社，2006年5月26日。

55　「光是提到麥克納尼的名字」：布萊恩・辛度（Brian Hindo），「3M：在效率與創意間掙扎」，《商業周刊》，2007年9月17日。

56　「董事會不能再冒那個險」：作者訪問匿名前波音高層，2020年3月。

57　「如果你找了一個很強的團隊」：作者訪問匿名前波音高層，2020年6月。

58　「就當是升了營火」：引述自羅比遜及甘瑟勒斯，「麥克納尼為錯誤決策奮戰時，波音股價及訂單都飆升」。

59　圖表中多數是：作者訪問匿名前波音高層，2020年10月。

60　一天之內：作者訪問匿名前波音高層，2020年6月。

61　「理想主義退潮了」：作者訪問匿名前波音高層，2020年6月。

62　安全飛機科技公司原本的設計：麥可．里昂訴安全飛機科技公司案，美國勞工部，案號2008-AIR-00012。

63　消防隊趕到時：卡莉．布羅索（Carli Brosseau），「NTSB正檢視二〇〇六年的火災」，《亞利桑那每日星報》（Arizona Daily Star），2013年1月27日。

六、企業方針

1　「他喜歡掌控全局」：茱蒂絲．克朗（Judith Crown），「我訂規矩」，《芝加哥》雜誌（*Chicago*），2007年5月27日。

2　「一大群人無法享受醫療服務」：聯邦醫療補助及相關計畫工作小組的建議，衛生教務暨社福部，1970，https://www.ssa.gov。

3　「他的幹勁」：查爾斯．勞爾（Charles S. Lauer），「紀念一位多才多藝之人；華特．麥克納尼為行政、教育及政策留下典範」，《現代醫療》（*Modern Healthcare*），2005年8月15日。

4　「不管你做什麼」：克朗，「我訂規矩」。

5　花香衣物芳香產品：茱莉．鄧恩（Julie Dunn），「私部門；這次，地位顯赫」《紐約時報》，2003年3月16日。

6　「看看你四周的人」：湯瑪斯．歐波耶（Thomas F. O'Boyle），《不計代價：威爾許、奇異及利潤追求》（*At Any Cost: Jack Welch，General Electric，and the Pursuit of Profit*），68。

7　威爾許很欣賞：歐波耶，68。

8　「我們承諾」：傑克．威爾許，《Jack：二十世紀最佳經理人，最重要的發言》（*Jack: Straight from the Gut*），451。

9 期間他到訪過奇異在美國的：歐波耶，《不計代價》，26。

10 描繪自己願景的前一週：AFL-CIO與白宮的會談記錄在以下書中：約瑟夫．麥克馬丁（Joseph A. McMartin），《必然的衝突：雷根、航管員與改變美國的那場罷工》（*Collision Course: Ronald Reagan, the Air Traffic Controllers, and the Strike That Changed America*），320-25。

11 「最理想的狀況是」：威爾許接受盧．道布斯（Lou Dobbs）訪問，《CNN財經周報》（*CNN Moneyweek*），1998年12月13日。

12 一九八八年之前混亂的七年中：哈利．伯恩斯坦（Harry Bernstein），「奇異『威爾許主義』的兩面：有如化身博士的兩個角色」，《洛杉磯時報》，1988年1月12日。

13 法規鬆綁的熱潮：小約翰．卡許曼（John H. Cushman Jr.），「空中安全：差異何在——特別報導；FAA監督飛航安全步履蹣跚」，《紐約時報》，1990年2月13日。

14 高收入者的稅率：大衛．威塞爾（David Wessel），「雷根的減稅政策告訴我們什麼」，布魯金斯研究所（Brookings），2017年12月8日。

15 「股份買回讓美國企業」：威廉．拉佐尼克，「股份買回的咒詛」，《美國展望》雜誌（*American Prospect*），2018年6月25日。

16 麥克納尼讓他留下深刻的印象：彼得．羅比遜及詹姆斯．甘瑟勒斯，「麥克納尼為錯誤決策奮戰時，波音股價及訂單都飆升」，彭博社，2006年5月26日。

17 「我們在亞太地區有不同的作法」：歐波耶，《不計代價》，9。

18 「奇異把他毀了」：作者訪問匿名獵人頭顧問，2020年9月。

19 「威爾許看到我們三個最不尋常的表現」：克朗，「我訂規矩」。

20 從一九九四到二〇〇四年：這些數字取自奇異2004年12月10日透過美國商業資訊公司（Business Wire）發布的訊息：「一九九四年之後，奇異以發股利及回購股票十一億股的方式，回饋股東七五〇億美元以上。」1994到2004年，奇異共計公布1341.9億美元自由現金流量。

21 威爾許從奇異退休時：「過去十年執行長離職金前十大排名」，《富比世》雜誌（*Forbes*），2012年1月19日。

22 「這傢伙看起來半死不活」：威爾許，《Jack：20世紀最佳經理人，最重要的發言》，163。

23 感恩節過後：威爾許，426。

24 三四〇〇萬美元：茱莉．克萊斯威爾，「薪酬福利降低企業高層跳槽的風險」，《紐約時報》，2006年12月29日。

25 他以3M的未來為代價：這些數字取自布萊恩．辛度，「3M：在效率與創意間掙扎」，《商業周刊》，2007年9月17日。

26 「我們應該培養」：美國平等就業機會委員會（U.S. Equal Employment Opportunity Commission），「3M將為EEOC的年齡歧視訴訟案，付三百萬美元和解」，2011年8月22日。

27 「有一件事很驚人」：辛度，「3M：在效率與創意間掙扎」。

28 麥肯稱讚過麥克納尼：「波音執行長為錯誤及醜聞道歉」，NBC新聞，2006年8月1日。

29 「這些不是郵遞區號」：多明尼克．蓋茲及艾莉莎．曼迪（Alicia Mundy），「波音的律師警告過波音公司法律上的風險」，《西雅圖時報》，2006年1月31日。

30 大家很快就看到答案：美國政府偕愛德華．昆塔納訴波音公司案中，描述過這些事件，美國德州西區地方法院，案號SA-06-CA-1029-FB。

31 後來美國司法部也提告：「波音就爆料者提告案，將付兩百萬美元和解」，《西雅圖時報》，2009年8月11日。

32 麥克納尼接掌波音那一年：數字來自回應政治中心（Center for Responsive Politics），https://www.opensecrets.org。

33 「我們以前在華府有一些人」：作者訪問匿名前波音高層，2020年6月。

34 「我們在預算之內」：史提夫．哈定（Steve Harding），「陸軍展示未來作戰系統」，《陸軍新聞》（*Army News Service*），2005年9月28日。

35 四年之後，軍方已經花費：馬克・湯普森（Mark Thompson），「陸軍追蹤考核，一筆爛帳」，政府監督計畫（Project on Government Oversight），2020年3月16日，https://www.pogo.org。

36 「我認為光是這個計畫」：湯普森。

37 「接下來的事大家不難想像」：唐・塔普史考特（Don Tapscott）及安東尼・威廉斯（Anthony D. Williams），《維基經濟學：集體協作如何改變每一件事》（*Wikinomics: How Mass Collaboration Changes Everything*），226。

38 一個重要的供應商：麥可・希爾茨克（Michael Hiltzik），「787夢幻飛機的外包給了波音昂貴的教訓」，《洛杉磯時報》，2011年2月15日。

39 二〇〇八年和高層開會：作者訪問SPEEA前理事長辛西亞・柯爾，2019年5月。

40 還有一件事管理階層也沒有想清楚：作者訪問辛西亞・柯爾，2021年3月。

41 麥克納尼最後承認：強・奧斯托爾，「在波音，創新是一小步，不是大跳躍」，《華爾街日報》，2015年4月2日。

42 「我過去經常接到波音的人打電話來」：作者訪問喬・坎貝爾，2020年10月。

43 證券管理委員會之後調查：羅伯・施密特（Robert Schmidt）、茱莉・姜森及麥特・羅賓遜（Matt Robinson），「證券管理委員會將調查波音夢幻飛機及747的會計帳目」，彭博社，2016年2月11日。

44 「我們失控了」：約翰・黎普特（John Lippert）及蘇珊娜・雷伊（Susanna Ray），「波音重整旗鼓令外界懷疑夢幻飛機的獲利預估」，彭博社，2010年4月25日。

45 「他們確實努力過」：彼得・桑德斯（Peter Sanders），「波音找回了老手，也聽煩了說教」，《華爾街日報》，2010年7月19日。

46 「他很有把握」：作者訪問匿名前波音高層，2020年6月。

47 公司必須花十五億美元：蘇珊娜．雷伊，「波音的報告說787製造廠在勞動力上占優勢」，彭博社，2011年9月23日。

48 又獲得八億多美元：「波音在查爾斯頓的稅負減免達八億美元；可望有六十年的飛機減稅」，《西雅圖時報》，2010年1月23日。

49 南卡勞工的時薪：丹尼．威斯尼特（Danny Westneat），「波音、技師與背棄」，《西雅圖時報》，2009年10月28日。

50 勒提格是死忠的共和黨員：湯姆．雄伯格（Tom Schoenberg），茱莉．姜森及彼得．羅比遜，「波音朝中有人，拜處理墜機的法務長之賜」，彭博社，2019年7月20日。

51 有個網路法律雜誌：大衛．賴特（David Lat），「與大法官失之交臂的波音法務長向法院喊話（也向總統及國會）」，《法律之上》新聞網站（*Above the Law*），2017年5月8日。

52 在參院的聽證上：美國參院衛生、教育、勞工暨年金委員會，「對員工公平嗎？哈金詢問員工與高層薪資巨大差異的問題」2011年5月12日。

53 前一年的五月：大衛．賴特，「律師窩：勒提格躋身奢華（以及他目前的待遇）」，《法律之上》新聞網站，2010年7月27日。

54 每一架飛機的利潤：班傑明．張（Benjamin Zhang），「每架737估計能為波音賺多少錢」，《商業內幕》（*Business Insider*），2019年3月13日。

55 二〇一〇年的某一天：作者訪問匿名前波音高層，2020年3月。

56 瑞安航空後來買了：大衛．伊瓦特（David M. Ewalt），「波音贏得瑞安航空156億美元737飛機訂單」，《富比世》雜誌，2013年3月19日。

57 備用滅火器：田淵弘子（Hiroko Tabuchi）及大衛．蓋勒斯（David Gelles），「在劫難逃的737客機缺少兩項安全機制，因波音當選配賣」，《紐約時報》，2019年3月21日。

58 另一個要命的例子：紐約州審計長湯瑪斯·迪那波利（Thomas P. DiNapoli）訴波音公司案，德拉瓦州衡平法院，經確認股東代位訴訟，案號2020-0465-AGB，2020年6月30日。

59 空巴還因此估算過：作者訪問約翰·雷希，2020年5月。

60 另一款考慮中的新飛機：作者訪問前空巴高層，2020年5月。

61 「我大概就完了」：作者訪問約翰·雷希，2020年5月。

62 美航這個客戶對波音實在太重要：美航訂單的描述，是根據作者訪問多位直接了解情況的業界高層。

63 瑞安航空的歐黎瑞認為：艾維·薩茲曼（Avi Salzman），「空巴比波音優異嗎？」《巴倫周刊》（*Barron's*），2011年5月16日。

64 舉個明顯的小例子：作者訪問匿名業界高層，2020年10月。

65 艾爾巴還預言：傑瑞米·里莫（Jeremy Lemer）及馬克·歐戴爾（Mark Odell），「客戶迫使波音使用新發動機」，《金融時報》（*Financial Times*），2011年7月24日。

66 「也就是維持最佳現狀」：里莫及歐戴爾。

67 「吝嗇有理」：引用紐約州審計長湯瑪斯·迪那波利證詞。

68 二〇一四年，克里斯汀生在：克雷·克里斯汀生及德瑞克·范·比佛（Derek van Bever），「資本主義的兩難」，《哈佛商業評論》，2014年6月。

69 「安全是無庸贅言的」：道格拉斯·麥克米倫（Douglas MacMillan），「『安全無庸贅言』：波音董事會面對737 Max危機」，《華盛頓郵報》（*Washington Post*），2019年5月5日。

七、阿甘們

1 薩特和其他波音工程師：喬·薩特，《747》，68。

2 李德開始模仿：作者訪問理查·李德，2019年11月及12月。

3　到現在登山者仍然：艾莉克希絲・殷格蘭（Alexis England），「60年前，兩架飛機在大峽谷上空相撞而改變世界」，《亞利桑那共和報》（Arizona Republic），2016年6月30日。

4　FAA員工一九六三年十一月廿二日開始：FAA，「FAA簡史」，https://www.faa.gov。

5　一部分是因為成本考量：史蒂芬・敏姆（Stephen Mihm），「FAA總是和飛機製造業者關係親密」，彭博社，2019年3月21日。

6　FAA始終沒有執行的：FAA，資料單張—— FAA對NTSB「安全改善優先清單」的回應，2020年3月16日，https://www.faa.gov。

7　「直接關係」：作者訪問麥可・柯林斯，2019年12月。

8　五個月後：艾德溫・陳（Edwin Chen），「金瑞契強調政府需要再造：待辦事項如下：議長籲請民眾協助解決預算問題。他呼籲『讓自由重生，』」《洛杉磯時報》，1995年4月8日。

9　那一年……湯瑪斯・麥克斯威尼：泰瑞・麥克德默特（Terry McDermott），「FAA盡到職責了嗎——安全問題——飛機製造業者是否凌駕監管機關？」《西雅圖時報》，1995年6月4日。

10　「因卓越貢獻加薪」：美國運輸部，「FAA改革沒有達成成本、效率與現代化目標」，總檢核辦公室，審計報告，2016年1月15日。

11　「盡快頒布」：FAA航空規則制定諮詢委員會，「飛行器許可程序核發地區授權系統工作小組，任務1——授權功能」，《美國聯邦政府公報》（*Federal Register*），1998年6月19日，https://www.faa.gov。

12　政府和企業間的拔河：FAA航空規則制定諮詢委員會2001年會議，雷根國家機場水晶城凱悅飯店，美國華府，2001年2月7日，謄打稿在以下網站：https://www.faa.gov。

13　布雷奇出身阿拉巴馬州蓋茲登：美國參院商業科學暨運輸委員會聽證，2002年9月3日，https://www.congress.gov/。

14　「我要把這種重新調整的精神」：瑪莉恩・布雷奇，「12月14日的精神」，飛行俱樂部，華府，2003年2月20日，https://www.faa.gov。

15 新的規定正式生效：政府指派授權計畫（Organiztion Designation Authorization Program）立案，FAA，《美國聯邦政府公報》，2005年10月13日，https://www.federalregister.gov。

16 「靠的就是」：吉姆．莫里斯（Jim Morris）及法蘭克．寇漢（Frank Koughan），「等著它發生：有了海外技工及轄區太大的檢查員，FAA監督飛機只是偶然……」《瓊斯媽媽》雜誌（*Mother Jones*），2006年7-8月。

17 「找不到能保護他的機制」：眾院運輸暨基礎建設委員會聽證，2008年4月3日，https://www.govinfo.gov。

18 那是歷來對航空公司最高額的罰款：安迪．帕斯特，「西南航空與FAA關係麻吉使FAA深陷亂局」，《華爾街日報》，2008年4月3日。

19 麥克斯威尼也在同一年離開FAA：作者訪問匿名FAA官員，2019年11月。

20 波音的薪水比較高：保羅．羅威（Paul Lowe），「前FAA人員加入波音」，《航空國際新聞》（*AIN Online*），2007年10月9日。

21 「管理階層從上到下」：作者訪問匿名FAA官員，2019年11月。

22 「我聽過金錢誘因」：作者訪問馬克．羅奈爾，2019年11月。

23 二〇〇七會計年度：FAA，2007飛航安全（AVS）業務計畫，https://www.faa.gov。

24 當場拆穿自己虛假的諮詢角色：《飛機認證涉內定而「變質」之報告：工會建議及不同意見》（*Aircraft Certification "Transformation" Pre-Decisional Involvement Report: Union Recommendations and Dissenting Opinion*），全國航管員協會（National Air Traffic Controller Association），PASS，AFSCME，2017年2月6日。

25 「就是軟硬兼施」：作者訪問史提夫．佛斯，2019年5月。

26 一個反對新政策的資深主管：作者訪問匿名前FAA主管，2019年3月。

27 後來責任分散：作者訪問肯・蕭爾，2021年3月。

28 之前FAA的工程師：作者訪問匿名現任及前任FAA官員，2019及2020年。

29 「並非始終支持」：美國運輸部，總檢核辦公室，備忘錄，2012年6月22日，https://www.oig.dot.gov。

30 「沒有查到證據」：眾院運輸暨基礎建設委員會詢問阿里・巴拉米，2019年12月5日，https://transportation.house.gov，p. 114。

31 他們懷疑他：作者訪問匿名現任及前任FAA官員，2019年及2020。

32 「這說明了」：作者訪問匿名FAA官員，2019年11月。

33 一週之後：莫妮卡・藍蕾（Monica Langley），「四面楚歌的波音執行長閃避媒體」，《華爾街日報》，2013年2月22日。

34 FAA署長：這段描述取自2020年9月和麥可・韋爾塔的訪問，還有2020年5月及2021年3月和雷伊・拉胡德的訪談。

35 「麥可，這由我決定」：作者訪問雷伊・拉胡德。

36 「我知道你不高興」：作者訪問雷伊・拉胡德。

37 FAA委託的檢查員：NTSB，飛航安全辦公室，中期事實報告，2013年3月7日，NTSB案號DCA13IA037。

38 「這不是什麼多艱深的科學問題」：作者訪問匿名FAA工程師，2019年11月。

39 「你覺得你會有前途嗎」：傑德・穆亞瓦德（Jad Mouawad），「787夢幻飛機電池瑕疵報告中透露波音多項缺失」，《紐約時報》，2014年12月1日。

40 「你會放心搭乘波音787嗎」：「波音787事故的教訓」聽證會，航空小組委員會，運輸暨基礎建設委員會，美國眾議院，2013年6月12日。https://www.govinfo.gov。

41 「FAA應該以更快的速度處理」：「FAA許可程序檢討：確保過程快速、有效且安全」聽證會，航空小組委員會，運輸暨基礎建設委員會，美國眾議院，2013年10月30日，https://www.govinfo.gov。

42 「我們的會員樂見」：「FAA許可程序檢討」。

八、倒數計時

1 「駕駛最大的那片機身回家」：作者訪問勒德奇，2019年4月。

2 「為什麼波音這麼討厭SPEEA」：作者訪問索爾謝，2019年12月。

3 波音引進了一套新的員工評分系統：「波音白領工會投訴資方年齡偏見」，《西雅圖時報》，2014年7月24日。

4 這和麥克納尼在3M的精簡策略相同：美國平等就業機會委員會「3M將付三百萬美元予EEOC以就年齡歧視案和解」新聞稿，2011年8月22日。

5 「我們不會再終身雇用員工」：哈佛商學院刊物*The Harbus*校友訪談系列「訪問波音CEO吉姆·麥克納尼」，2013年4月16日。

6 「專家交換意見後妥協的結果」：拜倫·阿科希多，「爭議中的安全問題：737飛機」，《西雅圖時報》，1966年10月30日。

7 波音有一套電腦軟體DOORS：作者訪問前波音工程師，2019年9月。

8 設計初期的一次會議後：麥可·巴柏（Mike Barber），「最佳飛機：新737 MAX的成功」，波音刊物《前沿》（*Frontiers*），2011年12月／2012年1月。

9 誰叫得最大聲：作者訪問業界匿名人士，2019年7月。

10 「這款飛機會以最簡單的方式重新設計發動機」：巴柏，「最佳飛機：新737 MAX的成功」。

11 「倒數計時鐘」：眾院運輸暨基礎建設委員會波音737 MAX設計、發開及許可總結報告，2020年9月，https://transportation.house.gov，p. 17。

12 MAX計畫首席工程師麥可·提爾：眾院運輸暨基礎建設委員會詢問麥可·提爾，2020年5月11日，https://transportation.house.gov，p. 13。

13 這個時候737已經占波音：高盛集團、美銀證券集團及米柳斯調研機構（Melius Research）等估計，737占波音利潤33%到40%。米柳斯調研的分析師卡特·柯普蘭（Carter Copeland）估計，737 2018年每季獲利18億美元，占該年總獲利196億美元的37%。彼得·羅比遜及茱莉·姜森於2019年3月13日《彭博商業周刊》「737五個月內兩次墜機使波音聲譽危在旦夕」報導中引述過。

14 「它就是隻塗了口紅的豬」：作者訪問匿名前波音機師，2020年5月。

15 波音答應西南航空：合約摘要中告訴員工，每架飛機會補償一百萬美元。實際上，合約說的是，如果機師無法互換操作737 NG及737 MAX，不論什麼原因，波音都要付給西南航空每架MAX一百萬美元。如果FAA要求機師接受十小時以上的訓練及/或模擬器訓練，波音也同意補償西南航空超過十小時部分的直接訓練費用。委員會總結報告p. 24。

16 用在聘請機師：「翱騰航訓公司總裁力促航空訓練業降低成本、改善機師訓練品質」，美國企業新聞通訊社（PR Newswire），西雅圖，2007年6月13日。

17 「完全是大雜燴」：作者訪問勒德奇，2019年5月。

18 他當時說：「各位」：作者訪問李德，2019年11月

19 MAX其實是737第十三個版本：委員會總結報告p. 5。

20 波音為了行銷方便：「波音推出737 MAX及系列新機」，2011年8月30日，https://boeing.mediaroom.com。

21 接下來的兩年：委員會總結報告p. 47。

22 波音提交給FAA的企畫書上說：多明尼克·蓋茲，「波音施壓FAA放寬737 MAX飛航組員警示系統認證標準」，《西雅圖時報》，2019年10月2日。

23 MAX早期的測試就透露：多明尼克·蓋茲，「MCAS內幕：波音737 MAX如何獲得權力卻失去安全」，《西雅圖時報》，2019年6月22日；

傑克・尼卡斯(Jack Nicas)等,「波音將要命的假設放進737 MAX,無視後期的設計變更」,《紐約時報》,2019年6月1日。

24 經理們經常提到:作者訪問多位匿名前波音工程師及機師。

25 以試飛員為例:作者訪問匿名波音前機師,2020年5月。

26 一次預算會議:委員會總結報告p. 17。

27 追蹤六項「風險」,訓練的問題就是其中一項:眾院運輸暨基礎建設委員會詢問里佛肯,2020年5月19日,https://transportation.house.gov,p. 33。

28 二〇一三年六月他們決定:委員會總結報告p. 92。

29 FAA派駐波音的代理檢查員:委員會總結報告p. 100。

30 二〇一四年,尤班克在內的一群飛行控制專家:多明尼克・蓋茲、史提夫・邁勒提克(Steve Miletich)及路易斯・坎姆(Lewis Kamb),「爆料者:波音不願在重大空難前為737 MAX安全升級」,《西雅圖時報》,2019年10月2日。

31 FAA的記錄顯示:寇特・迪凡(Curt Devine)及德魯・葛瑞芬(Drew Griffin),「波音737 MAX只靠單側感測器,FAA已接獲216次警告」,CNN,2019年4月30日。

32 「必須有人喪命」:多明尼克・蓋茲,「波音爆料者指737 MAX有系統性問題」,《西雅圖時報》,2020年6月18日。

33 他從來沒有聽過:眾院委員會詢問里佛肯p. 38。

34 「狗身上有跳蚤」:作者訪問南加大土木暨環境工程教授納吉・梅許卡提(Naj Meshkati),2019年10月。

35 「瞄準經驗豐富的高薪工程師」:作者訪問勒德奇,2019年5月。

36 波音的整體人力減少了百分之七:彼得・羅比遜,「前波音機師說,大砍成本犧牲安全」,《彭博商業周刊》,2019年5月8日。

37 公司的氛圍不鼓勵員工:作者訪問馬克・拉賓,2019年4月。

38 「比爾,你要知道,我們不可能找到所有的缺點」:威廉・賀貝克

（William Hobek）訴波音公司案，美國南卡地方法院查爾斯頓分院，案號2:16-cv-3840-RMG。

39 拍到有員工說：威爾・喬丹（Will Jordan），「波音787：破碎的夢」，半島電視台（Al Jazeera），2014年7月20日。

40 「獲得更多，付出更少的世界」：多明尼克・蓋茲，「麥克納尼：波音開發新飛機時不再冒險下大注」，《西雅圖時報》，2014年5月22日。

41 二〇一五年檔案資料：多明尼克・蓋茲，「波音執行長津貼2900萬美元，包括1400萬美元獎金」，《西雅圖時報》，2015年3月13日。

42 麥克納尼二〇〇一到二〇一六年，為自己賺了：海員退休計畫（Seafarers Pension Plan）在伊利諾州北區地方法院控告波音公司及其他管理高層的案子中，提到波音高層的津貼詳情，案號19-cv-08095，2019年12月11日。

43 每個星期一早上六點半：作者2017年11月訪問聖經經商訓練小組領導人葛瑞格・艾契森（Greg Atchison），以及2017年12月訪問聖經經商訓練創辦人布蘭登・曼恩（Brandon Mann）。

44 早晨擠牛奶：「波音執行長穆倫伯格談波音的成功、領導及自由車運動」（問答逐字稿），華府的經濟俱樂部（Economic Club），2018年5月9日。https://www.economicclub.org。

45 蘇森特的多爾特學院：珍娜・強森（Jenna Johnson），「川普說：『他們說就算我射殺了某人』我還是能獲得支持」，《華盛頓郵報》，2016年1月23日。

46 教過最厲害的學生：作者訪問泰德・德・胡格，2020年6月。

47 就讀愛荷華州立大學：作者訪問史提夫・海夫曼，2020年6月

48 在波音的運動場玩鬥牛：多明尼克・蓋茲，「波音大砍熱門的員工體育館預算」，《西雅圖時報》，2017年4月26日。

49 他後來的升遷需要從：穆倫伯格在芝加哥科技高峰會上關於「下一步會是什麼」的談話，2016年10月4-5日，https://www.theatlantic.com。

50　「我幻想時會看到」:「X飛機之戰」,《新星》(*Nova*),美國公共電視(PBS),2003年2月4日,https://www.pbs.org。

51　二〇〇〇年代中期,穆倫伯格的照片:作者訪問匿名前波音高層,2020年7月。

52　金色的三分頭:羅伯·萊特(Robert Wright)及佩姬·哈林格(Peggy Hollinger),「波音新任執行長穆倫伯格認為飛機生產具挑戰」,《金融時報》,2015年6月24日。

53　他繼續壓榨供應商:茱莉·姜森及彼得·羅比遜,「波音壓榨供應商爐火純青」,《彭博商業周刊》,2018年2月14日。

54　「你們這馬屁還要拍多久」:羅比遜,「前波音工程師說,不斷壓縮成本犧牲了安全」。

55　「構想是要用錢來衡量的」:羅比遜。

56　「那是新的文化」:作者訪問亞當·狄克森,2019年11月。

57　波音正在組裝第一架MAX:麥可·柯林斯提交眾院運輸暨基礎建設委員會的陳述中,提到方向舵纜線及燃料幫浦,2019年12月11日。

58　波音第二年調查過FAA的代理檢查員:委員會總結報告p. 165。

九、人為因素

1　福克納這一組歸:茱莉·姜森及彼得·羅比遜,「波音壓榨供應商爐火純青」,《彭博商業周刊》,2018年2月14日。

2　「我就是喜歡飛機」:多明尼克·蓋茲,「超出機師垃圾話,737 MAX資料顯示波音有多重視成本」,《西雅圖時報》,2020年1月10號。

3　有個和他一起在空軍服役的人:作者訪問前波音員工,2020年11月。

4　死忠到兩次海鷹隊打超級盃:作者訪問前波音機師,2020年5月。

5　「這就像拿薯條換水煮馬鈴薯」:賈斯汀·瓦斯納吉(Justin Wastnage),「專訪翱騰航訓總裁雪莉·卡伯利」,《全球飛行》(*FlightGlobal*),

2007年3月13日。

6　卡伯利不是機師：這個描述來自作者訪問多位前波音機師。

7　去了非洲一家航空公司回來之後：作者訪問匿名前波音機師，2020年5月。

8　一位波音的高階管理人員：作者訪問匿名波音前高層，2020年7月。

9　「我們覺得在抄捷徑」：作者訪問查理．克雷頓，2019年12月。

10　「你們給我們太多學員了」：作者訪問麥克．寇克2019年12月。

11　「我們這個單位不會成立工會」：作者訪問匿名前波音機師，2019年11月。

12　其他的試飛員則議論著：作者訪問匿名前波音機師，2020年11月。

13　訓練中心的建築也很老舊：作者訪問匿名前波音機師，2019年10月。

14　一位資深的航空機師：作者訪問匿名前波音機師，2019年11月。

15　一扇看起來無害的門上：波音，「737 Max E-座正興建中」，2014年6月25日，https://www.boeing.com/features/2014/06/bca-737max-ecab-06-25-14.page。

16　「第一次飛就萬無一失」：波音，「e-座：測試用駕駛艙」，2015年11月30日，http://www.boeing.com/commercial/737max/news/the-e-cab-a-test-flight-deck.page。

17　「他們經驗不足」：「2020年1月波音提交國會的電郵」。

18　「看電視的狗」：「波音737 MAX」。

19　有人寫信問克萊恩負責的飛機評估組：「波音737 MAX」，聽證，p. 228。

20　福克納緊張到：眾院運輸暨基礎建設委員會詢問麥可．提爾，2020年5月11日，https://transportation.house.gov，p. 17。

21　沒有人「會在現有的規定上作新的解釋」：眾院運輸暨基礎建設委員會詢問麥可．提爾，p. 17。

22　他們忘了拉手刹：作者訪問匿名前波音機師。

23 二○○六年一次試飛中：傑夫．懷斯（Jeff Wise），「飛機前景導論」，《大眾機械》，2006年6月5日。

24 有一次，一位波音教練：作者訪問匿名前波音機師，2020年5月。

25 首次試飛一個月後：眾院運輸暨基礎建設委員會詢問麥可．提爾，p. 26。

26 機艙裡載了幾位工程師：波音在2018年法茵堡航空展上提供配備測試裝備的相似機型—— 737 MAX 7 ——導覽，並在臉書直播。波音公司，「波音737 MAX 7測試用飛機導覽」，www.facebook.com。

27 試飛員告訴提爾：眾院運輸暨基礎建設委員會詢問麥可．提爾，p. 83。

28 「所有改變都只有極小或很低的附帶損害：波音737 MAX設計、開發及認證總結報告，眾院運輸暨基礎建設委員會，2020年9月，https://transportation.house.gov，p. 111。

29 同一天里佛肯和提爾同意了這項計畫：委員會總結報告，pp. 100、119。

30 提爾向上司里佛肯報告時：眾院委員會，p. 70。

31 於是邦本爬進模擬器：對波音737 MAX飛行控制系統的觀察、發現與建議聯合技術檢討報告中，提到對MCAS失效情境的調查，2019年10月11日，p. 33；眾院委員會詢問里佛肯，p. 66。

32 「如果攻角感測器或馬赫數值是錯的，會有什麼後果」：委員會總結報告，p. 110。

33 「我認為這不是安全問題」：委員會總結報告，p. 100。

34 「飛行測試時發現一個問題」：眾院運輸暨基礎建設委員會詢問里佛肯，2020年5月19日，p. 32。

35 「我們不再靠技術創新領導市場」：專訪史提夫．泰勒，波音百年展口述歷史，西雅圖歷史與工業博物館，2016年6月3日。

36 「好，尚恩」：專訪蘇珊娜．達西—漢納曼，波音百年展口述歷史，西雅圖歷史與工業博物館，2016年5月27日。

37 二〇一六年八月：波音經典韓航職業業餘配對高球賽開球，上午7:45選手同時在 不同球洞開始比賽，2016年8月23日，http://www.boeingclassic.com。

38 二〇一六年八月十五日：波音回應問題七及相關提問，眾院運輸暨基礎建設委員會，https://transportation.house.gov。

39 一位業務人員寫信恭喜福克納：波音向眾院運輸暨基礎建設委員會提交2020年1月公開的其他電郵。可藉搜尋模式以「波音2020年1月提交國會的電郵」尋獲，非營利網路檔案館，https://archive.org。

40 最後，二〇一六年十一月：波音回應問題七及相關提問；對波音737 MAX飛行控制系統的觀察、發現與建議聯合技術檢討報告，2019年10月11日，p. 34。

41 「我的薪水太高了」：作者訪問勒德奇，2019年4月。

42 「我很確定，要是波音工程師設計的是」：「2020年1月波音提交國會的電郵」。

43 波音的工程師決定等到二〇二〇年：委員會總結報告，p. 124。

44 「我的飛機檢定工作算是塵埃落定了」：「波音737 MAX」，聽證，p. 64。

45 他坐在邁阿密的飯店房間：波音向眾院運輸暨基礎建設委員會提交即時通訊息，內容於2019年10月公開。可藉搜尋模式於「波音即時通內容」尋獲，非營利網路檔案館，https://archive.org。

46 十一月稍晚，他和克萊恩談過話：美國政府訴波音公司案，美國德州北區地方法院沃斯堡分院，延期起訴，案號4:21-CR-005-O，附件A-11。

47 他寫道：「一群白癡」：委員會總結報告，p. 140。

48 「我幫獅航省下的錢可不是一點點」：委員會總結報告，p. 141。

十、墜機

1 機長巴維耶．蘇內加：對機師與副機師哈維諾的描述，取材自航空器意外調查總結報告，印尼運輸安全委員會（KNKT），印尼雅加達運輸大樓，2019年10月。

2 他喜歡烤披薩或做印度香飯給朋友吃：喬安娜．史雷特，「『拿生命開玩笑』：獅航機師遺孀曾呼籲禁飛737 MAX」，《華盛頓郵報》，2019年3月30日。

3 他也熱愛機械工具：Liu Chuen Chen，「獅航罹難機師印度友人說，蘇內加要他們準備參加德里的派對」，《印度快報》（*India Express*），2018年10月30日。

4 他最初是兄弟牌打字機的經銷商：尼可拉斯．艾恩尼迪斯，「奇拉納對成功的胃口奇大」，《全球飛行》網站（*FlightGlobal*），2006年9月25日。

5 「只有笨蛋」才會開航空公司：艾恩尼迪斯。

6 「空巴協助我們進步」：烏利薩里．艾斯利塔，「奇拉納要獅航成為印尼最大航空公司」，《富比世亞洲》，2015年2月。

7 「時間久了也就變得不重要」：作者訪問約翰．加格里亞，2020年7月。

8 波音員工的電郵中寫道，航空公司損失的薪水是「零」：提到模擬器的電郵及即時通訊，皆取自「波音2020年1月提交國會的電郵」，非營利網路檔案館，https://archive.org。

9 當時他還不到五十歲：作者訪問匿名前波音機師，2020年5至6月。

10 只完工一半的飛機堆放在：多明尼克．蓋茲，「未完工的波音737堆在倫頓市顯示增產遇壓力」，《西雅圖時報》，2018年8月2日。

11 員工大會上：艾德．皮爾森，「艾德．皮爾森在眾院運輸暨基礎建設委員會證詞」，2019年12月11日，https://www.whistleblowers.org/whistleblowers/edward-pierson/。

12 「我們不能那麼做」：皮爾森，「艾德．皮爾森在眾院運輸暨基礎建設委員會證詞」。

13 波音公布創紀錄的獲利、現金流及商用飛機交付量之後不久：作者訪問匿名前波音高層，2020年6月。

14 「我們的目標不再是」：引述自保羅・羅伯茲（Paul Roberts），「波音執行長在737 MAX危機中面臨留任的質疑」，《西雅圖時報》，2019年5月7日。

15 就在安隆公司破產之前：亞當・勒維（Adam Levy），「安隆執行長帶領公司走上新方向」，彭博社，2001年5月1日。

16 「有人能騎得比你快嗎」：「波音總裁、董事長兼執行長穆倫伯格談論公司的成功、領導與自行車運動」（問答逐字稿），2018年5月9日。https://www.economicclub.org/sites/default/files/transcripts/Dennis_Muilenburg_Edited_Transcript.pdf。

17 「我們過去用黑函的多寡來衡量成敗」：阿里・巴拉米，「度過難關」演說，FAA，貨物空運安全論壇，赫恩登，維吉尼亞州，2017年8月17日，可上以下網站https://www.faa.gov。

18 「他們準備影響每一個人的荷包」：娜塔莉・基特洛夫（Natalie Kitroeff）及大衛・蓋勒斯（David Gelles），「波音墜機前施壓立法減少監督」，《紐約時報》，2019年10月27日。

19 「這根本就是讓該受監管者決定該怎麼監管自己」：作者訪問馬克・羅奈爾，2019年11月。

20 「波音在嗎」：茱莉・姜森及彼得・羅比遜，「波音壓榨供應商爐火純青」，《彭博商業周刊》，2018年2月14日。

21 讓穆倫伯格側聽：安東尼・卡帕奇歐（Anthony Capaccio），「川普突然致電F-35計畫負責人：波音CEO在場聆聽・」彭博社，2017年2月15日。

22 波音一位高階主管描述：作者訪問匿名業界人士，2020年5月。

23 雙方高層經過幾週的會商：阿德里安・莫羅（Adrian Morrow）及尼可拉斯・范・普雷特（Nicolas Van Praet），「美國關稅開徵前幾週，波音放棄C系列談判」，《環球郵報》（*Globe and Mail*），2017年10月

23日。

24 穆倫伯格說，「我們今年的飛機產量會創紀錄」：川普，「川普在紐澤西州貝明斯特與企業領袖晚餐前談話及與記者問答內容」，談話逐字稿，2018年8月7日，https://www.govinfo.gov。

25 「航空業經常有驚奇」：Podcast《明白了》（Point Taken）第四集——訪問波音CEO穆倫伯格，2018年10月3日，https://pointtaken.libsyn.com/category/Leadership。

26 穆倫伯格當天的演講題綱叫〈追尋神的藍圖〉，2018年9月24日，https://b-b-t.org/。

27 穆倫伯格在亞利桑那州格蘭岱爾路克空軍基地：C-SPAN逐字稿及畫面：「川普總統在國防圓桌會議上的談話」，2018年10月19，https://www.c-span.org。

28 「現金就是現金，你否認不了」：茱莉・姜森，「波音致力增加現金流，提高2018年的預測」，彭博社，2018年10月24。

29 第一次下墜：「墜機前丹帕沙飛雅加達的班機乘客覺得飛機有異」，《峇里論壇報》(*Tribun-Bali.com*)，2018年11月1日。

30 「那是指導手冊還是什麼」：「墜機前丹帕沙飛雅加達的班機乘客覺得飛機有異」。

31 至少一個乘客難受得吐了出來：珍・昂延佳—歐瑪拉（Jane Onyanga-Omara）及湯瑪斯・馬瑞斯卡（Thomas Maresca），「獅航乘客開始焦慮並嘔吐」，《今日美國報》（*USA Today*），2018年10月30日。

32 有個休假的機師搭便車：艾倫・列文及哈利・蘇哈托諾（Harry Suhartono），「墜機前一天，搭便車的機師救了獅航737客機」，彭博社，2019年3月19日。

33 機長的航空日誌：航空器意外調查總結報告描述出事飛機的維修步驟，印尼運輸安全委員會，運輸大樓，雅加達，印尼，2019年10月，p. 36。

34 上午八點鐘，雅加達市：路易斯·坎姆，「獅航罹難者、家人的損失還有一年無聲的追悼」，《西雅圖時報》，2019年10月29日。

35 正機師蘇內加的父親：瑞斯卡·拉赫曼，「獅航墜機」，《雅加達郵報》，2018年11月1日。

36 搜索墜機現場時：努爾阿希欽（Nur Asyiqin Mohamad Salleh），「獅航墜機：印尼潛水員搜救時身亡」，《海峽時報》（*Straits Times*），2018年11月3日。

37 「我們很快就認定MCAS的啟動可能是原因」：「波音737 MAX：檢視這款飛機的設計、發開及行銷」，眾院運輸暨基礎建設委員會，2019年10月30，https://www.govinfo.gov，p. 54。

38 奇拉納站著低下頭來：美聯社，「悲傷憤怒的家屬責難獅航負責人奇拉納，他沉默以對然後落跑」，2018年11月6日。

39 「他們變更這個設計」：作者訪問匿名前FAA官員，2019年11月。

40 波音機師對膚色相同的同業會有同理心：作者訪問匿名前波音機師及其他消息來源，2020年。

41 FAA十一月七日「根據飛機製造商的分析結果」：FAA飛航安全處，緊急適航指引，2018年11月7日，AD #: 2018-23-51，可搜尋https://theaircurrent.com。

42 之前的機型有兩個拇指下開關：麥可·貝克（Mike Baker）及多明尼克·蓋茲，「波音改變737 MAX駕駛艙裡重要開關，關閉MCAS能力受限」，《西雅圖時報》，2019年5月10日。

43 波音的記錄顯示：航空器意外調查總結報告，印尼運輸安全委員會，169。

44 「我認為飛機製造商……是很沒有良心的一件事」：引述詹姆斯·法洛斯（James Fallows），「以下是已知的737 MAX的問題」，《大西洋雜誌》（*Atlantic*），2019年3月13日。

45 「隱瞞了新系統有潛在危險的資訊」：安迪·帕斯特及安德魯·譚

吉爾，「安全專家等人說，波音隱瞞737機型的資訊」，《華爾街日報》，2018年11月13日。

46 「我相信你已經看過」：紐約州審計長湯瑪斯．汀納波利訴波音公司案，德拉瓦州衡平法院，股東代位訴訟，案號2020--0465--AGB，2020年6月30日。電郵記錄提供本案審理之用。

47 「今天上午對波音的最新質疑」：福斯財經台（Fox Business），「波音執行長：737 MAX是很安全的飛機」，2018年11月13日。

48 「媒體非常兇狠」：引述審計長湯瑪斯．汀納波利。

49 穆倫伯格告訴杜伯斯坦：引述審計長湯瑪斯．汀納波利。

50 「百萬角落」：本事件描寫引述泰德．蓋勒弗（Ted Gallagher），「波音執行長飛回蘇郡為區域機場命名」，《蘇郡日報》，2018年11月15日，作者訪問，2020年6月。

51 第一位確認身分的罹難者：Kurniawan/Xinhua/Alamy Live News，「家屬為贊娜敦．辛蒂雅．戴維扶棺」，2018年11月1日。

52 「我現在不會簽什麼文件」：作者訪問莉妮．蘇吉約諾，2021年5月。

53 「我的老天，這真是太誇張了」：作者訪問麥可．殷德拉札那，2021年3月。

54 「我們想卸下心理上的壓力」：畢韓娜（Hannah Beech）及姆媞妲．蘇哈托（Mukita Suhartono），「獅航罹難者家屬說，他們有放棄訴訟的壓力」，《紐約時報》，2019年3月21。

55 這兩次空難之後：關於印尼棉蘭附近的空難，2005年9月5日，美國伊利諾州北區地方法院，案號07-cv-04845。

56 「航空旅客中最弱勢的」：作者訪問辛吉，2020年8月。

57 「訪問過幾十位獅航的管理人員、機師還有地勤人員」：畢韓娜及姆媞妲．蘇哈托諾，「『花錢最少』：墜機後獅航安全紀錄引人注意」，《紐約時報》，2018年11月22日。

58 「因為MAX是衍生機型」：茱莉．姜森，「波音金雞母壞消息連環爆」，彭博社，2018年11月13日。

59 穆倫伯格在感恩節前向董事會簡報：引述湯瑪斯．汀納波利，審計長。

60 「各位可能看到媒體上的報導」：引述湯瑪斯．汀納波利。

61 那個秋天，幾位波音教練在上海：作者訪問匿名前波音機師，2020年11月。

62 「媒體上我們可以看到的一件事情」：波音與美航機師會談的記錄，出自機師公會的錄音帶及談話稿。

63 波音的聲明則強調：「波音就獅航610班機失事初步報告的聲明」，2018年11月28日，https://boeing.mediaroom.com。

64 「大家對MAX的信心動搖」：尤恩．麥柯迪（Euan McKirdy），「獅航空難：墜機前機師一度力抗自動安全系統」，CNN，2018年11月29日。

65 奇拉納破口大罵：彼得．羅比遜及瑪格麗特．紐寇克（Margaret Newkirk），「波音多年來規畫自己的安全航線，FAA只是它的副駕駛」，彭博社，2019年3月23日。

66 奇拉納也公開表達他的憤怒：哈利．蘇哈托諾及茱莉．姜森，「獅航堅持取消220億美元波音飛機訂單」，彭博社，2018年12月11日。

67 穆倫伯格接受CNBC訪問時冷靜的答道：哈利．蘇哈托諾及茱莉．姜森。

68 「大家很早就想到了」：「CNBC專家：波音董事長卡爾霍恩今在『財經論談』（Squawk Box）中接受CNBC菲爾．勒波訪談」，CNBC，2019年11月5日。

69 要部屬列出客戶名單：作者訪問匿名消息來源，2020年1月。

70 十二月初：FAA核可備忘錄提供眾院運輸暨基礎建設委員會聽證，2019年12月11日。

71 這些冷酷無情的統計數字：巴拉米描述某段時期評估150到200項適

航指南的工具，「我們決定發展一種工具，幫助我們決策，因為我們正轉為以數據為依歸、以風險為標準的機關。」眾院運輸暨基礎建設委員會詢問巴拉米，2019年12月5日。https://transportation.house.gov，p. 141。

72 還有十五架會墜機：安迪．帕斯特及安德魯．譚吉爾，「FAA內部評估737 MAX墜機風險高」，《華爾街日報》，2019年12月11日。

十一、「死亡飛機」

1 坐在一架MAX的控制台前：作者訪問丹尼斯．塔杰爾，2020年5月。

2 二〇一八年的耶誕節：作者訪問麥可．司都莫，2020年10月。

3 她四歲就自己學會閱讀：作者訪問麥可．司都莫，2019年10月。

4 「這是偉大的一天」：「CNBC獨家報導：波音執行長穆倫伯格接受CNBC菲爾．勒波訪談」，CNBC，2019年1月30日。

5 FAA此時由阿里．巴拉米負責飛機的安全檢定：安迪．帕斯特及安德魯．譚吉爾，「首架MAX墜機後，主管機關發現出事風險高」，《華爾街日報》，2019年7月31日。

6 那一個月大部分的時間：眾院運輸暨基礎建設委員會詢問巴拉米，2019年12月5日，https://transportation.house.gov，p. 153。巴拉米接受眾院調查人員詢問時，提到聯邦政府停擺的事：「別忘了，我們一開始是停擺的，但十二月發出適航指令後，我們就致力矯正措施，我們的人正跟波音合作。」

7 波音的高層向FAA作簡報時：「波音737 MAX：檢視此款飛機的設計、發開及行銷」中的波音「MCAS開發與認證概述」，眾院運輸暨基礎建設委員會聽證，2019年10月30日，https://www.govinfo.gov，p. 180。

8 他對兩位國會議員說，獅航空難是：波音737 MAX設計、發開及許可總結報告，眾院運輸暨基礎建設委員會，2020年9月，https://transportation.house.gov，p. 213。

9 這次空難的調查有一點跟過去不一樣：史提夫．邁勒提克，「波音737兩次墜機後，科克蘭航太顧問接受六小時刑事調查」，《西雅圖時報》，2019年5月20日。

10 獅航空難後不久：作者訪問匿名前波音機師，2020年5月。

11 卡洛琳．甘迺迪光是二〇一七到二〇一九的報酬，就至少八十萬美元：引述湯瑪斯．汀納波利，審計長。

12 獅航墜機兩個月之後：海員退休計畫在伊利諾州北區地方法院控告波音公司案中，詳細列出他的報酬，案號19-cv-08095，2019年12月11日。

13 珊雅．司都莫和弟弟亞德南最後一次通話時：漢娜．薛利（Hannah Shirley），「大家紀念醫療鬥士珊雅．司都莫」，《波克夏報告》（*Berkshire Record*），2019年3月21日。

14 「剛剛降落阿迪斯阿貝巴」：麥可．司都莫證詞，參院商業科學暨運輸委員會檢視FAA監督航空器認證業務聽證，2020年6月17，https://www.cliffordlaw.com。

15 前面一排坐著：大衛．蓋勒斯，「波音空難的含淚殘骸」，《紐約時報》，2020年3月9日。我的描述根據本篇報導中的座位圖示。

16 機師亞芮德．蓋塔丘：瑪姬．菲克，「最年輕機師、父母的愛子：衣航機師備極哀榮」，路透社，2019年3月20日。

17 衣航飛機起飛後：衣索比亞聯邦民主共和國交通部航空意外調查局初期報告中，描述機師採取的行動，報告編號AI-01/19，2019年3月10日。

18 康潔一臉困惑走向前門：作者訪談，2019年10月。

19 有個技巧叫「雲霄飛車」：多明尼克．蓋茲，「波音的緊急狀況指引為什麼無法挽救737 MAX」，《西雅圖時報》，2019年4月3日。

20 小鎮的居民早上醒來：「『強烈聲響』：目擊者說衣航飛機一路冒煙」，首爾放送（SBS），2019年3月12日。

21 幾個小時前她才和女兒互傳過訊息：賽門．布朗寧（Simon Browning），「波音737 MAX：『我在衣航空難中失去家人』」，BBC新聞，2019年7月4日，以及作者訪談。

22 波音的危機處理中心廿四小時有人值班：安德魯．譚吉爾、艾莉森．賽德（Alison Sider）及安迪．帕斯特，「波音執行長力圖控制737 MAX危機：『我們虛心檢討』」，《華爾街日報》，2019年12月22日。

23 詹姆斯．柏克知道後：杜德內．譚．貝爾吉（Dieudonnee Ten Berge），《第一個廿四小時：危機處理全面指引》（*The First 24 Hours: A Comprehensive Guide to Successful Crisis Management*）；安德魯．凱薩—高登（Andrew Caesar-Gordon），「完美的危機應對？」《公關周刊》（*PR Week*），2015年10月28日。

24 他在半夜召開了一項會議：引述湯瑪斯．汀納波利，審計長。此案的電郵記錄包括墜機當天穆倫伯格寫給公關主管涂魯斯的信件：「安妮，我覺得這個聲明稿頗為完整，但少了我們對MAX基本安全有充分信心……我想加一段談MAX基本安全以及我們的信心。關於獅航，我們語氣也要更強烈……例如兩起空難有某種關聯的揣測，沒有事實根據。我們昨晚討論時提到兩個基本問題：MAX安全嗎？以及跟MCAS有關嗎？對第一個問題，我們語氣必須堅定，對第二個問題則要明確地說，目前沒有證據顯示跟MCAS有關。」

25 波音週一發布的聲明：波音公司，「波音737 MAX軟體改善聲明」，2019年3月11日，https://boeing.mediaroom.com。

26 穆倫伯格後來說，他和川普通了話：訪問安德魯．羅斯．索金（Andrew Ross Sorkin），交易錄大會（DealBook conference），《紐約時報》，2019年11月6日。穆倫伯格說，「我第一次打電話給他，是在第二次空難之後立刻，我們交換意見，想知道出了什麼問題，也表達我們的關切，並鼓勵根據數據作決策。系統安全、飛航系統安全、航空為什麼可行，航空為什麼是全世界最安全的交通方式，都因為我們根據數據作決策。這是我第一次致電時的談話主題。」

27 波音的一份聲明：波音公司，「波音737 MAX操作聲明」，2019年3月12日，https://boeing.mediaroom.com。

28 他的運輸部長：凱瑟琳．A．伍爾夫（Kathryn A. Wolfe）「趙小蘭從奧斯汀搭波音737 MAX」，《政客》（*Politico*），2019年3月12日。

29 週二：倫佐．道尼（Renzo Downey），「趙小蘭部長在美國南方音樂節上宣布成立新的運輸科技委員會」，《奧斯汀美國政治家報》（*Austin American-Statesman*），2019年3月12日；伍爾夫，「趙小蘭從奧斯汀搭波音737 MAX」。

30 「我們看到的幾乎是一場對FAA的叛變」：彼得．羅比遜及茱莉．姜森，「五個月內兩起空難大損波音商譽」，《彭博商業周刊》，2019年3月13日。

31 「阿里，非常抱歉」：眾院委員會，詢問阿里．巴拉米，p. 63。

32 「其他單位可能有這樣的專家」：眾院委員會，p. 63。

33 飛機上的衛星詢答器：強納森．阿莫斯（Jonathan Amos），「衛星全球追蹤飛機」，BBC新聞，2019年4月2日。

34 當時的預估是：羅比遜及姜森，「五個月內兩起空難大損波音商譽」。

35 「我想聽孩子跟我說話」：蘇珊．歐密斯頓（Susan Ormiston），「『我的世界靜默了，』一位父親說，這趟多倫多飛奈洛比的航程讓他失去五位家人」，CBC新聞，2019年3月17日。

36 娜蒂雅和麥可：這些描述取自作者訪問娜蒂雅．米勒朗，2021年3月。

37 大型挖土機：「你可以聞到泥土燒焦的味道」，天空新聞台，2019年3月11日。

38 那個週日：彼得．羅比遜及艾倫．列文，「曾有人警告FAA，波音在取得新飛機許可上權力太大」，彭博社，2019年3月17日。

39 紐約的聯合國大廈：「聯合國紀念罹難同仁及友人，他們『為了促進和平不惜一切』」，《聯合國新聞》（*UN News*），2019年5月6日。

40 多倫多的追悼會：布萊恩．帕西弗梅（Bryan Passifiume），「親友紀念衣航空難中喪生的多倫多女子」，《多倫多太陽報》（*Toronto Sun*），2019年3月15日。

41 加州的兄弟檔：麥克．查普曼（Mike Chapman），「親友以活潑生動的告別式向衣航空難罹難的瑞佛兄弟道別」，《探照燈紀事報》（*Record Searchlight*），2019年3月16日。

42 衣航空難後沒有幾天：作者訪問匿名消息來源，2020年9月。

43 報導引述：多明尼克．蓋茲，「錯誤分析與失敗監管：波音及FAA如何放行不可靠的737 MAX飛航系統」，《西雅圖時報》，2019年3月17日。

44 「就像工程師」：羅比遜及姜森，「五個月內兩起空難大損波音商譽」。

45 可以放滿整個書架：《傳奇與遺緒》作者羅伯．賽林，是《陰陽魔界》編劇洛德．賽林（Rod Serling）的哥哥。《傳奇與遺緒》由聖馬丁出版社出版，但是受波音委託。這是根據後來出版的尤金．羅吉斯所著《高飛》，以及拜倫．阿科西多1993年在《西雅圖時報》上的報導「在變動中駕駛飛機：波音高層在裁員、777計畫啟動等挑戰中領導埃弗里特的生產部門」。

46 連日子都訂好了：波音737 MAX設計、發開及許可總結報告，眾院運輸暨基礎建設委員會，2020年9月，https://transportation.house.gov，p. 30。

47 三月底：姜森及瑪麗．施蘭詹斯坦（Mary Schlangenstein），「波音第二次墜機前幾乎完成軟體修改」，彭博社，2019年3月27日。

48 尤班克向公司投訴：多明尼克．蓋茲、史提夫．邁勒提克及路易斯．坎姆，「爆料者：波音不願在重大空難前為737 MAX安全升級」，《西雅圖時報》，2019年10月2日。

49　南卡夢幻飛機製造廠的技師：娜塔莉・基特洛夫及大衛・蓋勒斯，「生產粗劣的抱怨使第二款波音客機受到檢視」・《紐約時報》，2019年4月20日。

50　四月又有驚人的消息：波音公司，「波音就攻角不一致警示的聲明」，2019年4月29日，https://boeing.mediaroom.com。

51　起訴波音及高層：魯伯特・尼特（Rupert Neate），「波音老闆不接受737墜機原因的指控」，《衛報》（*The Gurardian*），2019年4月29日。

52　「不管過程怎麼樣」：「波音執行長穆倫伯格在股東會上回答質疑」，CNBC，2019年4月29日，https://www.cnbc.com。

53　穿著燙過的藍色牛津襯衫：「波音執行長穆倫伯格提出衣航空難初步調查報告」，美國企業新聞通訊社，2019年4月4日。

54　再次這麼說：波音公司，「簡介波音公司：布希總統中心年度領導力論壇—總結」，《公平揭露電訊報》（*FD [Fair Disclosure] Wire*），2019年4月11日。

55　說了一番感傷的話：彼得・羅比遜，「前波音工程師說，不斷壓縮成本犧牲了安全」，《彭博商業周刊》，2019年5月8日。

56　「胡迪尼逃脫術」：蓋茲，「波音玩現金流就是一種胡迪尼脫逃戲法」《西雅圖時報》，2019年2月8日。

57　「你得知道怎麼開飛機」：「737 Max事態聽證會」，航空小組委員會，運輸暨基礎建設委員會，美國眾議院，2019年5月15日，https://www.govinfo.gov/，p. 5。

58　「一點不錯」：「737 Max事態聽證會」，p. 36。

59　但是艾維爾那個春天：作者訪問匿名消息來源，2020年10月。

60　PowerPoint簡報投影片：737 MAX飛行標準化委員會（FSB），「FAA/作業會議：復飛／FSB訊息簡報」，2019年4月12日。

61　「我覺得我們是」：蓋茲，「穆倫伯格說波音帶著『謙虛學習的心態』參加巴黎航空展」，《西雅圖時報》，2019年6月16日。

62 艾維爾要穆倫伯格少談：譚吉爾、賽德及帕斯特，「波音執行長力圖控制737 MAX危機：『我們虛心檢討』」。

63 接下來的週六：「與波音執行長穆倫伯格對話」，阿斯彭思想節（Aspen Ideas Festival），2019年6月27日。波音世界挑戰賽（Boeing Century Challenge），2019年6月22日，比賽成績可在此查詢：https://runsignup.com。

十二、血腥鈔票

1 「你和你的團隊」：洛夫・奈德，「波音失職主管應繳回薪水並辭職：給波音執行長穆倫伯格的公開信」，2019年4月26日，https://nader.org。

2 他們六月下旬舉行了紀念會：美國侵權法博物館舉行的紀念會錄影，可在https://www.youtube.com上，以“Samya Stumo Memorial June 22nd, 2019”找到。

3 「好人應該過好日子」：作者訪問史坦・索爾謝，2019年11月。

4 「我覺得我的家人會喪命」：作者訪問保羅・紐羅格，2020年5月。

5 「他們不習慣」：作者訪問麥可・司都莫，2019年10月。

6 「他們說都是『根據數據』」：作者訪問泰瑞克・米勒朗，2020年6月。

7 「如果有學生交這種設計」：作者訪問賈維耶・德・路易斯，2019年11月。

8 FAA都要模擬：蓋茲，「FAA嚴格的新測試驅使波音重新設計737 Max飛航操控軟體」，《西雅圖時報》，2019年8月1日。

9 「切記，要馬上按下」：美國參院商業科學暨運輸委員會調查報告，航空安全監督，2020年12月，https://www.commerce.senate.gov，p. 44。

10 一位FAA派駐達拉斯：美國參院商業科學暨運輸委員會，p. 44。

11 這個非正式的測試結果：作者訪問匿名消息來源，2020年10月。

12 「家人的血肉」：保羅．紐羅格在眾院航空小組委員會的書面證詞，2019年7月17日，https://www.congress.gov。

13 瓦盧傑航空空難：艾瑞克．馬爾尼克（Eric Malnic），「瓦盧傑航空空難調查報告提到FAA失職」，《洛杉磯時報》，1997年8月20日。

14 證人開始作證前幾分鐘：波音聲明，「波音將1億美元基金中的5千萬美元用作獅航及衣航空難罹難者家屬短期紓困」，2019年7月17日，https://boeing.mediaroom.com。

15 那筆錢來自：「美國國慶前，波音公司[NYSE: BA]宣布成立一億美元基金滿足受獅航及衣航空難影響家庭及社區的需求。這項基金用來協助受影響家庭的教育及生活開支，以及受影響社區的社區計畫及經濟發展。」波音聲明，「波音保證援助受獅航及衣航空難影響的家庭及社區」，2019年7月3日，https://boeing.mediaroom.com。

16 「老實說，我拿那份薪水」：阿里．巴拉米在參院運輸撥款小組委員會FAA監管聽證會上的證詞，2019年7月31日，可在以下網站取得：https://www.c-span.org。

17 娜蒂雅和二兒子托爾：作者訪問娜蒂雅．米勒朗，2019年10月。

18 換掉每一架次的MAX：戴若．坎貝爾，「737建立了西南航空，737 MAX則可能毀了它」，科技新聞網站《邊際》，2019年10月23日。

19 感到「非常失望」：娜塔莉．基特洛夫及大衛．蓋勒斯，「波音無權的執行長遭受砲轟」，《紐約時報》，2019年10月13日。

20 「總是形影不離的快樂朋友」：班．伍特利夫（Ben Wootliff），「勞斯萊斯的革新引擎：尖刻又喜歡孤獨的羅斯爵士挑戰美國強敵，並為勞斯萊斯再下一城」，《衛報》，2003年8月16日。

21 行為舉止還是非常平和：娜塔莉．基特洛夫及大衛．蓋勒斯，「執行長犯錯惡化波音危機」，《紐約時報》，2019年12月22日。

22 那座地區機場最後：湯姆．班斯（Tom Banse），「摩西湖市機場（Moses Lake Airport）幾成波音737停放場」，奧瑞岡州公共廣播

（Oregon Public Broadcasting），2020年1月9日。

23 到了十月：姜森，「737 Max九十億美元帳款激起波音資金短缺恐慌」，彭博社，2019年10月23日。

24 幾個月後波音才開始：麥可・貝克，「FAA署長：手冊上應向737 MAX機師說明波音的MCAS系統」，《西雅圖時報》，2019年5月15日。

25 十月的一個早上：作者訪問匿名消息來源，2019年11月。

26 「這就是確鑿的證據」：大衛・蓋勒斯及娜塔莉・基特洛夫，「波音機師2016年就抱怨737 Max大有問題」，《紐約時報》，2019年10月18日。

27 「親愛的穆倫伯格先生」：FAA，「看了信件—— FAA」，2019年10月18日，https://www.faa.gov。

28 「你們逼我動手」：安德魯・譚吉爾、艾莉森・賽德及安迪・帕斯特，「波音執行長力圖控制737 MAX危機：『我們虛心檢討』」，《華爾街日報》，2019年12月22日。

29 「真奇怪」：作者訪問彼得・狄法吉歐，2020年2月。

30 至少拿到兩千八百萬美元：高層的酬勞詳列於海員退休計畫在伊利諾州北區地方法院控告波音及其他高層的案子中，案號19-cv-08095，2019年12月11日。

十三、「回你的農場去！」

1 十月的國會聽證：作者訪問娜蒂雅・米勒朗，2019年10月。

2 「成本意識高漲的時代」：給客戶的一封信，布雷克急難服務公司網站，https://www.blakeemergency.com/about-us。

3 要找到親人的東西：作者訪問賈維耶・德・路易斯，2019年11月。

4 一度收到：艾莉森・賽德及亞歷山大・魏克斯勒（Alexandra

Wexler），「『有時候他們會對我們發飆，沒有關係』：波音公司和罹難者家屬形成痛苦的夥伴關係」，《華爾街日報》，2020年3月5日。

5 「波音來的兩位朋友」：獅航執行長席拉伊及律師2019年10月29日對記者講話的錄影在YouTube上能找到。

6 「他們不是在作慈善」：作者訪問桑吉夫．辛吉，2020年11月。

7 波音付給他固定費用：作者訪問肯．范柏格，2021年5月。

8 這是攝影記者拍到的基亭：莉亞．厄斯塔希維克（Lia Eustachewich）及亞倫．菲許（Aaron Feis），「家屬帶著罹難者照片在國會直接面對波音執行長穆倫伯格」，《紐約郵報》（*New York Post*），2019年10月29日。

9 「穆倫伯格先生，我看到」：「波音執行長及政府官員為737 MAX安全性作證」，參院商業委員會，2019年10月29日，可在此網站查詢：https://www.c-span.org。

10 那位大律師：作者訪問匿名消息來源，2020年5月。

11 巴爾告訴屬下：作者訪問匿名消息來源，2021年4月。

12 麥可．司都莫進來：大衛．斯洛特尼克（David Slotnick），「波音執行長在參院作證後會晤737 Max罹難者家屬，這是閉門會談的的實況」，《商業內幕》，2019年10月29日。

13 「他們在你眼裡不是人」：作者訪問保羅．紐羅格，2020年5月。

14 「你是這艘船的船長」：大衛．薛普森（David Shepardson）及崔西．魯辛斯基（Tracy Rucinski），「波音執行長不顧各界要他下台的呼聲」，路透社，2019年10月30日。

15 「身為學生」：「穆倫伯格的作法在愛荷華州大招來非議」，社論，《愛荷華州大日報》，2019年12月12日。

16 此時有人呼籲：作者訪問匿名前波音高層，2020年3月。

17 狄克森說他會研究一下：娜塔莉．基特洛夫及大衛．蓋勒斯，「執行長犯錯惡化波音危機」，《紐約時報》，2019年12月22日。

18 波音於是發了一份聲明：波音公司，「737 MAX進展報告」，2019年11月11日，https://boeing.mediaroom.com。

19 於是下了條子：大衛．薛普森及艾瑞克．強森（Eric M. Johnson），「美國FAA署長要求審核團隊對737 MAX『該審多久就審多久』」，路透社，2019年11月15日。

20 到了下個月：大衛．夏波（David Schaper），「FAA署長拒絕波音施壓」，全國公共廣播電台（NPR），2019年12月12日。

21 最後穆倫伯格：波音公司，「波音就737 MAX生產的聲明」，2019年12月16日，https://boeing.mediaroom.com。

22 領走了五九〇〇萬美元：波音執行長的酬勞詳列於海員退休計畫在伊利諾州北區地方法院控告波音及其他高層的案子中，案號19-cv-08095，2019年12月11日。

23 從二〇〇九年開始擔任波音董事：海員退休計畫訴波音公司，美國伊利諾州北區地方法院，案號19-cv-08095，2019年12月11日。

十四、「最像威爾許的傢伙」

1 那一定是個很爛的笑話：作者訪問法蘭克．麥柯米克，2019年5月。

2 二〇一九年，司法單位：作者訪問瑞克．勒德奇，2019年5月。

3 三月的第一個週日：作者訪問匿名消息來源，2020年3月。

4 幾個星期前，波音首席：傑米．佛里德（Jamie Freed）及提姆．海佛（Tim Hepher），「疫情重創新加坡航空展，航空業成長受阻」，路透社，2020年2月9日

5 一位住戶戴著手套遛狗：彼得．羅比遜及黛安．巴斯（Dina Bass），「防疫旅館、囤積食物：致命病毒襲擊西雅圖」，彭博社，2020年3月2日。

6 CNBC訪問卡爾霍恩時：「CNBC逐字稿：波音執行長卡爾霍恩今天

與CNBC的菲爾・勒波對話」，CNBC，2020年1月29日。

7　「媒體上都說」：「波音公司（BA）2019年第4季電話財報會議逐字稿」，《傻人說實話》投資理財網站（*Motley Fool*），2020年1月29日。

8　一個月之後：作者訪問匿名消息來源，2020年3月。

9　機師之間即時通訊談到的：彼得・羅比遜、茱莉・姜森及艾倫・列文，「波音讓機師的三位同事休假，機師是Max事件調查的主要對象」，彭博社，2020年2月21日。

10　「卡爾霍恩其實」：比爾・藍恩，《激發：威爾許如何說動奇異成為世上最偉大的公司》（*Jacked Up: he Inside Story of How Jack Welch Talked GE into Becoming the World's Greatest Company*），272。

11　他做每一件事的「出發點」：傑佛瑞・柯文（Geoffrey Colvin），「明日之星：奇異的大衛・卡爾霍恩」，《財星》，2006年1月24日。

12　他們參加高爾夫四人二球賽時：威爾許，《Jack：20世紀最佳經理人，最重要的發言》，403。

13　卡爾霍恩在接班人競賽中的弱點：比爾・藍恩，《激發》，272。

14　對方出價一億美元：傑佛瑞・柯文，「人才流失：上市公司高層走向財大氣粗的私人企業」，《財星》，2006年9月5日。

15　二〇〇七年，尼爾森：美聯社，「塔塔資訊服務公司贏得創紀錄的12億美元外包合約」，2007年10月18日。

16　「開了租稅優惠方案一個大玩笑」：派崔克・席博多（Patrick Thibodeau），「享受減稅的企業為外包在佛州裁員引爆眾怒」，《電腦世界》（*Computerworld*），2008年7月1日。

17　到處撒滿蘭花：麥可・德・拉・摩西德（Michael J. de la Merced），「史提夫・史瓦茲曼的生日宴」，《紐約時報》，2007年2月14日。

18　「公開上市前那五年」：黑石集團，「黑石集團有限合夥電話會議」，2014年6月12日。

19 「巨大的生產力引擎」：巴爾・賽茨（Barr Seitz），「尼爾森公司如何因重視創造價值而驅動成長：訪問史提夫・哈斯克」，《麥肯錫行銷與銷售》（*McKinsey on Marketing and Sales*），2018年2月，https://www.mckinsey.com。

20 「確實是」：「私募基金能創造工作嗎？」福斯財經台，2016年9月15日，https://video.foxbusiness.com。

21 「如果是我們付錢」：作者訪問匿名消息來源，2021年3月。

22 「噢，對，我記得那場演講」：作者訪問匿名消息來源，2021年3月。

23 二月十七日波音發布新聞稿：「波音委請肯・范柏格及卡蜜兒・畢洛斯監督為兩次空難罹難者家屬成立的五千萬美元社區投資基金」，2020年2月17日，https://boeing.mediaroom.com。

24 「這就像華府的權力角力」：作者訪問匿名消息來源，2021年3月。

25 「我會告訴你」：作者訪問肯・范柏格，2021年5月。

26 三月十號週年紀念前幾天：娜塔莉・基特洛夫及大衛・蓋勒斯，「『這超越我的想像』：波音新執行長的挑戰」，《紐約時報》，2020年3月5日。

27 三月十號：大衛・蓋勒斯，「情緒的殘骸」，《紐約時報》，2020年3月9日。

28 「他們很怕」：作者訪問娜蒂雅・米勒朗，2021年3月。

29 三月初：作者訪問匿名消息來源，2020年3月。

30 最後波音說：蓋茲，「波音埃弗里特廠一員工感染新冠病毒死亡」，《西雅圖時報》，2020年3月22日。

31 波音必須動用：寶拉・賽利森（Paula Seligson），「波音計畫支取138.25億美元貸款」，彭博社，2020年3月11日。

32 卡爾霍恩甚至考慮：道格拉斯・麥克米倫，「妮琪・海莉辭去波音董事，因在請求紓困議題上與波音不同調」，《華盛頓郵報》，2020年3月19日。

33　最後波音：茉莉・史密斯（Molly Smith）及茱莉・姜森，「波音發債籌到250億美元後不會申請聯邦紓困」，彭博社，2020年4月30日。

34　美國空軍也默默：薇樂莉・殷希納（Valerie Insinna），「波音能拿到8.82億美元的KC-46加油機扣款支應新冠疫情的損失」《國防新聞周刊》，2020年4月2日。

35　「我們從來沒有現在這種機會」：姜森，「波音在客機市場萎縮下思考調整工廠利用」，彭博社，2020年7月29日。

36　卡爾霍恩在波音的機師群裡引起騷動：作者訪問匿名消息來源，2020年4月。

37　波音執行長和董事會：作者訪問匿名消息來源，2020年4月。

38　波音為了充實：艾瑞克・強森，「獨家報導：波音聘請教官協助客戶復飛737 MAX」，路透社，2020年12月16日。

39　由福克納的前主管卡爾・戴維斯主導：作者訪問匿名前波音機師。

40　「損失難以估計」：SPEEA，「SPEEA就波音以派遣業者的機師取代訓練客戶機師的編制內教官發表評論」，美國商業資訊公司，2020年9月21日。

後記

1　伊索姆坐在：譚吉爾，「美航首飛下，波音737 MAX在美重新載客」，《華爾街日報》，2020年12月29日；萊恩・尤英（Ryan Ewing），「禁飛後首次搭乘737 MAX是何感覺」，《航空怪胎》（*Airline Geeks*），2020年12月31日。

2　波音人員抱怨：作者訪問匿名消息來源，2020年6月。這些飛行詳載於艾希莉・柏克（Ashley Burke），「加拿大允許禁飛的波音737 Max客機飛行——不載客——至少160次」，CBC新聞，2020年2月3日。

3　一位美航機師的評論：FAA，「2019-NM-035-AD波音型737-8及

737-9型（737 MAX）飛機」，https://beta.regulations.gov。

4 還有一個沒有公開的原因：作者訪問匿名消息來源，2020年12月。

5 MAX復飛的第一週：愛德華．羅素（Edward Russell），「與原先預期不同，美航發現旅客不會避搭737 Max」，旅遊新聞網站《轉變》（*Skift*），2021年1月5日。

6 「結果根本不是」：作者訪問佛洛伊德．威斯納，2020年5月。

7 通過一項法案：參院商業科學暨運輸委員會，「兩黨及兩院合作通過總括性資助草案中的航空器安全與認證改革法案，國會航空事務領袖大加喝采」，2020年12月22日，摘要可在以下網站查到：https://www.commerce.senate.gov。

8 FAA這些新職權：作者訪問麥可．司都莫，2021年3月。

9 有些印尼空難罹難者家屬：作者訪問匿名消息來源，2021年6月。

10 「因為系統設計獨特」：FAA，「2019-NM-035-AD波音737-8型及737-9型（737 MAX）飛機」，https://beta.regulations.gov。

11 三十年之後：霍華德．柏克斯（Howard Berkes），「曾警告挑戰者號會出事的工程師去世」，全國公共廣播電台，2016年3月21日。

12 「我說，『鮑伯』」：作者訪問艾倫．麥唐諾，2019年7月。

13 FAA主管飛航安全的巴拉米：帕斯特及譚吉爾，「民主黨在737 MAX失敗的調查報告中砲轟FAA及波音」，《華爾街日報》，2020年9月16日。

14 「我想我不是」：眾院運輸暨基礎建設委員會詢問阿里．巴拉米，2019年12月5日，https://transportation.house.gov，p. 136。

15 認為MAX是個成功的產品：眾院運輸暨基礎建設委員會詢問奇斯．里佛肯，2020年5月19日，https://transportation.house.gov，p. 118。

16 直接成本：克里斯．伊西多爾（Chris Isidore），「波音737 Max大潰敗可能是歷來代價最高的企業紕漏」，CNN財經，2020年11月17日。

17 「勝利感覺真好」：2017年傑克．威爾許管理學院畢業典禮，2017年5

月31日，https://www.strategiceducation.com。

18　兩棟相連的豪宅：鮑伯．戈茲博羅（Bob Goldsborough），「波音退休執行長麥克納尼以398萬美元出售森林湖畔宅邸，只賣了2006年買價的一半」，《芝加哥論壇報》，2020年8月12日。

19　又建了一座新的莊園：派蒂．佩恩（Patti Payne），「前波音執行長康迪特在福爾城（Fall City）的住家開放外界舉行活動（幻燈片播放）」，《普吉特灣商業日報》，2013年5月28日。

20　前麥道總裁兼執行長：John Le，「一對夫婦為了他們的十二隻貓控告比爾特摩森林鎮」，ABC 13頻道新聞（ABC 13 News），2016年8月29日，https://wlos.com。

21　投資君王拖拉機公司：姜森，「波音攆走的執行長投身矽谷拖拉機廠商」，彭博社，2020年12月14日。

22　刑事罰款只有：取自司法部延後起訴協議：「基本罰款243,600,000美元（即波音省下的成本。波音估算，提供737 MAX全功能飛行模擬器訓練需要這樣的成本）。」這項協議沒有說明罰款金額如何計算，但是西南航空——波音承諾如果需要模擬器訓練，會補償對方每架飛機一百萬美元——截至2019年10月，已經確認訂購246架MAX。波音估算的可能只是直接成本，不包括未來如果航空公司認為，MAX需要額外模擬器訓練是個缺點，會使波音損失的訂單數量。美國政府訴波音公司案，美國德州北區地方法院，案卷號4:21-CR-005-O，https://www.justice.gov/，p. 10。

23　應該叫：作者訪問匿名前波音機師，2021年1月。

臉譜書房

死亡盲飛：737MAX客機的空難悲劇與波音帝國的衰落

Flying Blind: The 737 Max Tragedy and the Fall of Boeing

原著作者	彼得．羅比森 Peter Robison
譯者	何絜一
書封設計	莊謹銘
責任編輯	廖培穎
行銷企畫	陳彩玉、楊凱雯
業務	陳紫晴、林佩瑜、葉晉源
出版	臉譜出版
發行人	凃玉雲
總經理	陳逸瑛
編輯總監	劉麗真
	城邦文化事業股份有限公司 台北市中山區民生東路二段141號5樓 電話：886-2-25007696　傳真：886-2-25001952
發行	英屬蓋曼群島商家庭傳媒股份有限公司城邦分公司 台北市中山區民生東路二段141號11樓 客服專線：02-25007718；25007719 24小時傳真專線：02-25001990；25001991 服務時間：週一至週五上午09:30-12:00；下午13:30-17:00 劃撥帳號：19863813　戶名：書虫股份有限公司 讀者服務信箱：service@readingclub.com.tw 城邦網址：http://www.cite.com.tw
香港發行所	城邦（香港）出版集團有限公司 香港灣仔駱克道193號東超商業中心1樓 電話：852-25086231　傳真：852-25789337
馬新發行所	城邦（馬新）出版集團【Cite(M) Sdn. Bhd. (458372U)】 41-3, Jalan Radin Anum, Bandar Baru Sri Petaling, 57000 Kuala Lumpur, Malaysia. 電話：603-90563833　傳真：603-90576622 電子信箱：services@cite.my
一版一刷	2022年7月
ISBN	978-626-315-146-8

售價：450元

（本書如有缺頁、破損、倒裝，請寄回更換）

城邦讀書花園
www.cite.com.tw

國家圖書館出版品預行編目資料

死亡盲飛：737MAX客機的空難悲劇與波音帝國的衰落／彼得．羅比森（Peter Robison）著；何絜一譯. -- 初版. -- 臺北市：臉譜出版：英屬蓋曼群島商家庭傳媒股份有限公司城邦分公司發行, 2022.07

面；　公分. --（臉譜書房）

譯自：Flying Blind: The 737 Max Tragedy and the Fall of Boeing

ISBN 978-626-315-146-8（平裝）

1. CST: 波音公司（Boeing Company） 2. CST: 航空事故 3. CST: 航空運輸管理 4. CST: 組織文化

557.909　　111007262